"高等职业教育高质量发展研究"丛书

高职教育网络组织合作创新研究

曹叔亮　著

ZHEJIANG UNIVERSITY PRESS
浙江大学出版社
·杭州·

图书在版编目（CIP）数据

高职教育网络组织合作创新研究 / 曹叔亮著. —杭州：浙江大学出版社，2023.1
（高等职业教育高质量发展研究丛书 / 王靖高主编）
ISBN 978-7-308-23531-0

Ⅰ.①高… Ⅱ.①曹… Ⅲ.①高等职业教育—网络教育—研究 Ⅳ.①G718.5

中国国家版本馆 CIP 数据核字（2023）第 026998 号

高职教育网络组织合作创新研究

曹叔亮　著

责任编辑	蔡圆圆	
责任校对	许艺涛	
封面设计	周　灵	
出版发行	浙江大学出版社	
	（杭州市天目山路 148 号　邮政编码 310007）	
	（网址：http://www.zjupress.com）	
排　　版	杭州青翊图文设计有限公司	
印　　刷	杭州高腾印务有限公司	
开　　本	710mm×1000mm　1/16	
印　　张	13.5	
字　　数	242 千	
版 印 次	2023 年 1 月第 1 版　2023 年 1 月第 1 次印刷	
书　　号	ISBN 978-7-308-23531-0	
定　　价	68.00 元	

序

2019 年我国高等教育发展进入了一个新的阶段,高等教育毛入学率超过 50%,实现了高等教育普及化。据 2020 年教育部的统计,当年全国各类高等教育在学总规模达 4183 万人,高等教育毛入学率达到 54.4%,全国共有普通高校 2738 所,普通本专科招生 967.5 万人,在校生 3285.3 万人,毕业生 797.2 万人。高等教育在社会发展中发挥着愈来愈重要的作用。在普通高等教育体系中,高等职业院校占据着"半壁江山",2020 年高职院校有 1468 所,占普通高校总数的 53.6%。高职院校的发展是我国现代高等教育体系的一大特色,高职院校在为我国高等教育规模扩张、实现高等教育普及化做出重要贡献的同时,也为社会经济增长培养了大批适用人才,为我国成为制造业大国奠定了不可或缺的人才基础。如何进一步深化高等职业教育体制改革、发挥高职院校的作用是构建高质量高等教育体系的重要课题之一。曹叔亮博士的专著《高职教育网络组织合作创新研究》的出版恰逢其时,为深入研究高职院校改革与发展提供了一个新的视角。

曹叔亮博士在专著中提出:"高职教育网络组织作为一种复合教育组织形式,是近十年来我国高职教育发展的新生事物,是高职教育开展合作创新的重要组织形式之一,而合作创新是高职教育网络组织发展的重要途径。"高职教育网络组织具有哪些特性?曹叔亮博士认为,"高职教育网络组织具有教育性、创新性、复杂性、互动性、开放性、自组织性,以及自学习性、自适应性、自相似性等基本特征"。在我国近年来的实践中,形成了以行业性的高职教育集团为代表的集团式高职教育网络组织、以地理集中的高职教育园区为代表的集群式高职教育网络组织和以功能性的高职教育联盟为代表的联盟式高职教育网络组织三种类型。高职教育网络组织与合作创新之间具有什么样的关系?

1

"合作创新既是高职教育网络组织的目的，也是其功能，因此，高职教育网络组织的产生、发展、运行等过程都围绕合作创新展开。"高职教育网络组织合作创新的深入开展、效果提升需要进一步深化合作创新的发展理念，完善合作创新的组织结构，健全合作创新的政策制度，探索合作创新的实践模式，优化合作创新的体制机制。

曹叔亮博士在这本专著中从理论与实践两个方面对高职教育网络组织合作创新问题进行了较为深入的研究。其研究结论对加深高职教育体制改革的理论认识和促进高职教育体制改革的实践发展都具有积极的参考意义。希望曹叔亮博士继续拓展高职教育领域的研究，不断取得新的成果。

是为序。

胡建华

2022 年初春

前　言

　　教育组织是高职教育发展的组织载体,传统的高职教育组织载体主要是单一组织形式的高职学院及相关机构。高职教育网络组织作为一种复合教育组织形式,是近十年来我国高职教育发展的新生事物,是高职教育开展合作创新的重要组织形式之一,而合作创新是高职教育网络组织发展的重要途径。因此,高职教育网络组织的合作创新是当前高职教育发展过程中面临的一个新课题。

　　自 20 世纪 90 年代末以来,我国高职教育进入了一个前所未有的快速发展期,与此同时,高职教育的组织形式也发生了较大的变化。在传统的单一组织形式继续发挥其原有功能与作用的同时,出现了大量的复合组织形式——高职教育网络组织,这已经成为我国高职教育组织发展的新趋势。目前,我国高职教育网络组织主要有以下三类:集团式高职教育网络组织(主要以行业性的高职教育集团为代表),集群式高职教育网络组织(主要以地理集中的高职教育园区为代表),联盟式高职教育网络组织(主要以功能性的高职教育联盟为代表)。高职教育网络组织是高职教育合作创新的必要前提,合作创新是高职教育网络组织发展的必由之路,这是高职教育网络组织与合作创新的最佳结合。

　　本书遵循"理论分析—实践案例—理论建构—实践路径"的研究思路,以高职教育网络组织为研究对象,运用多学科的方法,结合高职教育网络组织的典型实践案例,分析高职教育网络组织合作创新的发展现状,厘清高职教育网络组织及其合作创新的基本理论问题,构建高职教育网络组织合作创新的实践模式,阐述高职教育网络组织合作创新的运行机制,探索高职教育网络组织合作创新的发展路径,从理念创新、组织创新、制度创新、模式创新、机制创新等方面提出合作创新的政策建议。

本书内容主要分为以下七个部分。

第一章为导论。本章集中阐述了本书的研究背景与研究意义,界定研究中涉及的核心概念,明确研究目的、研究内容、研究方法与研究框架,简述研究中的可能创新之处。

第二章概述国内外网络组织与合作创新的研究进展。本章从网络组织的小世界特性、结构与模式、合作关系、治理机制、创新效应、绩效评价等方面概述国外网络组织及其合作创新的研究成果,从网络组织的模式、机制与治理等方面概述国内网络组织的研究成果,从合作创新的模式、机制与评价等方面概述国内合作创新的研究成果。

第三章阐释高职教育网络组织及其合作创新的基本理论问题。本章主要从理论上界定高职教育网络组织的形成动因、内涵特征、主要类型及其功能与影响,并阐释高职教育网络组织合作创新的基本特征、演化周期、影响因素、主要形式及其优势与意义。

第四章分析高职教育网络组织合作创新的实践案例。本章选取 C 市高职教育园区作为典型案例,主要介绍了 C 市高职教育园区的案例选择依据及其形成与发展概况,详细描述了 C 市高职教育园区合作创新的发展进程与社会影响以及若干具体实践案例,最后对 C 市高职教育园区合作创新的成效予以评价,并分析其存在的问题。

第五章论述高职教育网络组织合作创新的实践模式。本章主要从不同主体范围、组织方式、构建形式与目的指向等方面分析总结高职教育网络组织合作创新的实践模式。

第六章论述高职教育网络组织合作创新的运行机制。本章主要从动力机制、分工机制、信任机制、利益分配机制与沟通协调机制等方面阐释高职教育网络组织合作创新的运行机制。

第七章探讨高职教育网络组织合作创新的发展路径与政策建议。本章从内部合作、内部竞争、对外合作、对外竞争与体制机制等方面探讨高职教育网络组织合作创新的发展路径,从创新理念、创新组织、创新制度、创新模式与创新机制等方面提出高职教育网络组织合作创新的政策建议。

目　录

第一章 导 论

　　高职教育网络组织是一个新生事物,一些理论与实践问题需要深入探索研究,才能从整体上了解其概貌。本章集中阐述了研究背景与研究意义,界定研究中涉及的核心概念,明确研究目的、研究内容、研究方法与研究框架,简述研究中的可能创新之处。

第一节　研究背景与研究意义

一、研究背景

　　教育组织是高职教育发展的组织载体,传统的高职教育载体主要是单一组织形式的高职学院及相关机构,高职教育网络组织作为一种复合教育组织形式,是近十年来我国高职教育发展的新生事物,是高职教育开展合作创新的重要组织形式之一,而合作创新是高职教育网络组织发展的重要途径。因此,高职教育网络组织的合作创新是当前高职教育发展过程中面临的一个新课题。

(一)网络组织:高职教育组织发展的新趋势

　　自 20 世纪 90 年代末以来,我国高职教育进入了一个前所未有的快速发

1

展期,不仅在总体规模上增长迅速,而且在高等教育体系中的地位上升得也很快,为我国实现高等教育大众化做出了重要的贡献。与此同时,高职教育的组织形式也在发生较大的变化,在传统的单一组织形式继续发挥其原有功能与作用的同时,出现了大量的复合组织形式——高职教育网络组织,而且获得了迅速增长的机会。这已经成为我国高职教育组织发展的新趋势。目前,我国高职教育网络组织主要有以下三类:集团式、集群式与联盟式。集团式高职教育网络组织主要以行业性的高职教育集团为代表;集群式高职教育网络组织主要以地理集中的高职教育园区为代表;联盟式高职教育网络组织主要以功能性的高职教育联盟为代表。

(二)合作创新:高职教育创新发展的新路径

在 21 世纪初期合作创新逐渐兴盛之前,社会各领域的创新形式一直以单独创新为主,高等教育(包括高职教育)领域亦不例外,加之高职教育在 20 世纪 90 年代末之前发展缓慢,在高等教育体系中处于附属或补充的地位,创新理念、创新形式与创新路径显得似乎并不那么重要,更遑论合作创新的重要性。随着社会各领域对合作创新的逐渐重视、高职教育的迅速发展,合作创新在高职教育领域也变得日趋重要,尤其在国家"大力发展职业教育"[①]、"大力提升高等学校的创新能力"[②]等政策指引下,高职教育将"工学结合""校企合作""产教融合"等与合作创新相关的发展理念提升到根本办学理念的高度,如此,合作创新已经成为关乎高职教育未来发展的新的创新形式与路径。

(三)高职教育网络组织与合作创新的结合

在网络组织与合作创新的关系方面,企业管理、组织发展等理论界已经取得了共识:网络组织为合作创新提供了良好的平台;合作创新是网络组织发展的适切路径。对于教育网络组织以及高职教育网络组织来说,道理同样适用。一方面,高职教育网络组织为高职教育的合作创新奠定了良好的

---

① 国务院.关于大力推进职业教育改革与发展的决定(国发〔2002〕16 号)[Z].2002-08-24;国务院.关于大力发展职业教育的决定(国发〔2005〕35 号)[Z].2005-10-28;国务院.国家中长期教育改革和发展规划纲要(2010—2020 年)[Z].2010-07-29.

② 教育部,财政部.关于实施高等学校创新能力提升计划的意见(教技〔2012〕6 号)[Z].2012-03-15.

组织基础,合作创新找到了新的更加适合的发展平台,这是传统高职教育的单一组织形式所无法提供的;另一方面,高职教育的合作创新为高职教育网络组织的发展提供了一个良好的契机,高职教育网络组织找到了更加迅捷的发展路径。高职教育网络组织是高职教育合作创新的必要前提;合作创新是高职教育网络组织发展的必由之路,这是高职教育网络组织与合作创新的最佳结合。

二、研究意义

作为一种复合教育组织形式,高职教育网络组织在高职教育发展中扮演着重要的角色,为高职教育开展合作创新提供了先决性的组织条件;而合作创新作为当前高职教育创新发展的重要形式,为高职教育网络组织发展提供了高效、便捷、快速的发展路径。因此,高职教育网络组织合作创新对于当前高职教育发展具有十分重要的实践意义与理论价值。但是,截至目前,与此相关的研究成果在国内仍然较为缺乏,在高职教育网络组织合作创新的发展模式、实践形式、运行机制、发展路径等方面存在许多亟待研究的问题。因此,本书研究成果将在一定程度上弥补现有研究内容的不足,进一步充实高职教育网络组织合作创新的应用理论基础,尤其在高职教育合作创新的发展模式与体制机制创新方面,为理论研究拓展一个新的增长点。在实证中提炼的应用理论成果可以作为成功案例佐证高职教育网络组织合作创新的科学性、可行性与实践性,同时为国内高职教育的产学研合作提供理论指导与实践参考,为高职教育网络组织的建设与发展建立参照系。

合作创新有利于高职教育网络组织及其内部的高职学院、科研院所与行业企业联合培养更多高质量的高素质技能型人才,有利于科技研发成果转化为生产力,推动企业技术进步和产业转型升级,更好地服务区域经济社会发展,促进社会就业。因此,必须把合作创新作为高职教育网络组织发展的主导方向。高职教育网络组织合作创新的实践模式、运行机制与发展路径可以为高职教育网络组织推动产学研合作发展提供理论指导与实践参考,必将影响到高职教育网络组织的效率效益提高、体制机制顺畅与战略发展前景。C市高职教育园区作为高职教育网络组织的典型代表、国家高等职业教育发展综合改革试验区,已经取得了较为显著的办学成绩,但在产学研合作创新方面仍然需要进一步改革与完善,才能更好更快地建成国内一流的高职教育园区,为国内高等职业教育改革发展提供新经验,为中国高职教育园区建设发展树立新典范。本书以 C 市高职教育园区及其合作创新活动为实践案例,预期研究成果可以直接为同类高职教育园区的管理决策提供依据,也可以为其他类型的高职教育网络组织提供参考,从而共同提高高职教育网络组织的办学效益,完善具有中国特色的高职教育网络组织的发展模式与运行机制。

第二节　相关概念界定

一、高职教育

高职教育是高等职业教育的简称,是一种具有中国特色的高等教育类型。1999 年《中共中央国务院关于深化教育改革全面推进素质教育的决定》(中发〔1999〕9 号)明确高等职业教育是高等教育的重要组成部分,并提出"大力发展高等职业教育"的工作要求,高职教育进入了蓬勃发展的历史新阶段。在我国实现高等教育大众化的进程中,高职教育的快速发展起到了基础性与决定性作用。相对于普通高等教育培养学术型人才,高等职业教育偏重于培养高等技术应用型人才。1999 年《中共中央国务院关于深化教育改革全面推进素质教育的决定》(中发〔1999〕9 号)要求:"大力发展高等职业教育,培养一大批具有必要的理论知识和较强实践能力,生产、建设、管理、服务第一线和农村急需的专门人才。"2006 年《教育部关于全面提高高等职业教育教学质量的若干意见》(教高〔2006〕16 号)明确指出:"高等职业教育作为高等教育发展中的一个类型,肩负着培养面向生产、建设、服务和管理第一线需要的高技能人才的使命。"2011 年《关于推进高等职业教育改革创新引领职业教育科学发展的若干意见》(教职成〔2011〕12 号)提出:"高等职业教育具有高等教育和职业教育双重属性,以培养生产、建设、服务、管理第一线的高端技能型专门人才为主要任务。"

二、网络组织

网络组织理论是 20 世纪 80 年代中后期以来在当代西方微观经济学中逐渐形成并迅速发展起来的研究领域，是近年来经济学家在分析经济全球化现象和区域创新现象时经常使用的理论。该理论认为，网络组织是一种处理系统创新时所需要的新的制度安排，是一种在成员间建立强弱不等的各种联系纽带的组织集合。网络组织比市场组织稳定，比层级组织灵活，是一种介于市场组织与企业层级组织之间的新的组织形式。网络组织理论认为，市场机制与组织机制共同存在于市场之中与企业内部，市场与企业并非相互对立，而是相互联结、相互渗透的，最终形成企业间复杂易变的网络结构与多样化的制度安排。较早提出网络组织概念的是 Tichy 等人[①]，Miles 和 Snow 认为网络组织不分层级、具有高度的灵活性，由市场机制而非行政程序控制[②]。教育网络组织是一种教育组织的特殊形态，与互联网组织或网络教育组织存在根本差异。

本书中的教育网络组织是指由若干网络结点及其联结关系构成的、建立在协调机制基础上的、具有网络结构的教育组织系统，也可以表述为在教育领域内由若干地位平等、独立的结点组织为了共同的目标、兴趣或利益而组建的松散联合体。高职教育网络组织是网络组织在高职教育领域的具体表现形式或高职教育领域教育网络组织的特殊表现形式。

三、合作创新

合作创新起源于 20 世纪 70 年代中后期的西方发达国家，目前已成为发达国家新的技术创新组织形式。我国企业技术创新资源不足，以合作创新来提升自主创新能力具有更加重要的现实意义。合作创新一般集中在新兴技术

---

① Tichy N M, Tushman M L, Fombrun C. Social network analysis for organizations[J]. Academy of Management Review, 1979(4):507-519.

② Miles R E, Snow C C. Organization: New concepts for new forms [J]. California Management Review, 1986(3):62-73.

和高新技术产业,以合作研发为主要形式。合作创新通常以合作伙伴的共同利益为基础,以资源共享或优势互补为前提。有明确的合作目标、合作期限和合作规则,合作各方在技术创新的全过程或某些环节共同投入、共同参与、共享成果、共担风险。[①] 合作创新既包括具有战略意图的长期合作,也包括针对特定项目的短期合作。由于企业合作创新的动机不同,合作的组织模式也多种多样。狭义的合作创新是企业、大学、研究机构为了共同的研发目标而投入各自的优势资源所形成的合作,一般特指以合作研究开发为主的基于创新的技术合作,即技术创新。广义的合作创新是指企业间或企业、研究机构、高等院校之间的联合创新行为[②],包括新构思形成、新产品开发以及商业化等任何一个阶段的合作都可以视为企业合作创新。

本书中的合作创新包含两个层面的含义:一是通过合作实现创新,即通过彼此合作促使合作者(合作组织)提高自身的创新能力;二是合作上的创新,即合作者之间合作内容与方式等方面的创新。

第三节　研究目的与研究内容

一、研究目的

本书以高职教育网络组织为研究对象,运用多学科的方法,结合高职教育网络组织的典型实践案例,分析高职教育网络组织及其合作创新的若干理论与实践问题,试图达成以下几个主要目的:厘清高职教育网络组织及其合作创新的基本理论问题,构建高职教育网络组织合作创新的实践模式,探索高职教育网络组织合作创新的运行机制,提出高职教育网络组织合作创新的发展路径与政策建议。

---

① 傅家骥.技术创新学[M].北京:清华大学出版社,1998:141.
② 傅家骥.技术创新学[M].北京:清华大学出版社,1998:141.

　　根据研究方案,实践模式与运行机制是高职教育网络组织合作创新的核心问题,其他问题或是其铺垫与基础,或是其延续与实证。因此,本书将高职教育网络组织合作创新的实践模式与运行机制作为研究重点,也就是关键问题,同时也是本书的难点所在。

二、研究内容

　　本书内容主要分为以下七个部分。

　　第一章为导论。本章集中阐述了研究背景与研究意义,界定研究中涉及的核心概念,明确研究目的、研究内容、研究方法与研究框架,简述研究中的可能创新之处。

　　第二章概述国内外网络组织与合作创新的研究进展。本章从网络组织的小世界特性、结构与模式、合作关系、治理机制、创新效应、绩效评价等方面概述国外网络组织及其合作创新的研究成果,从网络组织的模式、机制与治理等方面概述国内网络组织的研究成果,从合作创新的模式、机制与评价等方面概述国内合作创新的研究成果。

　　第三章阐释高职教育网络组织及其合作创新的基本理论问题。本章主要从理论上界定高职教育网络组织的形成动因、内涵特征、主要类型及其功能与影响,并阐释高职教育网络组织合作创新的基本特征、演化周期、影响因素、主要形式及其优势与意义。

　　第四章分析高职教育网络组织合作创新的实践案例。本章选取 C 市高职教育园区作为典型案例,主要介绍了 C 市高职教育园区的案例选择依据及其形成与发展概况,详细描述了 C 市高职教育园区合作创新的发展进程与社会影响以及若干具体实践案例,最后对 C 市高职教育园区合作创新的成效予以评价,并分析其存在的问题。

　　第五章论述高职教育网络组织合作创新的实践模式。本章主要从不同主体范围、组织方式、构建形式与目的指向等方面分析总结高职教育网络组织合作创新的实践模式。

　　第六章论述高职教育网络组织合作创新的运行机制。本章主要从动力机制、分工机制、信任机制、利益分配机制与沟通协调机制等方面阐释高职教育网络组织合作创新的运行机制。

第七章探讨高职教育网络组织合作创新的发展路径与政策建议。本章从内部合作、内部竞争、对外合作、对外竞争与体制机制等方面探讨高职教育网络组织合作创新的发展路径,从创新理念、创新组织、创新制度、创新模式与创新机制等方面提出高职教育网络组织合作创新的政策建议。

根据研究方案,本书试图在以下方面有所创新:

第一,研究内容的创新。本书以高职教育网络组织为研究对象,分析高职教育网络组织及其合作创新的内涵特征、影响因素与主要形式等,探讨高职教育网络组织合作创新的实践模式与运行机制,探索高职教育网络组织合作创新的发展路径,为高职教育网络组织合作创新的体制机制创新开展探索性研究。

第二,研究视角的创新。本书以网络组织与合作创新的关系为结合点,形成本书的独特研究视角,从而将高职教育的网络组织载体与合作创新形式融会贯通,整体论述高职教育网络组织合作创新的实践模式与运行机制。

第三,研究方法的创新。本书综合运用高等教育理论、管理学理论、组织管理理论、企业管理理论、创新理论等多学科的理论与方法,探讨高职教育网络组织及其合作创新的理论与实践问题。

第四节　研究方法与研究框架

本书遵循"理论分析—实践案例—理论建构—实践路径"的研究思路,以高职教育网络组织为研究对象,运用多学科的方法,结合高职教育网络组织的典型实践案例,分析高职教育网络组织合作创新的发展现状,厘清高职教育网络组织及其合作创新的基本理论问题,构建高职教育网络组织合作创新的实践模式,阐述高职教育网络组织合作创新的运行机制,探索高职教育网络组织合作创新的发展路径,从理念创新、组织创新、制度创新、模式创新、机制创新等方面提出合作创新的政策建议。

一、研究方法

(一)文献研究法

搜集整理国内外网络组织与合作创新的相关文献,对网络组织与教育网络组织及其合作创新进行全面的文献综述研究。在高职教育园区的实地调研中,搜集整理大量的管理文件资料、项目申报材料、领导讲话、通讯报道、工作计划与总结等初始文献,作为案例分析的基本素材与理论建构的实践佐证。

(二)分析归纳法

分析归纳高职教育网络组织及其合作创新的相关理论与实践资料,从不同主体范围、组织方式、构建形式与目的指向等方面总结提炼高职教育网络组织合作创新的实践模式,从动力机制、分工机制、信任机制、利益分配机制与沟通协调机制等方面分析高职教育网络组织合作创新的运行机制。

(三)调查研究法

通过工作中的参与观察和非参与观察,搜集各种类型高职教育网络组织及其合作创新的相关资料,进行实地调查研究;与高职教育园区管委会的中层领导干部、园区内高职学院的中层管理干部、研究机构负责人、参与合作创新的教师等广泛交流观点与看法,探索高职教育网络组织合作创新的实践模式、运行机制与发展路径。

(四)案例研究法

选取 C 市高职教育园区作为典型案例,主要介绍 C 市高职教育园区的形成与发展过程、合作创新的发展阶段及其产生的社会影响,详细描述 C 市高职教育园区合作创新的案例选择依据以及若干具体实践案例,对 C 市高职教育园区合作创新的成效予以综合评价,并分析其存在的问题。

二、研究框架

本书研究框架如图 1.1 所示:

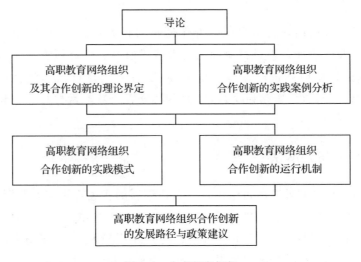

图 1.1　本书研究框架

第二章　国内外网络组织与合作创新的研究概述

在网络组织合作创新方面,国外已有部分研究成果,但国内的研究成果较少。本章从网络组织的小世界特性、结构与模式、合作关系、治理机制、创新效应、绩效评价等方面概述国外网络组织及其合作创新的研究成果,从网络组织的模式、机制与治理等方面概述国内网络组织的研究成果,从合作创新的模式、机制与评价等方面概述国内合作创新的研究成果。

第一节　国外网络组织及其合作创新的研究综述

网络组织的概念及其理论是 20 世纪 80 年代开始逐渐形成并迅速发展起来的一个新的研究领域,是近年来经济学家在分析经济全球化现象与区域创新现象时经常使用的理论,出现了"一个正式与半正式的灵活'网络'的主要热潮"①。较早提出网络组织概念的是 Tichy 等人②。自网络组织的概念诞生以来,在

---

① Freeman C. Networks of innovators:A synthesis of research issues[J]. Research Policy,1991(20):499-514.

② Tichy N M,Tushman M L,Fombrun C. Social network analysis for organizations[J]. Academy of Management Review,1979(4):507-519.

各种研究文献中有多种称谓,如"network organization"①、"networks forms of organization"②、"interfirm networks"③、"organization networks"④、"quasi-firms"⑤等。直到现在,各种称谓依然经常交互出现,但无论使用何种称谓,网络组织的含义大体相同,是一种介于市场组织与科层制组织之间的非正式组织形式。它比市场组织稳定,比层级组织灵活,是一种介于市场组织与企业层级组织之间的新的组织形式。Miles 和 Snow 认为网络组织不分层级,具有高度的灵活性,由市场机制而非行政程序控制。⑥ Candace 等人从组织协同的视角认为,网络组织是以有机的非正式社会系统为特征的组织间协同,区别于组织间的科层结构及其正式的契约关系。⑦ Alstyne 将网络组织限定为高度共同专享的资产、综合性联合控制与共同目标。⑧ 关于网络组织的定义还有很多经济学、管理学与社会学的观点,总的来说,各种定义基本围绕两个核心观念:交易与关系的互动模式,独立主体间的资源流动。⑨ Brass 等人认为网络组织研究的中心论点是参与者嵌入可提供机会

① Miles R E, Snow C C. Organization: New concepts for new forms[J]. California Management Review,1986(3):62-73.

② Powell W W. Neither market nor hierarchy: Network form of organization. In research in organizational behavior[C]. Greenwich:JAI Press,1990:295-336.

③ Uzzi B. The sources and consequences of embeddedness for the economic performance of organization:The network effect[J]. American Sociological Review,1996(61):674-698.

④ Uzzi B. Social structure and competition in interfirm networks: The paradox of embeddedness[J]. Administrative Science Quarterly,1997(42):35-67.

⑤ Eccles R G. The quasifirm in the construction industry[J]. Journal of Economic Behavior and Organization,1981(2):335-357.

⑥ Miles R E, Snow C C. Organization: New concepts for new forms[J]. California Management Review,1986(3):62-73.

⑦ Candace J, William S H, Stephen P B. A general theory of network governance: Exchange conditions and social mechanism[J]. Academy of Management Review,1997,22(4):911-945.

⑧ Alstyne V M. The state of network organization: A survey in three frameworks[J]. Journal of Organizational Computing,1997,7(3):487-503.

⑨ Candace J, William S H, Stephen P B. A general theory of network governance: Exchange conditions and social mechanism[J]. Academy of Management Review,1997,22(4):911-945.

与约束行为的相互关联的社会关系网络。①

　　本章分析了网络组织理论诞生以来部分国外代表性文献,从网络组织的小世界特性、结构与模式、合作关系、治理机制、创新效应、绩效评价等方面回顾网络组织研究的总体进展。

一、网络组织的小世界特性

　　网络组织具有交互性、开放性、反馈性、非线性、自组织性、小世界性等许多基本特征,其中小世界特性尤其受到众多研究者的关注。随着社会系统参与者之间相互关系前所未有的大数据与研究大型网络新方法的出现,社会科学与管理科学文献中有关网络组织小世界特性的文献迅速增加。② 相关研究者从模型建构、绩效评价、社会网络等多方面、多领域研究了网络组织的小世界特性,其中,Watts、Newman、Uzzi 等网络组织研究专家的相关研究成果最具代表性和影响力。

　　一些研究者致力于网络组织的模型建构,基于各种网络组织实践案例的小世界特性构建科学的网络模型,或者通过具体实践来检验理论建构的网络模型。Seyed 等人基于网络组织的小世界特性为呼叫中心创建了共享网络模型,其平均最短路径长度度量可以根据客户等待时间更加有效地预测两种可选的交叉培训结构。③ 研究发现,小世界网络理论的平均最短路径长度度量是一个简单的确定性的解决办法,可以应对呼叫中心有效设计员工交叉培训结构的复杂随机问题。Watts 和 Strogatz 探讨了通过中间立场调整的简单网络模型,认为定期网络布线导致越来越多的失序。④ 研究发现,网络系统可以像普通结构一样高度聚集,但有小的特色路径长度,称为"小世界"网络。研究者

　　① Daniel J B, Joseph G, Henrichr G, et al. Taking stoch of networks and organizations:A multilevel perspective[J]. Academy of Management Journal,2004,47(6):795-817.

　　② Duncan J W. Networks,dynamics,and the small-world phenomenon[J]. American Journal of Sociology,1999,105(2):493-527.

　　③ Seyed M R I,Bora K,Mark P V O. Call-center labor cross-training:It's a small world after all[J]. Management Science,2007,53(7):1102-1112.

　　④ Duncan J,Watts S,Strogatz H. Collective dynamics of "small-world" networks[J]. Nature,1998(393):440-442.

以生物神经网络、美国西部电网与电影演员协作网络为例开展深入研究,发现小世界耦合方式的动态系统模型增强了信号传播速度、计算功率与同步能力。

另外,Newman 和 Watts 模仿社交网络结构的某些方面研究了小世界网络模型,认为在模型中有一个重要的尺度与其他系统的相关尺度类似,明确受限于单临界指数在临界区域控制行为的价值和有限规模标度形式的网络上平均顶点与顶点的距离,并利用级数展开和 Pade 逼近找到尺度函数的近似解析形式。[①] 研究者计算了小世界图形的有效维度,表明该维度变化是在多重分形的联想方式中可衡量的尺度函数。研究者还研究了小世界网络的网址渗流问题,作为疾病传播的简单模型,并推导出一个渗流概率的近似表达式,即连接顶点第一形式的巨大组件。研究认为,系统的大小以及在这种限制的正常临界点连续发散网络的随机性趋于零,该尺度支配模型中从大到小世界的行为交叉以及网络给定半径邻域内的顶点数目。

小世界网络在不同领域得到了研究者不同程度的关注,一些研究者对艺术家系统网络、科学家协作网络、熟人社会网络的小世界特性进行了深入细致的实证研究。Uzzi 和 Spiro 分析了 1945 年到 1989 年百老汇音乐剧创作艺术家的小世界网络。[②] 研究者使用原始参数、新的统计方法和结构效度测试,结果发现,根据他们所创作音乐剧的金融和艺术成就,这些艺术家系统网络的不同"小世界"特性影响他们的创造力。小世界网络效应呈抛物线型,所产生的绩效先上升到一个阈值,然后正效应出现逆转,负效应逐渐增加。Newman 发现科学家协作网络形成了"小世界",随机选择的科学家们通常被一小撮中间熟人分开。[③] 研究者进一步给出合作者数量的平均值与分布的结果,证明网络中存在聚类,并强调了研究领域之间协作模式的一些明显差异。社会网络同样具有被"搜索"的小世界特性:普通人能够通过熟人网络将消息轻易传递到特定而遥远的目标人士。Watts 等人据此提出了一个模型,提供可识别个人

① Newman M E J, Watts D J. Scaling and percolation in the small-world network model[J]. Physical Review E Statistical Physics Plasmas Fluids & Related Interdisciplinary Topics,1999,60(1):7332-7342.

② Uzzi B, Spiro J. Collaboration and creativity: The small world problem [J]. American Journal of Sociology,2004,101(S1):5200-5205.

③ Newman M E J. The structure of scientific collaboration networks[J]. PNAS, 2001,98(2):404-409.

身份的社会网络可搜索性的解释:大量社会维度测量的特征集。① 该模型定义了一类搜索网络和搜索方法,可以适用于许多网络搜索问题,包括对等网络中数据文件的位置、万维网的网页与分布式数据库中的信息等。

在科学研究领域,同样存在小世界的网络组织,而且小世界特性对网络组织的绩效以及整体发展产生重要影响。Uzzi 等人发现,当小世界似乎在不同背景下组织许多不同类型系统时,它们并不是普遍的,它们的影响效果也并非完全一致。② 小世界似乎组织不同学科的共同作者网络,但不是全部。它们也可能影响绩效,但并不总是以同样的方式,通过复杂的非线性与常规的线性影响。Watts 认为小世界现象是高局部聚类与短全局分离的巧合,显示了稀疏、分散网络既不是完全有序的也不是完全随机的普遍特征。③ 这种网络广泛分布于社会科学与自然科学中,然而受到的关注较少。此外,对原本有序的网络,微弱混合的随机性可以对其动力、结构、特性产生巨大的影响。

二、网络组织的结构与模式

网络组织是复杂的非正式组织,与传统的单一性组织、正式组织相比,其组织结构与模式更加复杂多样,随着理论研究与实践发展的推动,网络组织的结构与模式逐渐趋向多元化、多样化、多视角化。Barabási 结合网络理论复杂工具的能力,分析数以百万计的个人之间的关系,并且通过证明网络、细胞或社会由相似的组织原则所驱动,认为网络理论提供了一个成功的概念框架来说明许多复杂系统的结构。④ 相关研究成果从社会网络视角、网络拓扑结构、组织间关系、嵌入结构等方面研究网络组织结构,从利益相关者管理、复杂网络模式、组织环境界面、企业间联盟、渗流图形等方面研究网络组织模式。

一些研究者从社会网络视角研究不同类型的网络组织。Ranjay 从社会网

① Duncan J W,Sheridan D P,Newman M E J. Identity and search in social networks [J]. Science,2002(296):1302-1305.

② Uzzi B,Amaral L A,Reed-Tsochas F. Small-world networks and management science research:A review[J]. European Management Review,2007 (4):77-91.

③ Duncan J W. Networks,dynamics,and the small-world phenomenon[J]. American Journal of Sociology,1999,105(2):493-527.

④ Barabási A-L. Network theory—the emergence of the creative enterprise [J]. Science,2005(308):639-641.

络视角研究战略联盟,并确定了五个关键要素:联盟的形成、治理结构的选择、联盟的动态演化、联盟的绩效,以及企业进入联盟的绩效结果。① Gerald 研究了一种社会结构视角的公司控制权市场,连锁网络提供了一种有利于持续管理优势的社会背景。② 研究结果也更加符合凝聚模型,而不是作为社会结构机制负责扩散的结构等价。传统观点认为,被称为"模块化"的效益函数最大化是一个强有力的方法,可以应对可能的网络分区。Newman 却认为这个最大化的过程可以用称之为模块化矩阵的特征谱来描述,在类似社区检测中发挥图表划分计算的拉普拉斯图的作用。③ 研究结果引导发现了一些用于检测社区结构的可能算法,以及其他几个结果,包括一个光谱测量的网络二分结构和一个新的中心测量,确定占据它们所属社区中心位置的顶点。

拓扑结构是网络组织结构的一种重要类型,一些研究者就此展开深入探讨。Kossinets 和 Watts 发现,网络演化主要是由网络拓扑结构本身所产生的影响与网络嵌入的组织结构决定的。④ 在全球波动的情况下,平常网络属性接近平衡状态,而个别属性是不稳定的。也有人认为企业网络结构的优化取决于网络成员的目标。⑤ Barabasi 等人从三个互补的路径获得详细的网络拓扑结构表征。⑥ 首先,实证测量能够发现特定时刻的网络拓扑结构特征,也就是这些数量的时间演化。结果表明,网络是无标度的,而网络演化受影响内部和外部链接的优先附件支配。然而,与大多数模型预测相比,平均度及时增加,节点分离减少。其次,研究者提出一个简单模型捕捉网络的时间演化。在某些限制条件下,模型可以解析,预测两个不同的测量缩放协议。最后,数值模

① Ranjay G. Alliances and networks[J]. Strategic Management Journal,1998(19):293-317.

② Gerald F D. Agents without principles? The spread of the poison pill through the intercorporate network[J]. Administrative Science Quarterly,1991,36(4):583-613.

③ Newman M E J. Finding community structure in networks using the eigenvectors of matrices[J]. Physical Review E (Statistical,Nonlinear and Soft Matter Physics),2006,74(3):92-100.

④ Kossinets G,Duncan J W. Empirical analysis of an evolving social network [J]. Science,2006(311):88-90.

⑤ Ahuja G. Collaboration networks,structural holes,and innovation:A longitudinal study [J]. Administrative Science Quarterly,2000(45):425-455.

⑥ Barabási A-L,Jeong H,Neda Z,et al. Evolution of the social network of scientific collaborations[J]. Veterinary Surgery,2015,6(2):66-70.

拟被用来发现不能预测的量化行为。合并数值与分析结果强调内部链接在确定观察到的缩放行为和网络拓扑结构中发挥重要作用。

组织间关系对网络组织结构的影响非常重要,一些研究者对此密切关注。Lorenzoni 总结了自 20 世纪 80 年代以来意大利企业的组织和经济研究的学术路径变化。① 研究认为,肇始于工业区的研究,大多数学者主要集中于企业地理邻近性的重要意义而边缘化了企业结构与战略的相关问题。然而,工业区的研究最终导致了企业网络的问题,特别是如何管理关系能力与合作,这两者都会影响企业的竞争地位。这个不再依赖于单个公司或工业部门的新分析框架开辟了新的研究视角,丰富了洞察社会经济研究的视野。关于直接关系的作用与间接关系的结合,Vanhaverbeke 等人研究发现两种可供选择的联盟网络结构是可以有效开发和探索的。② 研究者还发现,公司联盟网络的冗余对开发有积极的影响。Irandoust 和 Benaskeur 提出一种多重组织结构,这种结构来自几个组织的相互作用或是它们故意创造的\源于组织之间的伙伴关系,普遍存在于政治、军事与商业世界。③ 研究认为,这些组织具有六个主要的明确特征,如伙伴关系的目的、运作机制、协同过程、成员变动、生命周期与控制架构。Gulati 探讨了社会结构如何影响企业间联盟的形成模式。④ 研究者提出,先前联盟的社会背景与出于战略互赖的考虑影响公司之间合作伙伴关系的决定。这种社会网络通过为企业提供有关潜在合作伙伴的确定能力与可靠性的有价值信息促进新的联盟。公司之间直接的联系及其整体网络的作用已被企业战略联盟综合的、纵向的、多行业的数据所验证。研究结果与联盟形成的战略互赖和社会结构的解释是一致的。

还有一些研究者从其他视角探讨网络组织结构问题。Soda 等人从时间的偶然视角考察两种替代网络结构的功效:闭合与结构孔,并比较过去与当前

---

① Lorenzoni G. Genesis of a research field:District,network,strategic network[J]. Journal of Management and Governance,2010(14):221-239.

② Vanhaverbeke W,Gilsing V,Beerkens B,et al. Exploration and exploitation in technology-based alliance networks[R]. Academy of Management Annual Meeting Proceedings,2007(1):1-6.

③ Irandoust H,Benaskeur A R. Multi-organizational structures[R]. Association for the Advancement of Artificial Intellinence Workshop,2008(1):1-8.

④ Gulati R. Social structure and alliance formation patterns:A longitudinal analysis[J]. Administrative Science Quarterly,1995,40(4):619-652.

社会结构的结果。① 研究表明,在意大利电视制作行业,当前的结构孔而非过去的,过去的闭合而非当前的闭合,有助于当前的网络绩效。因此,结构孔和闭合在不同的时间点都是有价值的。Uzzi 通过提出一个说明嵌入性与网络结构如何影响经济活动的构想,尝试提出超越程式化观点的嵌入性概念。② 研究者开发了一个系统的方案,更全面地界定嵌入性的独特特征、功能与来源。结果表明,嵌入性是与市场相关的独特机会的交换系统,加入网络的企业比保持公平市场关系的企业有更高的生存机会。

建构模型是网络组织研究常用的方法之一,由此产生了网络组织理论的许多分析框架。Baum 和 Ingram 解释了企业间组织的存在,回应有限理性条件下的交易成本,并在此基础上提出一种企业间网络组织——基于战略联盟的生产网络——产生的"渐进过程模型"。③ 每个网络类型要求不同的组织结构、协调机制与领导风格,这似乎是合理的假设。Keast 和 Mandell 确定了连续的关系强度与形制的不同点,分析了协作网络的充分数据,提出了一个"协作扩展能力模型",包括三个核心:组织、系统与流程、个人能力。所有这些都不同于传统的组织机构设置。④ Callaway 等人通过渗流模型的随机图提供了网络进程的简单演示,但通常受限于顶点的泊松度分布图形。⑤ 该图完全不同于往往具有幂律或其他高曲度分布的现实世界网络。研究者探讨了完全广义度分布的渗流图形,给出了各种情况下的精确解决方案,包括网址渗流、纽带渗流与取决于顶点度的主导概率模型。Hakansson 和 Snehota 回顾了组织环境界面的网络模型,从网络模型的角度讨论了战略管理原则的三个核心问题:

---

① Soda G, Usal A, Zaheer A. Network memory: The influence of past and current networks on performance[J]. Academy of Management Journal, 2004, 47(6): 893-906.

② Uzzi B. The sources and consequences of embeddedness for the economic performance of organizations: The network effect[J]. American Sociological Review, 1996, 61(4): 674-698.

③ Baum J A C, Ingram P. Interorganizational learning and network organization: Toward a behavioral theory of the interfirm[J]. M Augier, 2002, 9(1): 20-30.

④ Cepiku D, Mussari R, Poggesi S, et al. Special issue on governance of networks: Challenges and future issues from a public management perspective editorial[J]. Journal of Management & Governance, 2014, 18(1): 1-7.

⑤ Callaway D S, Newman M E J, Steven H. Strogatz, etc. Network robustness and fragility: Percolation on random graphs[J]. Physical Review Letters, 2000, 85(25): 5468-5471.

组织边界、组织有效性的决定因素、经营战略的过程。^①　研究者的论点来自由
网络模型所描述情况的基本命题：与其他伙伴的持续互动构成赋予组织互动
意义与作用的背景。当这个命题适用时，任何管理该组织行为的尝试将要求
转移注意力，从组织分配与安排其内部资源的方式到涉及自身活动与资源和
构成背景的其他伙伴的联系方式。

　　网络组织的发展模式与管理模式也是研究者关注较多的方面。Roloff 从
多方利益相关者网络的公司角色分析和利益相关者理论的批判性回顾出发，
认为公司实践两种不同类型的利益相关者管理：专注于组织福利（组织关注式
的利益相关者管理）或专注于影响它们与其他社会团体和组织的问题（问题关
注式的利益相关者管理）。^②　问题关注式的利益相关者管理在多方利益相关者
网络中占主导地位，因为它能使公司处理与利益相关者合作中的复杂问题与
挑战。由于协商是问题关注式利益相关者管理的关键，它有助于应付众多的
有时矛盾的利益相关者需求，并提高公司活动的合法性。网络模型对我们理
解复杂网络是至关重要的，并有助于解释观察到的网络特征的起源。Barabási
和 Oltvai 认为，直接影响我们理解生物网络的三种模式为：随机网络、无尺度
网络、分层网络。^③　随机网络的 Erdös-Rényi(ER)模型始于 n 个节点，并连接
每个节点与创建随机放置链接的可能的 p 节点。无尺度网络的特点是幂律分
布；节点有 k 个链接的概率 $P(k) \sim k-\gamma$，γ 是度指数。考虑到模块化、局部聚
类与无尺度拓扑结构在很多实际系统中的并存，必须假定以迭代的方式集群
结合，生成一个层次网络。

　　此外，从不同的研究视角出发，按照不同的划分标准，网络组织有各种存
在类型。Lechner 和 Dowling 为不同类型的网络勾勒出一个理想的发展路径，
并且将这个框架与网络现象的理论解释相链接。^④　不同形式可以在产业区或

---

　　①　Hakansson H，Snehota I. No business is an island：The network concept of business strategy[J]. Scandinavian Journal of Management，2006(22)：256-270.

　　②　Roloff J. Learning from multi-stakeholder networks：Issue-focussed stakeholder management[J]. Journal of Business Ethics，2008(82)：233-250.

　　③　Barabási A-L，Oltvai Z N. Network biology：Understanding the cell's functional organiztion[J]. Genetics，2004(5)：101-113.

　　④　Lechner Ch，Dowling M. The evolution of industrial districts and regional networks：The case of the biotechnology region Munich/Martinsried[J]. Journal of Management and Governance，1999(3)：309-338.

区域集群的广泛概念下根据一些关键特征(如合作行为类型、关系密度、企业规模等)被识别和分类。Mele 区分了三种类型的网络:功利性的、情感性的与道德性的。① 道德性的网络不排除功利性与情感性网络,但后两种形式应实行互惠。道德性网络要求以诚信的行动,分享诚实的目标,并参加合法活动;以互惠甚至报酬共享信息、知识与资源;在不对称权力关系中公正服务;在网络内行使积极的道德影响。

三、网络组织的合作关系

网络组织为合作伙伴提供了一个良好的发展平台,良好的合作关系是合作伙伴实现合作共赢目标的前提。网络组织可以提供三种利益:通过虚拟整合的竞争发展,在突出市场规模的同时,组织保持灵活性与小型化;通过与许多领域多样化网络组织共享知识资本,推动知识发展;通过志同道合者思想网络的思想发展,可以防止共同选择的出于原始目的的公平贸易。然而,相对成功地利用这些好处受三个管理因素的影响:合作伙伴选择、合作伙伴使用和合作伙伴管理。② 一些研究者分别从合作伙伴关系、群体关系、二元关系、嵌入关系、组织间关系等方面探讨了网络组织的合作关系。

由于合作伙伴关系的选择与管理是网络组织合作关系中具有决定性意义的因素,研究者从多个视角关注合作伙伴关系。Clarke 和 Fuller 重点探讨了多组织跨部门的社会伙伴关系(CSSP),认为这是解决太多无法被任何一个组织解决的复杂社会和生态问题的普遍方式。③ 研究者通过提供一个协同战略管理的概念模型,并通过区域协同可持续发展战略的两个定性实证案例予以测试。该模型增强了以前的协同模式,强调两级执行(协作和组织水平)并考虑结果的不同类型以及反馈回路。协作本身可以关注单个公司或它们的业务

---

① Mele D. The practice of networking:An ethical approach[J]. Journal of Business Ethics,2009(90):487-503.

② Iain A D. Alliances and networks:Creating success in the UK fair trade market[J]. Journal of Business Ethics,2009(89):109-126.

③ Clarke A,Fuller M. Collaborative strategic management:Strategy formulation and implementation by multi-organizational cross-sector social partnerships [J]. Journal of Business Ethics,2010(94):85-101.

单位、特定产业部门、部委、公共机构，或全球性商业合作伙伴网络的业务活动。① Lovejoy 和 Sinha 认为，当组织中的人随着时间的推移动态产生大量的对话伙伴，思维能力会加速，这自然会缩短路径长度与消除信息瓶颈。对话内容可供考虑的群组会议，是另一种学习并行和加速思维过程的方式，尽管面对复杂问题时它们不能提供最佳分散网络之上的显著优势。② Cepiku 等人认为，每个网络类型要求不同的组织结构、协调机制与领导风格，并以此为标准确定了商业型、管理型、专业型与民主型合作伙伴关系，在此基础上将网络结构形式分为共同治理网络、牵头组织网络与管理组织网络。③

对于联盟式的网络组织及其大规模合作，群体关系的处理必须受到重视。Chung 等人比较了资源互补性、状态相似性和社会资本作为联盟形成的基础。④ 研究结果表明，投资银行联盟形成的可能性与它们的能力及地位相似性呈正相关的互补关系。银行直接和间接合作的社会资本在联盟形成中起着非常重要的作用。牵头银行与潜在合作伙伴的交易数量和牵头银行邀请潜在合作伙伴组建联盟的可能性有一个倒 U 形关系。研究发现，地位相似性和社会资本在初始公开发行交易中比在二次发行交易中对联盟形成有更强的影响，因为前者比后者更加不确定。Hanaki 等人研究发现，规模化合作——大群体的高水平合作，可以在稀疏的网络中实现，假设个人能够单方面断绝关系和新的关系只能是双方一致创建。⑤ 进一步研究表明，在局部加强和全球扩展之间有一个重要的权衡，以实现动态网络中的合作。其结果是，网络中的关系是高成本的，局部结构在很大程度上不存在倾向于产生更高层次的合作，并不比那些关系容易和朋友之间互动的概率更高，后者的结果与通常的直觉产生强烈

①　Nyman G S. University-business-government collaboration：From institutes to platforms and ecosystems[J]. Triple Helix,2015(2):1-20.

②　Lovejoy W S, Sinha A. Efficient structures for innovative social networks[J]. Management Science,2010(56):953-965.

③　Cepiku D, Mussari R, Sara P S, et al. Special issue on governance of networks：Challenges and future issues from a public management perspective editorial[J]. Journal of Management & Governance,2014,18(1):1-7.

④　Chung S, Singch H, Lee K. Complementarity, status similarity and social capital as drivers of alliance formation[J]. Strategic Management Journal,2000(21):1-22.

⑤　Hanaki N, Peterhansl A, Dodds P S. Cooperation in evolving social networks[J]. Management Science,2007,53(7):1036-1050.

的对比。

有研究者重点关注网络组织中参与者之间的二元关系与嵌入关系。在利益相关者理论中,大多数的合作研究都集中在以二元层次为中心的组织间合作领域。Garriga 结合定量的社会经济数据和定性数据研究扎根理论和人种志观测。① 研究表明,利益相关者合作模式基于结构(利益相关者位置)与关系因素(框架进程)。利益相关者合作不仅决定于利益相关者的位置,而且他们可以在网络与框架进程中依赖不同的政治机会建构。网络结构可以创建选择性合作的背景,但不能明确确定与先前利益相关者网络研究文献的不同。在合作过程中,公司充当着加入、联合与连接的三重角色,这与现有的渔翁得利者的网络研究主流观点存在不同。在二元关系层次,将商业交易根植于社会附加借贷人的企业,获得利率较低的贷款。在网络层面,如果它们的银行关系网络结合嵌入关系与公平关系,企业更容易获得贷款与获得较低的贷款利率。这些网络效应的产生是由于嵌入式关系激励网络合作伙伴共享私有资源,而公平关系方便获取市场价格和贷款机会的公共信息,以便不同类型关系的利益在同一个网络优化。在网络的价值产生溢价时,它创建了一个连接公共市场信息与私人关系资源的桥梁。② Uzzi 和 Gillespie 基于社会嵌入理论,研究网络中单个公司参与者的能力与资源如何转移到另一个参与者,用它们来提升与第三方参与者的交易,并把这一战略进程称为"网络传递"。③ 定性分析表明,嵌入式的银行与公司关系提供了特殊的治理安排,以促进公司获取以银行为中心的信息与资本资源,唯有如此,才能提高公司管理贸易信贷的能力。统计分析表明,相对于缺乏嵌入式关系的同类企业,与银行家有嵌入关系的中小型企业更有可能采取合算的提前付款贸易折扣和避免代价高昂的滞纳金,这表明社会嵌入性有利于企业的财务绩效。

网络组织由若干具有平等地位的独立组织所构成,因此,内部成员之间的

① Garriga E. Cooperation in stakeholder networks:Firms' "tertius iungens" role[J]. Journal of Business Ethics,2009(90):623-637.

② Uzzi B. Embeddedness in the making of financial capital:How social relations and networks benefit firms seeking financing[J]. American Sociological Review,1999(64):481-505.

③ Uzzi B, Gillespie J J. Knowledge spillover in corporate financing networks: Embeddedness and the firm's debt performance[J]. Strategic Management Journal,2002(23):595-618.

组织关系是网络组织得以生存与发展的基础性条件。Tomkins 在研究组织关系时认为,所有关系依赖于一定程度上的信任。① 个人关系中的信任和信息之间的相互作用被探索成为一个模板,以考虑组织间关系的信息需要是否相似。在研究一般情况下商业关系的信息需求时,应分析不同的形式公司联盟及更广泛的商业网络的需求。Lomi 研究认为组织间差异的维持与再现受到源于多重网络的不同类型关系的角色结构的影响,并分析证明了跨组织领域市场关系对构建网络关系的选择的影响。② 因此,网络组织必须有一个明确的接入点,明确协商接纳条款和准许与退出的标准。③ 另外,Boarl 和 Lipparini 提供了工业区企业间关系与知识管理的组织创新模式的证据。④ 研究者分析了领先企业通过分配原本在内部进行的外部边界任务时如何在网络中发挥积极的作用,这种情况逐渐产生于最初变化的网络关系适度分级。研究认为,在尝试组织设计与制造创新模式的过程中,不会失去控制与战略合法化,领先企业选择协作代理直接负责专业供应商的特定团队。Westphal 等人研究认为,与只模仿竞争对手经营策略的其他行业企业不同,有固定网络关系的企业可能会模仿自己竞争对手的经营策略,以及竞争对手的收购活动与补偿政策。⑤ 研究结论强化了跨网络组织的制度理论与研究的意义。Powell 等人开发与测试四种可替代的附属逻辑——累积优势、同质性、跟风与多重连接——阐释生物技术领域跨组织合作的结构与动力。⑥ 研究者使用多种新颖方法,包括网络等

---

①　Tomkins C. Interdependencies, trust and information in relationships, alliances and networks[J]. Accounting, Organizations and Society, 2001(26):161-191.

②　Lomi A. Markets with hierarchies and the network structure of organizational communities[J]. The Journal of Management and Governance, 1997(1):49-66.

③　Poncibò C. Networks to enforce european law: The case of the consumer protection cooperation network[J]. Journal of Consum Policy, 2012(35):175-195.

④　Boarl C, Lipparini A. Networks within industrial districts: Organising knowledge creation and transfer by means of moderate hierarchies[J]. Journal of Management and Governance, 1999(3):339-360.

⑤　Westphal J D, Seidel M-D L, Stewart K J. Second-order imitation: Uncovering latent effects of board network ties[J]. Administrative Science Quarterly, 2001(46):717-747.

⑥　Powell W W, White D R, Koput K W, et al. Network dynamics and field evolution: The growth of interorganizational collaboration in the life sciences[J]. American Journal of Sociology, 2005, 110(110):901-975.

级分布分析、网络可视化与多概率模型评价二元附属物,展示了从属形状网络如何进化的不同规则。研究认为,由于组织增加协作活动数量与组织联系的多样性,衔接网络形式的特点是多个独立的途径;反过来,这些结构组件限制了成员的选择与可获得的机会,从而加强了基于不同连接的不同合作伙伴联系的附属逻辑。

四、网络组织的治理机制

网络组织的治理机制关系到网络组织的有效运行、成员关系的良好维持与网络组织创新绩效目标的顺利实现。网络治理建构了一种协同经济活动的独特形式,与市场和科层制相反。① 同时,网络治理涉及提供产品或服务的自治组织在确定契约基础上的有选择的、持续的、结构性的设置,以适应环境的不确定性并协同保障交易。② Pirson 与 Turnbull 认为现有的治理结构是基于过时的根植于经济学的商业范式,另外提出了一种替代范式,一种更人性化的范式,允许认知选择、网络导向的治理结构。③ 随着科层制公司变得越来越大、越来越复杂,源于沟通与控制系统的偏见、错误与丢失的数据,失败的风险增加。这些问题加剧了高级管理人员、董事及其各自监管机构的信息过载。与传统的公司治理相比,网络治理通过多元化董事会、制衡与积极的利益相关者参与引入了另外一种权力。一些研究者分别从决策机制、激励机制、竞争机制、协调机制、控制机制、知识转移机制等方面研究了网络组织的治理机制。

决策机制是网络组织治理机制中的首要机制,体现组织成员的共同目标与利益诉求。Hoflund 运用扎根理论的方法,考察了国家质量论坛(NQF)合

---

① Powell W W. Neither market nor hierarchy:Network form of organization// Research in organizational behavior[C]. Greenwich:JAI Press,1990:295-336.

② Candace J, William S H, Stephen P B. A general theory of network governance: Exchange conditions and social mechanism[J]. Academy of Management Review,1997,22 (4):911-945.

③ Pirson M,Turnbull Sh. Toward a more humanistic governance model:Network governance structures[J]. Journal of Business Ethics,2011(99):101-114.

议发展进程的产生和发展，识别与讨论了进程中的五个关键原则。① 研究认为，为平衡和包容不同利益的网络管理组织建立一个决策进程，领导者必须考虑和纳入更大范围代表的原则。

网络组织的本质是通过资源共享与合作创新提高共同体的竞争力，也需要彼此间的互相激励增加发展的动力。Dyer 与 Singh 认为一个公司的关键资源可以跨越企业边界与嵌入体弱的资源与程序。对理解竞争优势的分析日益重要的单元是企业之间的关系和确定四个潜在的组织间竞争优势来源：关系专用性资产、知识共享程序、互补的资源或能力、有效的治理。② 他们研究这些潜在租金来源的细节，识别关键的子过程，并讨论了有助于保持关系租金的隔离机制。Khanna 等人展示了合作和竞争之间的紧张关系如何影响学习联盟的动力。③ "私人利益"与"共同利益"在它们致力于学习的激励机制上有所不同。当一个公司的私人利益相对于共同利益的比例较高时，联盟的竞争方面是最激烈的。联盟中企业的"相对位置"，表明联盟外部每个公司的机会至关重要地影响其联盟内的行为。作为一种复杂的组织形式，网络旨在治理横向和纵向协同的企业间交易。替代性制度安排的选择是受关系特定的投资、分配机制和基于关系契约机制与相关信托基金的动态方面因素的影响。Zylbersztajn 与 Farina 认为，价格激励机制可以保持网络结构，而且引入网络外部性的影响提供同样的激励；同时提出一种半形式化的模型，认同网络外部性的存在，并应用游戏的方法来解释替代策略的选择。④

网络组织成员之间虽然有共同的目标和利益，但同时也有各自不同的目标和利益，也就难免存在某些利益冲突，必要的冲突解决机制、协调机制

① Hoflund A B. Designing a decision-making process for a network administrative organization: A case study of the national quality forum's consensus development process[J]. Public Organization Review, 2013(13): 89-105.

② Dyer J H, Singh H. The relational view: Cooperative strategy and sources of interorganizational competitive advantage[J]. Academy Management Review, 1998, 23(4): 660-679.

③ Khanna T, Gulati R, Nohria N. The dynamics of learning alliances: Competition, cooperation, and relative scope[J]. Strategic Management Journal, 1998, 19(3): 193-210.

④ Zylbersztajn D, Elizabeth M M Q. Farina. Dynamics of network governance: A contribution to the study of complex forms[J]. Ssrn Electronic Journal, 2010(1): 1-10.

及控制机制是网络组织治理机制的重要组成部分。Vaaland 与 Håkansson 探讨冲突处理的两种范式：冲突作为一个被移除的问题和冲突作为一种改进的资源和工具。在理解冲突方面，研究认为，事件关系到两种不同的基本治理机制，以了解规范治理的重要性，如意味着社会互动的正式契约或网络治理。① Baudry 与 Chassagnon 通过调查垂直网络组织（VNO）的案例探讨和评估不完全合同理论的公司边界分析，尤其是交易成本理论与现代产权理论。② 理论表征与 VNO 的运行规则分析揭示了网络内部的奖惩规定与协调机制。研究结果对停止思考公司边界所起的作用产生怀疑，同时怀疑 VNO 的权力形式。Cuganesan 与 Lee 重点关注组织内部的相互作用，特别是信息技术如何影响采购网络的控制机制。③ 研究者运用行动者网络理论，检验了行动者网络空间中采购网络的两个关系维度：包含在采购网络中的买家与供应商之间的组织间关系，特别是买方组织行动者之间的组织内部关系。该研究解决了网络管理控制的文献研究中组织内部影响的关注不足。此外，与控制机制和给定的交易安排之间的主流"适合"观念相比，该研究强调组织间控制矩阵的流动性。信息技术特别被关注，因为它日益介入组织间协作，但其结果并不清楚。因此，该研究也有助于采购网络内信息技术控制效果的现有理解。

协同创新是网络组织特别具有的优势功能，创新的基础建立在知识的正常流动与持续转移之上，因此，网络组织的知识转移机制成为网络组织研究的热点。Windsperger 与 Gorovaia 针对知识转移机制的选择开发了一个基于知识的观点，在特许经营中整合信息丰富度理论的结果。从信息丰富度理论出发，默会性的系统知识具有可操作的编码可能性、可教性与复杂性，

---

① Vaaland T I, Håkansson H. Exploring interorganizational conflict in complex projects [J]. Industrial Marketing Management, 2003, 32(2): 127-138.

② Bernard B, Chassagnon V. The vertical network organization as a specific governance structure: What are the challenges for incomplete contracts theories and what are the theoretical implications for the boundaries of the (hub-) firm? [J]. Journal of Management and Governance, 2012(16): 285-303.

③ Cuganesan S, Lee R. Intra-organisational influences in procurement networks controls: The impacts of information technology[J]. Management Accounting Research, 2006 (17): 141-170.

决定了特许经营企业的知识转移机制的信息丰富度。^① 研究假设如下：如果特许人的知识特点具有高度的编码可能性与可教性及低程度的复杂性，则使用信息丰富程度较低的知识转移机制；如果特许人的知识特点具有高度的复杂性和低程度的编码可能性与可教性，则采用信息丰富度更高程度的知识转移机制。Tang 提出传播能力的概念并分析网络成员传播能力的差异。^② 理论分析和仿真结果表明，网络的大小、知识转移的速度与网络中个体的传播能力与吸收能力随着时间影响网络的知识平衡。此外，研究表明，网络中占主导地位的知识拥有者越强大，网络聚集到指定知识状态越快。网络中的参与者身份、承诺与行为也会影响到知识共享。因此，建立在离散交易与货币价值导向交换基础上的现有法律与规范（包括产权）已可能不足以处理全部范围的知识转移。需要一个模型来解决大型异构网络之间的传输。由于不同文化的相异价值观，规范的建立是复杂的，但是，支撑亚网络的社会规范可以维持它们内部的知识转移。在知识亚网络及其与全球网络互动中的社会规范的作用分析，为 21 世纪理解网络与任何新兴网络道德理论指出了一个关键因素。^③

还有人研究了网络组织的交易治理机制。Robinson 与 Stuart 认为生物技术部门参与者之间的优先联合股票形成一个网络，作为公司间交易的治理机制。^④ 为测试这个网络如何替代其他治理机制，研究战略联盟的股权参与与保证基金随着联盟参与者方式的两个特点（接近度与中心度）而变化，如何在过去的交易网络定位，衡量公司嵌入网络的深度。由于中心度与接近度的增加，股权参与（衡量规模和偏好）减少，而保证基金增加。

---

① Windsperger J，Gorovaia N. Knowledge attributes and the choice of knowledge transfer mechanism in networks：The case of franchising[J]. Journal of Management and Governance，2011(15)：617-640.

② Tang F Ch. Knowledge transfer in intra-organization networks [J]. Systems Research and Behavioral Science，2011(28)：270-282.

③ Millar C C J M，Chong J C. Networks，social norms and knowledge sub-networks [J]. Journal of Business Ethics，2009(90)：565-574.

④ Robinson D T，Stuart T E. Network effects in the governance of biotech strategic alliances[J]. Journal of Law，2004，23(1)：242-273.

五、网络组织的创新效应

对于网络组织来说,合作会影响创新的几个控制变量,如年龄、规模、获得公共资金、产品多样性、网络位置等,与合作和创新相关,特别是在合作网络中的起始位置。[①] 合作创新是网络组织的优势所在,也是网络组织产生与发展的基本理由,同时也是组织成员加入网络组织的最初目标,因此,网络组织的合作创新效应受到组织成员及网络组织研究者的密切关注。一些研究者分别从组织学习、地理位置、耦合效应、联系方式等方面研究了网络组织的创新效应。

网络组织为成员提供了一个良好的学习平台,并以此为基础建立有利于网络组织成员共同进步、协同创新的学习机制。从网络视角看组织学习,如果组织联合体占据中央网络的位置并提供其他联合体开发的新知识,它们可以产生更多的创新,并获取更好的绩效。这种效应取决于联合体的吸收能力,或成功复制新知识的能力。吸收能力与网络位置之间的相互作用对商业联合创新与绩效有显著的正向影响。[②] Doz 沿几个维度(环境、任务、过程、技能、目标)研究介于初始条件与联盟结果之间的企业间战略联盟的学习是如何发生的。[③] 成功的联盟项目是高度进化的,是一系列学习、重新评估与调整的互动循环。相反,失败的项目是高度惰性的,缺少学习,或在认知理解与行为调整之间存在学习偏差,或无效的预期。虽然战略联盟可能是组织学习的一种特殊情况,研究认为分析战略联盟的演变有助于超越过于简单的惰性与适应描述,特别是通过暗示初始条件,可能会导致固定过程的稳定"印迹",使联盟高度惰性化或使它们具有高度适应性的生成与演化过程,以及取决于它们如何设置。对生物技术产业组织间合作的大规模依赖反映了一种获取知识的基本和普遍关注。Powell 等人开发了一个网络路径推动组织学习与提升企业水

① Shan W, Walker G, Kogut B. Interfirm cooperation and startup innovation in the biotechnology industry[J]. Strategic Management Journal,1994(15):387-394.

② Tsai W P. Knowledge transfer in intraorganizational networks:Effects of network position and absorptive capacity on business unit innovation and performance [J]. The Academy of Management Journal,2001,44(5):996-1004.

③ Yves L D. The evolution of cooperation in strategic alliances:Initial conditions or learning processes? [J]. Strategic Management Journal,1996(17):55-83.

平,联结研发联盟的纵向假设,管理企业间关系、网络位置、增长率与协同活动组合的经验。[①]

产业园区和区域集群依赖于共处组织之间相互联系的网络,而企业之间的自然邻近可以通过网络改变信息与资源流动的性质。Whittington 等人将专利活动的负二项计算模型用于 1988—1999 年产业区和区域集群的美国生命科学企业,认为地理邻近与网络位置对组织创新具有联结效应。[②] 证据表明,区域集聚与网络集中度发挥互补作用,但对组织创新的影响依情况而定。在生物技术的高速度、研究密集型领域,地理与网络位置对组织创新有独立的与有条件的影响。本地共处的合作伙伴网络的集中度影响取决于企业嵌入,包括远距离合作伙伴在内的全球性网络的程度。然而,这样的全球集中度改变了其他生物技术公司与公共部门研究组织两个重要类别组织影响创新的距离。区域集聚通过网络塑造了信息与资源流动的特点,而大部分产业集群的区域特点涉及其内部网络的结构。网络效应保持独立与相互依存的地理变量与区域特点,从而影响集中度加强创新的程度。Fitjar 等人评估企业中创新成就的组织以及该方面努力追求的地理范围,影响产品创新的收益能力程度,具体研究了三种可供选择的组织模式:等级制、市场与三重螺旋型网络。[③] 他们认为三重螺旋型网络基于三种地理范围:本地、国家与国际。分析表明,与那些主要依赖于市场外包相比,企业利用内部等级制或三重螺旋网络与广泛的合作伙伴从新产品收入中获得显著较高的份额。与网络中合作的地理范围,以及合作伙伴的类型相比,重要的是企业受益于产品创新的能力。特别是在涉及供应商、客户与研发机构的国际三螺旋型网络合作的企业从它们的产品创新收入中获取更高的份额,无论它们是在内部还是通过网络组织过程。

创新网络往往被视为自主企业的松散耦合系统。Dhanaraj 与 Parkhe 建议核心企业策划网络活动确保价值创造与提取,没有等级权力的利益。业务

① Powell W W, Kenneth W K, Smith-Doerr L. Interorganizational collaboration and the locus of innovation: Networks of learning in biotechnology[J]. Strategic Management Journal, 1996,41(1):116-145.

② Whittington K B, Owen-Smith J, Powell W W. Networks, propinquity, and innovation in knowledge-intensive industries[J]. Administrative Science Quarterly, 2009 (54):90-122.

③ Fitjar R D, Gjelsvik M, Rodríguez-Pose A. Organizing product innovation: Hierarchy,market or triple-helix networks? [J]. Triple Helix,2014,1(3):1-21.

流程包括知识流动、创新独占性与网络稳定性。他们拒绝将网络成员视为惰性实体的看法,仅仅回应网络关系所产生的诱因与约束,认同网络中必要的参与者结构二重性。① 不同的联系方式对网络组织的创新具有明显不同的影响。Ahuja 提出了一个理论框架,涉及一个公司自我网络的直接联系、间接联系和影响公司后续创新产出的结构空隙等三个方面。② 直接和间接的联系都对创新产生积极影响,但间接联系的影响由公司直接联系的数量来调节。结构空隙对后续的创新既有正面的也有负面的影响。研究者对一个国际化工企业的纵向研究结果支持直接和间接联系的预测,但对于企业间的合作网络,增加结构空隙对创新有负面影响。

还有人研究了社会网络结构的创新扩散效应。Abrahamson 与 Rosenkopf 认为,一个重要的因素尚未被纳入理论解释的思潮:通过创新的潜在用户了解这些创新信息的社会网络结构,从而使他们采用这些创新。他们提出了一种理论解释社会网络结构如何影响思潮,认为一些网络链接以及小而不起眼的特质结构,对社会网络成员间的创新扩散程度产生很大的影响。③

六、网络组织的绩效评价

网络组织的绩效评价是衡量网络组织是否达成既定目标的重要环节,是网络成员是否认同网络组织的基本标准,也是关系到网络组织可持续发展的重要因素。网络组织绩效的影响因素、评价标准及评价方法是相关研究关注的重点,其中影响因素的研究成果占有相当大的比例,一些研究者从网络治理、组织结构、社会关系等方面探讨了网络组织绩效的影响因素。

2000 年以来,学者们开始强调在组织间背景下探索管理的重要性,这些研究已经证明了网络管理对组织绩效的重要性。然而,McQuail 认为,关于网络

---

① Dhanaraj Ch, Parkhe A. Orchestrating innovation networks [J]. Academy of Management Review,2006,31(3):659-669.

② Ahuja G. Collaboration networks,structural holes,and innovation:A longitudinal study [J]. Administrative Science Quarterly,2000(45):425-455.

③ Abrahamson E, Rosenkopf L. Social network effects on the extent of innovation diffusion:A computer simulation[J]. Organization Science,1997,8(3):289-309.

的文献并没有证明网络管理的复杂活动导致绩效增加。① 研究工作使用大数据,提出了内部与外部网络的概念作为框架,以便理解网络管理如何有助于提高组织绩效。Cristofoli 等人比较了四种情况,并探讨了网络治理、协同机制网络管理者能力的网络绩效影响。② 重点探讨通常认为难以实现高水平绩效的共同治理网络。案例比较揭示了协同机制与共同治理网络管理方式之间的关系:为了获得成功,它们必须能够依靠正式的机制,并培养一批尽责治理的"网络管理者"。

许多前期研究表明,虚拟组织的沟通结构可能会在不同结构的维度中显示不同的属性。Ahuja 与 Carley 研究了任务惯例、组织结构与绩效之间的关系。③ 结果表明,结构与任务惯例之间的匹配度影响绩效认知,但不影响组织的实际绩效。这种虚拟组织在某些方面类似于传统组织,但在其他方面则不同。至少在任务结构匹配可预测的预期绩效方面类似于传统组织,在匹配度不能预测目标绩效方面与传统组织不同。在一定程度上虚拟组织可能类似于传统组织,现有的理论可以扩展到研究虚拟组织的结构与预期绩效。

对个人地位获得的社会网络影响研究近些年迅速增长,文献研究的重点主要集中于两个结果——绩效收益与奖励(包括促进和补偿)。然而,这两种类型的成果经常被混为一谈,尽管事实上,一个方面的高水平并不能保证其他方面的高水平。研究发现,绩效影响奖金,但有几个网络变量同样有显著的影响。在基于信息获取的网络中,当两者结合的时候,强关系和松散网络都与高奖金正相关。在基于赞同与支持交易的网络中,既无关系强度也无紧密预测奖金尺度,但强关系的利益随着网络密度的增加而增加。研究结果表明,区分基于合议关系与基于权威的网络的重要性,以及预测绩效与预测奖励的网络

①　Sargent S. Modeling network management:An examination of internal and external strategies[J]. Public Organization Review,2011(11):335-349.

②　Cristofoli D,Markovic J,Meneguzzo M. Governance,management and performance in public networks:How to be successful in shared-governance networks [J]. Journal of Management and Governance,2014(18):77-93.

③　Manju K A,Kathleen M C. Network structure in virtual organizations[J]. JCMC,1998,3 (4):1-32.

因素的重要性。① Uzzi 的研究结果表明,即使合作模式转变,一些不断变化的地形质量度分布、路径长度与匹配随时相对稳定,这表明它们的变化与新产品成功的低潮和流出联系较少。② 与此相反,随着时间的推移,聚类系数变化明显,它与经济和艺术的成功展示产量存在非线性关联。当聚类系数比为低或高,行业的金融与艺术成就是低的,而一个中间水平的聚类与成功展示相关。通过社会结构与合作之间关系的社会学理论以及统计推断的测试支持这些研究结果,研究重点是连接社会网络的统计特性与它们的绩效以及嵌入其中的参与者的绩效。

一些研究者从组织间关系或社会关系的视角深入探讨网络组织绩效的影响因素。Gulati 与 Nickerson 着眼于原有的组织间信任何时及如何影响治理选择与交易关系的绩效。③ 原有的组织间信任弥补治理模式的选择,在影响交易绩效时促进治理模式选择的替代效应。高水平的原有组织间信任增加了一个不太正式的、成本更低的治理模式比一个更加正式的模式被选择的可能性。结果表明,治理模式选择的组织间信任的替代效应反过来影响交易绩效。研究者还发现了一个对绩效信任的互补效应:无论如何选择交易的治理模式,信任都能增强交易绩效。Gargiulo 等人认为,密集社会关系或网络封闭对知识工作者的绩效影响取决于这个工作者以及网络封闭影响的关系中他或她的交易合作伙伴扮演的主要角色。④ 网络封闭的关系中银行家作为信息获取者增加其绩效,而封闭关系中银行家作为信息提供者则降低绩效。上述影响被银行家采用替代手段的能力减弱,以便诱导他们在获取者角色中交易合作伙伴的合作,以及在何种程度上银行家可以在提供者角色中不受交易合作伙伴的控制。研究结果强调了与网络封闭相关的规范性控制的两个方面:当他们需

---

① Mizruchi M S, Stearns L B, Fleischer A. Getting a bonus: Performance, social networks, and reward among commercial bankers[J]. Organization Science, 2011, 22(1): 42-59.

② Uzzi B. A social network's changing statistical properties and the quality of human innovation[J]. Journal of Physics A: Mathematical and Theoretical, 2008, 41(22): 1-12.

③ Gulati R, Nickerson J A. Interorganizational trust, governance choice, and exchange performance[J]. Organization Science, 2008, 19(5): 688-708.

④ Gargiulo M, Ertug G, Galunic Ch. The two faces of control: Network closure and individual performance among knowledge workers[J]. Administrative Science Quarterly, 2009, 54(2): 299-333.

要诱导交易合作伙伴根据他们的喜好行动时,控制有利于他们;但是,当迫使他们根据合作伙伴的喜好行动时,控制会伤害他们。人际关系的密集型团队而不是稀疏形式的团队能够更好地实现它们的目标(团队任务绩效),而且更加致力于保持团结(团队活力)。此外,领导者作为群际网络中心的团队比领导者作为群内网络中心的团队,往往获得更好的绩效。时间排序与网络内容连接适度结构——绩效联系,结果预示着社会网络概念与团队有效性理论的更强结合。①

还有人研究了网络组织绩效评价的标准与方法。Jules 等人构建小生产者满足生产计划的最佳协同网络组织。生产网络形成于两种途径:传统途径是通过基于多重标准的最佳生产者群组形成的网络,研究者提出的路径是通过基于多重标准的最佳网络群组形成可行的网络。② 研究假设如下:更好的生产网络群组可能不是根据相同的标准由最适用生产者形成每个网络的选择结果。研究者在多重标准,即交货时间、质量、成本与交货的可靠性等方面将假设路径的结果与传统路径作比较。Reagans 等人比较了两种不同的方法以评估工作组或团队的潜力:重点研究团队成员的人口特征和重点研究成员的社会网络。③ 由于社会网络往往与人口属性具有同质性,这两种方法似乎相当,因为第一种方法更容易实现,似乎更可取。研究证明了这种合理性的几个重要缺陷:首先,分析合同研发公司的 1518 个项目团队,即使内部组织网络与人口统计学变量具有较强的同质性,强调人口多样性理论的因果结构逻辑对模糊的绩效含义产生影响。其次,人口标准的重点是有问题的,因为组织的人口构成在安排团队的人口构成中可以内在地限制干管理者的自由裁量权。最后,虽然最近的研究提出团队可能受益于缺乏同质性的多样化,但这种可能性并不能应对团队最大化获取组织广泛分配的信息、资源或前景的关键挑战。

---

① Balkundi P,Harrison A D. Ties,leaders,and time in teams:Strong inference about network structuer's effects on team viability and performance[J]. Academy of Management Journal,2006,49(1):49-68.

② Jules G D,Saeidlou M S S. Holonic ontology and interaction protocol for manufacturing network organization[J]. IEEE Transactions on Systems, Man, and Cybernetics:Systems, 2015,45(5):819-830.

③ Reagans R,Zuckerman E,Bill McEvily B. How to make the team:Social networks vs. demography as criteria for designing effective projects[J]. Administrative Science Quarterly, 2004,49(1):101-133.

第二节　国内网络组织与合作创新的研究综述

由于国内关于网络组织合作创新的相关研究成果较少(截至 2022 年 6 月,共有期刊论文 6 篇、研究报告 1 篇、学位论文 1 篇、学术著作 1 部),因此,国内研究综述分为两个部分,分别对网络组织与合作创新的研究成果展开综述研究。

一、国内关于网络组织的研究综述

近年来,随着企业间网络组织的增多,相关研究日益成为组织管理、企业管理与技术创新等研究领域的热点与焦点问题,相关研究成果随着年度递增,通过对现有文献的分析,发现国内关于网络组织的研究主要集中于以下方面:网络组织的模式、机制与治理等。通过中国知网检索,与网络组织模式研究相关的文献共有期刊论文 38 篇、学位论文 6 篇;与网络组织机制研究相关的文献共有期刊论文 44 篇、学位论文 12 篇;与网络组织治理研究相关的文献共有期刊论文 55 篇、学位论文 13 篇。另,通过多渠道的公开出版书目检索,以网络组织为研究对象的相关著作有 19 部。

(一)网络组织模式

网络组织作为一种新的组织形式,逐渐取代传统的事业部制组织形式,促进企业组织结构的扁平化、网络化与柔性化,成为企业管理发展的主要趋势。网络组织是一种适应知识社会、信息经济与组织创新要求的新型组织模式,它能够使组织更好地适应复杂、不确定的环境变化。① 关于网络组织模式的研究成果集中于网络组织模式的特点、类型、形式等,主要从行业发展、知识管理、跨国公司等不同视角研究网络组织模式。

---

① 林润辉,李维安.网络组织——更具环境适应能力的新型组织模式[J].南开管理评论,2000(3):4-7.

　　有研究者探讨了网络组织模式的特点并与传统组织模式作了比较。在网络组织模式的特点方面,王丰等认为,网络组织模式具有如下特点:富有活力的节点、超越格栅的管理联结、自由灵活的动态调适机制。[①] 何苏华认为,企业网络组织有以下几个特点:组织动态化、企业间高度的互补性、紧密的联系纽带、高效的信息传递机制、企业内部组织的扁平化。[②] 与传统组织模式相比较,网络组织模式具有以下几个特点:组织控制逻辑上的分散化、管理哲学上的人本化、组织结构的扁平化、组织创新机制的内在驱动化、组织对外部环境适应的动态化、组织内信息共享化和沟通效率高效化、基层组织的团队化和管理的弹性化等。[③] 赵民杰认为,网络组织的基本特征主要是:专业化核心能力、业务相互依赖、学习导向、共享的过程控制和合作、共同目标等。[④] 孙国强等比较分析了企业虚拟联合、企业战略联盟、企业兼并收购等三种主要网络组织模式的含义、特征、异同、优劣等方面。[⑤] 朱玲等认为,网络组织是一种动态的新型有机组织模式,是在信息技术基础上形成与发展的,是对传统组织模式的继承与创新,代表了 21 世纪组织发展的方向。[⑥]

　　有研究者提出或总结了网络组织的发展模式或具体形式。何静等提出了一种网络组织模式,即多功能开放型企业供需网模式,该模式是指在全球范围内,以全球资源获取、全球制造、全球销售为目标,相关企业之间由于"供需质"的交互作用而形成的多功能的开放式的供需一体化网络结构。[⑦] 朱桂龙等从产学研合作层次方面将产学研合作创新网络组织分为技术协作模式、契约型合作模式、一体化模式。[⑧] 韦福祥认为,网络组织有三种生成模式:蜂巢式生成

　　① 王丰,汪勇,陶宽.网络组织的模式[J].经济管理,2000(6):19-20.

　　② 何苏华.企业网络组织的特征、成因及其运行机制[J].商业研究,2005(20):11-13.

　　③ 吴国英,雷卫中.网络组织——西方企业中的一种新的组织模式[J].华东经济管理,1999(6):63-64.

　　④ 赵民杰,刘松博.网络组织模式内涵研究[J].兰州学刊,2004(6):144-146.

　　⑤ 孙国强,兰丕武.企业网络组织模式比较[J].山西财经大学学报,1999(5):51-54.

　　⑥ 朱玲,许为民.网络组织:21 世纪的新型组织模式[J].科技进步与对策,2004(2):138-140.

　　⑦ 何静,徐福缘,孙纯怡,等.网络组织模式及其发展趋势研究[J].商业研究,2003(2):53-54.

　　⑧ 朱桂龙,彭有福.产学研合作创新网络组织模式及其运作机制研究[J].软科学,2003(4):49-52.

模式、生物链式生成模式、虚拟式生成模式。① 朱其忠认为,网络组织的实现方式主要有战略联盟式、连锁经营式、供应链式、外包式。② 与此类似,喻卫斌认为,网络组织的具体形式为虚拟企业、战略联盟、供应链一体化、分包制和企业集群等。③ 朱礼龙等认为,网络组织模式可分为存在核心企业的网络组织模式和不存在核心企业的网络组织模式。前者主要包括下包制、虚拟组织以及供应商行业的模块化等形式,其演化机制为核心企业驾驭网络组织的能力不断增强、网络组织成员间的共生关系趋于密切、成员企业的自主意识和创新精神逐步被调动起来;后者主要包括战略联盟、企业集群以及近年来引起广泛关注的有政府参与的"产、学、研"的大联合等形式,其演化机制为由自发聚集向自觉协作的转变、协作主体的多元化和协作目标的多样性加大。④ 而闫二旺则认为,网络组织的表现形态主要包括有盟主的网络组织与无盟主的网络组织,前者包括分包制、企业集团、虚拟企业、供应链管理,后者主要包括战略联盟、企业集群。⑤ 胡卫东将产业集群网络组织运行模式分为依托型、平等型、嵌套型与虚拟型,并探讨了不同运行模式的稳定性与风险。⑥ 张千帆等认为,网络组织中管理依赖关系需要不同的协调模式:层级协调模式、市场协调模式、对等伙伴协调模式、代理协调模式等。⑦

有研究者从知识管理的视角探讨了网络组织模式的具体结构形式。张萌物认为,网络组织结构是企业适应知识管理的核心管理模式,其具体表现形式为学习型结构与虚拟结构。⑧ 万君等认为,知识网络组织结构实现协同创新的

① 韦福祥.企业间网络组织及创新机制的形成新探[J].现代财经,2001(1):50-53.

② 朱其忠.网络组织共生研究——基于专业化分形视角[M].北京:社会科学文献出版社,2013:72-73.

③ 喻卫斌.不确定性和网络组织研究[M].北京:中国社会科学出版社,2007:100.

④ 朱礼龙,周德群.网络组织模式及其演化机理研究[J].现代经济探讨,2007(8):90-92.

⑤ 闫二旺.网络组织的机制、演化与形态研究[J].管理工程学报,2006(4):120-124.

⑥ 胡卫东.产业集群网络组织运作模式及稳定性分析[J].东南亚纵横,2008(11):89-94.

⑦ 张千帆,张子刚,张毅.网络组织中的协调管理模式研究[J].企业活力,2004(6):48-49.

⑧ 张萌物.网络组织结构——基于知识管理的组织结构模式创新[J].统计与咨询,2007(1):54-55.

模式主要有产学研联盟与虚拟网络组织。① 徐碧琳认为,基于知识经济的网络组织的运作模式主要由三个核心内容构成:将整体网络分成若干职能子网络、网络组织协调委员会、网络组织依靠"协作协议"约束虚拟运作。网络组织的运作机制如下:网络运作是以知识链的重新构造为基础,最终实现知识链横向和纵向一体化;网络组织采用并行分布式的工作方式,体现出知识经济的新型社会分工;网络组织运作以知识资本为平台。② 唐方成等基于知识转移特性建立网络组织的形式模型,参数主要包括网络中的节点数(规模)、每个节点的连接数(度)、每个节点的邻接点数、描述节点间互动的函数(规则)、改变每个节点状态的方法等。③ 阮国祥等提出二元型网络模式,并确定参数为内生增长率、群内交互系数、群间交互系数。④

　　有研究者从不同的行业视角探讨了网络组织模式。游雪琴从科技人力资源共享的视角,认为网络组织模式分为合作研发组织模式与虚拟研发组织,其中,合作研发组织模式又分为企业之间的合作研发、企业与大学或科研机构的合作研发、产学研合作研发、官产学研合作研发等。⑤ 吕芳将循环经济的企业组织模式分为企业、产业园区、城市和区域等层次,并在此基础上构建了社会层次的循环经济网络组织模式、工业层次的循环经济网络组织模式与企业层次的循环经济网络组织模式。⑥ 胡红安等依据共生网络组织成员企业的关联特征,将国防工业企业共生网络组织分为两大类:以价值链为主导的纵向联结模式和以横向竞争合作互动为主导的联结模式。⑦ 沈运红等探讨了中小企业网络组织共生模式,从行为方式上看,企业共生关系可分为寄生关系、偏利共生关系和互惠共生关系;从联系程度上看,则分为点共生、间歇共生、连续共生

---

　　① 万君,郑艳秋.知识网络组织之间的协同创新及其模式探讨[J].中国管理信息化,2013(14):58-59.

　　② 徐碧琳.知识经济条件下的网络组织运作模式研究[J].现代财经,2002(2):54-57.

　　③ 唐方成,席酉民.知识转移与网络组织的动力学行为模式(I)[J].系统工程理论与实践,2006(5):122-127.

　　④ 阮国祥,阮平南,于淑俐.基于知识观的突破性创新网络组织模式研究[J].情报杂志,2012(10):126-130.

　　⑤ 游雪琴.科技人力资源共享的网络组织模式研究[D].西安:西安电子科技大学,2010.

　　⑥ 吕芳.循环经济网络组织模式研究[D].北京:北京交通大学,2008.

　　⑦ 胡红安,周维华.共生网络组织模式与西部国防产业组织调整[J].贵州社会科学,2010(6):89-94.

和一体化共生等状态。①

还有一些研究者探讨了跨国公司网络组织模式。邓峰等将跨国公司内部 R&D 网络组织模式分为四类：母国集中式、星型合作式、点型分散式、网络协作式，并探讨了不同模式的东道国环境适配性。② 郎蒙等探讨了跨国公司网络组织模式所适应的内外部条件，外部条件包含产业全球化的竞争压力与信息通信技术的发展；内部条件包含跨国公司海外子公司战略角色的多样性和跨国公司组织内部资源流动的多向性。③

综上，关于网络组织的研究，组织模式是一个长期关注的重点，主要集中在网络组织模式的基本特点及其与传统组织模式的差异、网络组织模式的实践形式与具体结构，以及从不同的视角研究网络组织模式的实践情况与发展趋势。

(二)网络组织机制

网络组织机制是网络组织发展的重要因素之一，关系到网络组织的持续发展与运行效率。相关研究成果主要集中于网络组织的运行机制、演化机制、管理机制、创新机制等方面。

有研究者从不同的研究视角探讨了网络组织的运行机制。朱桂龙等认为，产学研合作创新网络组织的运行机制主要包括激励机制(利益分配机制、动力机制)、管理监督机制(内部监督机制、外部监督机制、运作模式)和更新机制。④ 吉迎东根据功能互补、利益共享、风险共担的组织目标分析了模块化网络组织的联结机制和协调机制。⑤ 雷志柱从知识管理的视角研究了网络组织的运行管理机制，认为利益机制是知识网络组织有效运行的动力机制，信任管理是知识网络组织不可或缺的治理机制，风险管理是知识网络组织正常运行

---

① 沈运红，王恒山.中小企业网络组织共生模式及其特性分析[J].商业研究，2006(21):86-88.

② 邓峰，张永安.跨国公司全球内部 R&D 网络组织模式与环境适配性研究[J].科技进步与对策，2014(4):61-64.

③ 郎蒙，彭辉，张伟平.跨国公司网络组织模式的适应条件分析[J].北方经济，2006(10):47-49.

④ 朱桂龙，彭有福.产学研合作创新网络组织模式及其运作机制研究[J].软科学，2003(4):49-52.

⑤ 吉迎东.企业模块化网络组织的内涵与运作机制[J].中国市场，2010(48):43-45.

的保障机制。① 何苏华认为,企业网络运行机制的核心集中体现在契约与信任两个方面。② 沈运红等认为,中小企业网络组织的生态运行机制包括竞争合作机制、互惠共生机制、集聚分散机制。③ 赵娅认为,网络组织的动态运行机制包括动态协调机制、动态调整机制、知识共享机制。④ 潘旭明认为,网络组织的运行基础是契约而不是传统的行政权力,要靠声誉与信用来保证执行,并分析了网络组织的协调机制与激励机制。⑤ 刘永俊认为,网络组织成长运行机制包括微涨落机制、混沌机制、巨涨落机制。微涨落机制包括微涨落驱动机制、微落负反馈机制;混沌机制包括混沌动因机制、混沌饱和机制、混沌选择机制;巨涨落机制包括巨涨落的隔离放大机制、巨涨落强化协同机制、巨涨落约束机制。⑥

有研究者探讨了网络组织的生成与演化机制。林孔团认为,网络组织的竞争优势主要来源于专业化分工的竞争合作机制、模块化的柔性组织机制、适度分权的信任与认知协调机制、利益共享和风险分担的激励约束机制、认知学习与知识创新机制等。⑦ 朱其忠认为,网络组织演化机制包括标识机制、内部模型机制、模块机制。⑧ 孙晋众等认为,网络组织在发展过程中主要经历三种变化:新结点加盟、原有结点退出、网络结构进行优化重组。⑨ 杨桂菊基于社会资本理论建立网络组织演化机制的理论模型,并分析了网络组织节点联结的异质性、节点通过社会资本获得网络利益、网络组织演化的动机、网络组织演

---

①　雷志柱.知识网络组织构建与管理研究[M].北京:北京理工大学出版社,2012:60-64.

②　何苏华.企业网络组织的特征、成因及其运行机制[J].商业研究,2005(20):11-13.

③　沈运红,王恒山.中小企业网络组织共生模式及其特性分析[J].商业研究,2006(21):86-88.

④　赵娅.网络组织结构的动态运行机制[J].现代企业,2011(11):75-76.

⑤　潘旭明.网络组织的演进及运行机制分析[J].电子科技大学学报(社科版),2005(3):21-24.

⑥　刘永俊.基于创新视角的网络组织成长机制理论与实证研究[D].成都:西南财经大学,2010.

⑦　林孔团.网络组织竞争优势产生机制的探析[J].云南财经大学学报,2009(6):94-97.

⑧　朱其忠.网络组织共生研究——基于专业化分形视角[M].北京:社会科学文献出版社,2013:72-73.

⑨　孙晋众,陈世权.网络组织的形成与演化机制[J].山西高等学校社会科学学报,2004(11):32-34.

化的实质、网络组织节点的演化路径、网络组织节点的演化动力。① 沈运红等认为,中小企业网络组织的生态演化机制包括基因遗传机制、变异创新机制、自然选择机制。②

有研究者从不同角度探讨了网络组织的管理机制、沟通机制与协调机制。在网络组织的管理机制方面,吕坚等认为,网络组织的管理机制包括层级控制机制、绩效控制机制、行为控制机制。③ 在网络组织的沟通机制方面,孙玥研究了网络组织成员间的沟通机制与知识整合的关系。④ 在网络组织的协调机制方面,孙国强等认为,网络组织的决策协调机制应遵循以关系、互动与协同为内容的三维结构治理逻辑。⑤ 王耀忠等分别分析了有盟主的网络组织与无盟主的网络组织的内部调节机制及其实施与管理。⑥ 金洪波等分析了网络组织的信任机制、自我约束机制、监督与控制机制、协调机制。⑦ 陶逸分别基于经济契约与心理契约研究了网络组织的协调控制机制,前者包括利益分配机制、信息共享机制、决策权分配机制,后者包括信任产生机制与信任保障机制。⑧ 胡平波深入研究了网络组织合作创新中的利益协调机制、法律协调机制、管理协调机制与社会协调机制。⑨

有研究者探讨了网络组织的进入机制与创新机制。在网络组织的进入机制方面,孙国强分析了网络组织中合作结点的数目与地位,认为限制性进入不

① 杨桂菊.基于社会资本理论的网络组织演化机制新阐释[J].软科学,2007(4):5-8.

② 沈运红,王恒山.中小企业网络组织共生模式及其特性分析[J].商业研究,2006(21):86-88.

③ 吕坚,孙林岩,范松林.网络组织类型及其管理机制适应性研究[J].管理科学学报,2005(2):61-67.

④ 孙玥.网络组织成员间的沟通机制与知识整合关系实证研究[D].天津:天津财经大学,2010.

⑤ 孙国强,王博钊.网络组织的决策协调机制:分散与集中的均衡[J].山西财经大学学报,2005(2):77-81.

⑥ 王耀忠,黄丽华,王小卫,等.网络组织的结构及协调机制研究[J].系统工程理论方法应用,2002(1):20-24.

⑦ 金洪波,陈婧.网络组织中合竞风险的管理机制[J].企业研究,2009(1):62-63.

⑧ 陶逸.基于契约理论的网络组织协调控制机制与模型研究[D].哈尔滨:哈尔滨工程大学,2010.

⑨ 胡平波.网络组织合作创新中知识共享及协调机制[M].北京:中国经济出版社,2009:167-191.

宜作为网络组织的治理机制。① 阮平南等基于熵和协同学理论分析了网络组织的节点进退机制。② 在网络组织的创新机制方面,吕欣从价值创新的源泉、价值创新的动力、知识规模经济、知识替代经济、知识系统协同效率等方面分析了模块化网络组织的价值创新机制。③ 余晓泓从竞争创新机制、网络协同创新机制与知识交流创新机制方面分析了创意产业集群模块化组织网络的创新机制。④

　　还有一些研究者探讨了网络组织的信任机制、声誉机制、知识流动机制等。任银荣认为,建立网络组织的信任机制可以防范机会主义行为,可以有效地降低网络组织的交易成本,能够降低经营风险,可以促进成员的合作,可以提高网络组织的运行效率。⑤ 蔡灵莎基于声誉机制研究了中小企业网络组织的生命周期,认为声誉因子由战略伙伴合作性、产品质量、社会责任、创新、人才技术、行业前景等因素构成。⑥ 王莹从动态视角分析了战略网络组织间的知识转移机制,从微观和宏观两个层面提出了战略网络知识转移影响因素的理论模型。⑦ 徐蕾研究了跨国公司内部网络组织与外部网络组织的知识流动机制。⑧

　　综上,关于网络组织机制的研究是网络组织研究的又一个重点,而且往往与网络组织模式相结合,网络组织模式与机制是网络组织发展不可或缺的基本要素。关于网络组织机制的研究一般倾向于关注网络组织的运行机制、演化机制、管理机制、创新机制等方面,而且,在实际研究中,上述几个方面经常

---

① 孙国强.网络组织中合作结点的数目与地位[J].山西财经大学学报,2004(1):77-81.

② 阮平南,李非凡.基于熵和协同学的网络组织节点进退机制[J].北京工业大学学报(社会科学版),2014(4):12-18;李非凡.网络组织节点进退及管理机制研究[D].北京:北京工业大学,2014.

③ 吕欣.模块化网络组织的价值创新机制研究[J].科技和产业,2009(2):58-62.

④ 余晓泓.创意产业集群模块化网络组织创新机制研究[J].经济与管理,2010(8):21-24.

⑤ 任银荣.网络组织成员间信任机制的实证研究[D].天津:天津财经大学,2010.

⑥ 蔡灵莎.基于声誉机制的中小企业网络组织生命周期研究[D].沈阳:沈阳理工大学,2012.

⑦ 王莹.动态视角下的战略网络组织间知识转移机理研究[D].北京:北京交通大学,2010.

⑧ 徐蕾.跨国公司网络组织结构与知识流动机制研究[D].合肥:安徽大学,2006.

混杂在一起,没有明确的区分界线。

(三)网络组织治理

网络组织治理是近年来网络组织研究中的热点话题,相关研究成果主要集中于网络组织治理结构、治理模式、治理机制、治理边界、治理绩效等方面,其中,治理机制是网络组织治理的核心内容。

有研究者深入研究了网络组织的治理结构与治理模式问题。在网络组织的治理结构方面,杨琪帆从正式契约和关系契约的视角分析了网络组织的治理结构。[①] 董淑芳从资产专用性、交易与创新活动的不确定性、任务复杂性、交易频率等四个方面分析了对网络组织治理结构的影响。[②] 李恒认为,对于网络组织来说,组织公平的实质是基于纳什原则的网络可行性治理结构。[③] 宋琳详细研究了网络组织治理结构演化的外部动力与内在动力及其演化路径,外部动力包括经济驱动因素、社会驱动因素、技术驱动因素;内在动力包括网络内竞合关系、组织创新能力、组织结构嵌入。[④] 在网络组织的治理模式方面,彭正银将网络组织治理模式定义为通过经济合约联结与社会关系嵌入所构成的、以企业间的制度安排为核心的组织(个体、团体或群体)间关系安排下的标准调适方式;并且认为,网络治理模式分为以下四种:水平型资源占用—双边协调的模式、水平型资源占用—三方协调的模式、垂直型资源占用—双边协调的模式、垂直型资源占用—三方协调的模式。[⑤] 彭本红将模块化生产网络的治理模式分为紧密型治理模式与松散型治理模式。[⑥] 张宝建等按照关系获取、契约形成、合同执行的交易过程分析了网络组织的三类治理模式,即准市场治理、准科层治理以及混合治理的内涵,并对不同治理模式下交易环境、交易行为以

① 杨琪帆.网络组织的契约特征与治理结构研究[J].中国商贸,2012(30):232-233.

② 董淑芳.网络组织治理结构经济分析[J].商场现代化,2006(12):121-122.

③ 李恒.组织公平:网络组织的治理结构与组织效率[J].软科学,2008(10):37-42.

④ 宋琳.网络组织治理结构及其演化研究[D].太原:山西财经大学,2006.

⑤ 彭正银.网络治理:理论与模式研究[M].北京:经济科学出版社,2003:131-153.

⑥ 彭本红.模块化生产网络的形成机理及治理机制研究[M].北京:经济科学出版社,2011:135-136.

及交易成员的特征进行了分析。① 张首魁等基于耦合关系探讨了技术创新网络组织的治理逻辑,认为技术创新网络组织应采用松散的耦合结构治理、关系治理和契约治理来实现治理目标。②

有研究者从多个角度研究了网络组织的治理机制问题。孙国强认为,网络组织治理机制是保证网络组织有序运作、对合作伙伴的行为起到制约与调节作用的非正式的宏观规范与微观准则的总和。③ 而彭本红认为,治理机制是保证网络能顺利运作的一整套规范,处于两端的是合同治理和关系治理,而介于这两者之间的还有信任、沟通、激励、约束等。④ 彭正银认为网络治理机制包括互动、整合与激励机制,三者之间存在动态性的相互影响⑤;他还认为网络组织治理机制主要包括市场机制与自我实施治理机制,并分析了交易关系的治理机制与网络环境下的治理机制⑥。胡卫东从信任惩罚机制、激励约束机制、核心企业主导机制与政府支持机制等方面分析了产业集群网络组织的治理机制。⑦ 张宝贵认为,企业间网络治理机制的核心是利益相关者共同参与,企业间网络治理机制具有动态性,隐含契约在企业间网络治理中具有重要作用。⑧ 杨锐等基于关键资源视角研究了垂直网络组织及其治理机制。⑨ 郝臣提出网络组织治理机制的两阶段论:网络组织创建时的正式治理机制和创建后的关系治理机制,认为信任治理机制是网络组织的基本治理机制。⑩ 苏晓艳提出了

———————

①　张宝建,孙国强,任晓悦.网络组织治理模式研究述评[J].商业研究,2015(3):36-45.

②　张首魁,党兴华.耦合关系下的技术创新网络组织治理研究[J].科学学与科学技术管理,2009(9):58-62.

③　孙国强.网络组织的治理机制[J].经济管理,2003(3):39-43.

④　彭本红.模块化生产网络的形成机理及治理机制研究[M].北京:经济科学出版社,2011:145.

⑤　彭正银.网络治理:理论与模式研究[M].北京:经济科学出版社,2003:120-125.

⑥　彭正银,韩炜,韩敬稳,等.基于任务复杂性的企业网络组织协调行为研究[M].北京:经济科学出版社,2011:186-192.

⑦　胡卫东.产业集群网络组织运作模式及稳定性分析[J].东南亚纵横,2008(11):89-94.

⑧　张宝贵.企业间网络组织的治理机制[J].经济论坛,2005(24):84-85.

⑨　杨锐,张时乐,芮明杰.基于关键资源视角的垂直网络组织及治理机制[J].中国工业经济,2011(7):44-53.

⑩　郝臣.信任、契约与网络组织治理机制[J].天津社会科学,2005(5):64-67.

构建网络组织治理机制的基本思路:增强网络组织治理中合约的标准化机制,突出网络组织治理中的激励机制,强化网络组织治理中的软约束机制,深化网络组织治理中的学习与创新机制。① 常雅靓认为,网络组织治理机制分为宏观层面与微观层面,前者包括信任机制、文化机制、声誉机制,后者包括学习创新机制、激励约束机制、决策协调机制。② 孙国强等从博弈论的角度分析了网络组织联合制裁机制的内涵、机制及其运用。③

有研究者探讨了网络组织的治理边界与治理幅度问题。在网络组织的治理边界方面,相关研究成果做了较为深入的探讨。孙国强认为,网络组织的治理边界是网络组织运作管理的对象和范围,是对构成网络组织诸结点协同运作领域的界定,即结点职能、责任以及治理活动的范围与程度,表现为网络组织对各结点产生效应的界限。网络组织治理边界的主要功能是释放与吸纳组织内外信息,发挥对环境的屏障作用,实现组织化市场的集约经营,创造协作创新的内在条件,跨越贸易壁垒。④ 黄海鹰认为,网络组织的治理边界受到网络内节点的数量及各结点间的协调能力、网络内企业的核心能力、环境等因素的制约。⑤ 喻卫斌认为,企业的边界可以划分为两种基于竞争性要素的规模边界和基于非竞争性要素的能力边界,网络组织规模边界和能力边界的变化呈现出多样化的特点:规模边界趋于模糊,而能力边界扩大;规模边界缩小,能力边界扩大;规模边界不变,能力边界扩大。⑥ 在网络组织的治理幅度方面,相关研究比较少。常峰分析了企业间网络组织治理幅度的影响因素:市场层面因素、网络层面因素、企业层面因素,构建了网络组织治理幅度标化模型与关系模型。⑦

还有一些研究者深入探讨了网络组织的治理绩效问题。孙国强等认为,网络组织的治理绩效指不同市场主体在网络化协作的框架之内,相互依赖、相互补充、资源共享、风险共担,通过一系列协同互动的交互作用,在一定时间内

① 苏晓艳.网络组织内部治理机制的探析[J].未来与发展,2004(6):55-57,61.
② 常雅靓.网络组织的稳定性与治理机制研究[J].经营管理者,2013(4):67.
③ 孙国强,宋琳.网络组织联合制裁机制的博弈思考[J].当代经济管理,2005(4):14-16.
④ 孙国强.网络组织的治理边界[J].山西财经大学学报,2006(2):80-85.
⑤ 黄海鹰.网络组织治理边界的界定与效益分析[J].商业经济,2010(6):106-108.
⑥ 喻卫斌.试论网络组织的边界[J].广东社会科学,2007(2):45-50.
⑦ 常峰.企业间网络组织治理幅度研究[D].太原:山西财经大学,2010.

所增加和创造的价值总和。① 孙国强等进一步从网络治理目标、治理结构、治理机制、治理环境四个方面分析了网络治理绩效的影响因素。② 孙国强等还认为,联系紧密度与网络中心性对网络组织治理绩效均有正向促进作用,但影响程度不同。③ 韩炜从高质量信息传递、组织互动学习、信任与嵌入方面探讨了协同影响网络组织绩效的三重路径。④ 此外,孙国强还研究了网络组织的治理成本问题,认为网络组织治理成本由协调成本、妥协成本、刚性成本、传播成本、整合成本与维护成本等构成。⑤ 常西银构建了网络组织治理绩效评价的指标体系与数量模型。⑥ 常涛等研究发现,网络密度、联系强度、稳定性、居间性和资源丰富程度等网络组织结构特征变量对企业创新绩效有正向影响,信任机制、声誉机制、学习机制、协调机制和激励约束机制对企业创新绩效均有正向影响。⑦

此外,一些研究者探讨了网络组织治理的其他方面。张小叶构建了网络组织治理的激励模型。⑧ 吴中伦基于网络组织理论构建了营销渠道信任治理机制的概念模型。⑨ 毛君君从关系嵌入、结构嵌入、认知嵌入的角度研究了大学网络组织的网络治理机制。⑩ 全裕吉、张伟分别研究了中小企业网络组织及

① 孙国强,范建红.网络组织治理机制与绩效的典型相关分析[J].经济管理·新管理,2005(12):50-55.

② 孙国强,范建红.网络组织治理绩效影响因素的实证研究[J].数理统计与管理,2012(2):296-306;范建红.企业间网络组织治理绩效研究[D].太原:山西财经大学,2006.

③ 孙国强,郭文兵,王莉.网络组织治理结构对治理绩效的影响研究[J].软科学,2014(12):120-124.

④ 韩炜.企业网络组织治理机制与绩效:基于协同视角的研究[J].软科学,2011(6):97-102.

⑤ 孙国强.网络组织的治理成本:波特模型的扩展[J].山西财经大学学报,2003(2):66-69.

⑥ 常西银.网络组织治理绩效评价研究[D].太原:山西财经大学,2006.

⑦ 常涛,韩牛牛.促进创新绩效的网络组织治理研究[J].科技管理研究,2012(22):17-22.

⑧ 张小叶.网络组织治理的激励模型[D].南京:南京理工大学,2007.

⑨ 吴中伦.基于网络组织理论的营销渠道信任治理机制研究[D].杭州:浙江大学,2004.

⑩ 毛君君.基于网络视角下的大学组织治理机制研究[D].大连:东北财经大学,2013.

其治理机制。① 王博构建了网络组织治理的关键因素体系,并设计了网络组织治理关键因素的关联机制。② 彭雪红从关系治理、网络治理和知识治理的视角探讨了知识网络组织间合作伙伴关系的三维综合治理。③ 毛文静等探讨了网络组织合作的权力治理机制,认为权力治理是保证网络组织合作的重要机制。④

综上,关于网络组织治理的研究是近些年网络组织研究方面关注比较多的研究主题之一,在治理模式、治理结构、治理机制、治理边界等方面受到理论界的广泛关注,尤其是网络组织的治理绩效问题,是网络组织治理的一个值得深入研究的话题,但相关研究成果比较少。

二、国内关于合作创新的研究综述

合作创新是指企业间或企业、研究机构、高等院校之间的联合创新行为,通常以合作伙伴的共同利益为基础,以资源共享或优势互补为前提,有着明确的合作目标、合作期限和合作规则。⑤ 近年来,由于国家和地方政府大力推动协同创新,同时也满足了企事业单位自身发展的需要,因此,在理论研究与实践探索方面,合作创新取得了迅速而高效的发展,产生了大量的相关研究成果,通过对现有文献的分析,发现国内关于合作创新的研究主要集中于以下方面:合作创新的模式、机制与评价等。通过中国知网检索,截至 2022 年 6 月,与合作创新模式研究相关的文献共有期刊论文 121 篇、学位论文 20 篇;与合作创新机制研究相关的文献共有期刊论文 112 篇、学位论文 34 篇;与合作创新评价研究相关的文献共有期刊论文 27 篇、学位论文 14 篇。另,通过多渠道的公开出版书目检索,以合作创新为研究主题的相关著作有 16 部。

---

① 全裕吉.中小企业网络组织及其治理研究[D].长沙:中南大学,2003;张伟.中小企业网络组织及其治理分析[D].南昌:江西财经大学,2006.

② 王博.网络组织治理关键因素及其关联机理研究[D].太原:山西财经大学,2013.

③ 彭雪红.三维治理:关系治理、网络治理与知识治理[J].图书情报工作,2010(6):121-126.

④ 毛文静,朱家德.论网络组织合作的权力治理[J].云南行政学院学报,2008(3):143-144.

⑤ 傅家骥.技术创新学[M].北京:清华大学出版社,1998:141.

(一)合作创新模式

合作创新作为一种创新形式,已成为发达国家新的技术创新组织形式,对我国提升自主创新能力同样具有重要的现实意义。合作创新模式是合作创新研究的重要组成部分,相关研究成果主要集中于产学研合作创新模式、企业合作创新模式、校企合作创新模式等方面。OECD(经济合作与发展组织)大致将各国产学研合作方式分为七类:一般性研究支持(general research support)、非正式的合作研究(informal research collaboration)、契约型研究(contract research)、知识转移与训练计划(knowledge transfer and training schemes)、参与政府资助的共同研究计划、研发联盟(research consortia)、共同研究中心(cooperative research center)。[1]

有研究者从产学研合作的角度探讨了合作创新模式问题。产学研合作是以企业、高校和科研机构为核心,在政府、科技中介服务机构、金融机构等的大力支持下,各主体为了实现各自目标,在主体之间、主体内部和主体外部合作开展技术研究开发和应用、人才培养、仪器设备共享、信息获取等活动的过程。[2] 刘贵伟等认为,产学研合作创新模式包括"科技产业"模式、"产学研联合体"模式、"中试、中心"模式、"工程开发"模式、"高科技园"模式、"政府导向"模式、"无形学院"模式。[3] 张炯认为,产学研合作创新模式大致包括技术转让、合作开发和共建实体三种模式。[4] 周静珍等提出了产学研合作创新的权变模式,具有适用性、包容性、灵活性、主动性及学习性的特点。[5] 王丽敏根据二维构面理论,提出中小企业软技术模式、中小企业硬技术模式、大企业软技术模式、大企业硬技术模式等企业合作创新模式。[6] 朱桂龙等从产学研合作层次方面将

　①　朱建设.海峡两岸产学研合作的方式比较[J].中国科技成果,2003(19):27-29.

　②　仲伟俊,梅姝娥,谢园园.产学研合作技术创新模式分析[J].中国软科学,2009(8):174-180.

　③　刘贵伟,吴立贤.产学研合作创新的模式及评价[J].云南行政学院学报,2008(3):143-144.

　④　张炯,余祖伟.产学研合作创新模式的案例探讨[J].公共论坛,2011(4):106-107.

　⑤　周静珍,万玉刚,高静.产学研合作创新的权变模式[J].经济师,2005(3):61-62.

　⑥　王丽敏.产学研合作创新模式研究[J].实验室研究与探索,2011(11):69-73.

产学研合作创新分为技术协作模式、契约型合作模式、一体化模式。① 朱茜等通过研究生培养、教授团进企业、建立战略联盟、搭建产学研合作平台等方式探讨了产学研合作创新模式。② 鲁若愚等从不同主体间产学研合作的紧密程度的角度,将产学研合作创新模式分为技术转让、委托研究、联合攻关、内部一体化、共建基地、共建实体六种模式。③ 王培林等探讨了产学研合作创新中的知识转移过程模式,认为产学研合作需要经历单链合作、互动合作、一体化合作三个阶段。④ 周静珍认为我国产学研合作创新模式主要有政府指令型模式、政府推动型模式、企业主导型模式、大学主导型模式、科研院所主导型模式、共建模式、虚拟模式等。⑤ 丁伟基于演化经济学视角分析了产学研合作创新模式演化的外部动因与内部动因、遗传机制、变异机制、选择机制。⑥

在高等学校的产学研合作创新模式方面,有研究者根据不同的标准对合作创新模式进行了分类研究。李克林认为,高校产学研合作创新模式包括以下几种:高校科研人员自主、直接转化模式,高校企业共建联合研究开发中心模式,共建"政、校、企、行"合作联盟,校企双方共建企业经营实体模式。⑦ 徐庆分析了高校科技企业的三种产学研合作创新模式:项目合作—点对点的合作、共建合作—点对面的合作、平台合作—面对面的合作。⑧ 杨树果认为,高等农业院校的产学研合作典型模式主要有以下几种:校企共建模式、政府主导模

① 朱桂龙,彭有福.产学研合作创新网络组织模式及其运作机制研究[J].软科学,2003(4):49-52.

② 朱茜,董洁,邱光宇.产学研合作创新模式研究[J].科技进步与对策,2010(23):9-11.

③ 鲁若愚,张鹏,张红琪.产学研合作创新模式研究[J].科学学研究,2012(2):186-193.

④ 王培林,张治栋.产学研合作创新中的知识转移过程模式[J].情报理论与实践,2012(12):47-51.

⑤ 周静珍.我国产学研合作创新的模式探讨[D].南京:南京工业大学,2004.

⑥ 丁伟.基于演化经济学视角的产学研合作创新模式研究[D].南京:南京邮电大学,2011.

⑦ 李克林.高校产学研合作创新模式探索与实践[J].江苏科技信息,2014(12):63-64.

⑧ 徐庆.高校科技企业产学研合作创新模式[J].中国高校科技,2011(6):62-64.

式、高等农业院校主建模式、企业主导模式。① 王小绪以南京理工大学为例探讨了多维立体产学研合作模式。② 陶蕴芳等认为,研究型大学与跨国公司合作创新的模式主要分为以下几种:人才交流、联合培养,项目委托研究,项目联合研发,建立科技成果转化基地,建立联合研究中心,共建实验室,虚拟合作模式等。③ 徐年富认为,高职院校产学研合作创新模式主要有:实习实训型、专业建设合作型、技术服务型、科研共同研发型。④

在企业合作创新模式方面,有研究者根据企业的性质、特点与合作的方式将合作创新模式分为多种类型。罗炜等认为,根据组织的集成度及组织间的相互依赖性,企业合作创新组织模式主要分为产权合作协议和非产权合作协议两类。⑤ 幸理认为,按照合作伙伴不同,企业合作创新可分为横向合作、纵向合作及产学研合作;根据合作时间长短和关系密切程度,企业合作创新可分为长期战略性合作、中期合作、短期临时性合作。⑥ 欧阳新年认为,根据合作的密切程度,企业合作创新模式可依次分为技术转让、合作开发、技术联盟、创新网络、共建实体等。⑦ 张辅松认为,企业合作创新模式主要包括产学研合作创新模式、虚拟企业合作创新模式、战略联盟合作创新模式,其中产学研合作创新模式包括技术入股模式、提成支付模式、紧密合作模式、技术接力模式、自主产业化模式;虚拟企业合作创新模式包括虚拟生产、虚拟研发、虚拟共生、虚拟营销网络。⑧ 陈德智等根据螺旋推进的共同进步原则,提出了企业间合作创新模式:小企业推动大企业、小企业与小企业、大企业与大企业之间的强强联合、竞

---

①　杨树果.高等农业院校产学研用合作创新模式的思考[J].牡丹江师范学院学报(哲学社会科学版),2011(4):104-107.

②　王小绪.南京理工大学产学研合作创新模式的探索与实践[J].南京理工大学学报(社会科学版),2013(5):5-10.

③　陶蕴芳,员智凯.研究型大学与跨国公司的合作创新模式研究[J].西北工业大学学报(社会科学版),2012(2):94-98.

④　徐年富.积极探索高职院校产学研合作创新模式[J].中国高新技术企业,2007(8):27,36.

⑤　罗炜,唐元虎.企业合作创新的组织模式及其选择[J].科学学研究,2001(4):103-108.

⑥　幸理.企业合作创新的动机与模式[J].企业改革与管理,2006(1):9-10.

⑦　欧阳新年.企业合作创新:模式选择与利益分配[J].北京市经济管理干部学院学报,2007(3):20-25.

⑧　张辅松.企业合作创新模式探究[J].科技进步与对策,2003(6):55-57.

争企业之间分工合作、与原料供应商和用户之间动态推拉等形式。① 蒋同明将企业与高校或科研院所间的合作创新模式总结为股份公司型、研发一体型、战略型、成果拉动型、外包型、代工型等六种模式。② 雷静等将企业合作创新战略模式分为完全不联盟与全联盟合作模式。③ 吕波认为适合高新技术创新网络内构建合作创新联系的模式主要有以下五种：合同创新模式、项目合伙创新模式、基地合作创新模式、基金合作创新模式、研究公司合作创新模式。④ 王京文等探讨了中外企业合作创新模式，认为以股权划分的合作模式包括股权式与非股权式；合作创新的新型模式主要有技术并购、技术战略联盟、网络组织、研究型的合资企业、技术外包等。⑤

在中小企业的合作创新模式方面，有研究者依据中小企业的特点研究了合作创新模式与具体形式。夏朋月认为，中小企业合作创新模式主要有企业与企业之间的合作，高校与企业的人才、研发合作，研究机构与企业研发合作，社会服务体系与企业的多维度、多层次合作。⑥ 杨永红认为，中小企业合作创新模式的主要形式有中小企业集群，与大企业的合作创新，高校和科研机构与企业的人才、研发合作。⑦ 刘旻、王宏达等认为科技型中小企业的合作创新主要表现为以下四种形式：单纯购买某种技术或专利，企业向高校和科研单位聘请研发人员，委托大专院校、科研院所进行研究开发，企业和大专院校、科研单位联合开发。⑧ 李威等认为，科技型中小企业合作创新模式的形式分为动态联

---

① 陈德智，王浣尘.企业之间合作创新模式[J].科技管理研究，2003(3):33-34.

② 蒋同明.企业与大学合作创新的可行性及模式研究[J].社会科学研究，2011(1):110-113.

③ 雷静，潘杰义.企业合作创新战略模式选择的博弈分析[J].情报杂志，2009(5):189-193.

④ 吕波.高新技术企业网络化合作创新模式与运行机制研究[D].青岛:中国海洋大学，2008.

⑤ 王京文，单婧，李发新，等.中外企业合作创新的模式研究[J].兰州学刊，2006(10):132-135.

⑥ 夏朋月.中小企业合作创新实现模式探讨[J].中国市场，2006(1-2):20-21.

⑦ 杨永红.中小企业技术合作创新模式探讨[J].企业家天地，2007(10):151-152.

⑧ 刘旻，胡晓军，王宏达.科技型中小企业合作创新模式初探[J].现代财经，2003(12):56-57,61;王宏达，赵志强.天津市科技型中小企业合作创新模式的探讨[J].商业研究，2005(9):84-86.

盟与企业集群。①

　　有研究者从地方省市的角度探讨了合作创新模式问题。陈宝国根据引发创新活动的诱因，将科技合作创新划分为理论成果推动型、市场需要拉动型、理论成果和市场需要的推拉互动型；根据科技创新活动的组织方式，又将科技创新模式分为政府组织型、自组织型、联合组织型，并以福建省为例探讨了"推拉—联合组织型"科技创新模式。② 高智勇等认为陕西省现有的产学研合作模式主要有以下几种：全面合作、联合办学、共建研发基地、建设科技园区、联办企业、创办企业、合作研发、技术转让和技术服务、产学研沙龙。③ 任富东等将我国产学研合作创新模式按不同主体分为以下四种：政府主导型合作模式、企业主导型合作模式、学校主导型科技产业模式、校企联合共建模式，并以湖南省为例作了具体分析。④ 李璇分析了广东省产学研合作的典型模式：基地模式、平台模式、企业中心模式、联盟模式、专业镇模式、科技特派员模式等。⑤ 李素莲等将产学研合作的组织模式分为政府主导模式、产业委托模式、技术转让模式、高校自办产业模式、产业自主研发模式，并以邯郸市为例作了具体分析。⑥

　　有研究者从行业发展的视角探讨了合作创新模式问题。李征等基于产业链的特点将产学研合作创新模式分为横向产学研合作创新模式、纵向产学研合作创新模式、混合型产学研合作创新模式。⑦ 梁学成等基于服务外包将企业间互惠合作创新模式分为服务外包发展初期的尝试性合作、服务外包发展中

————————

　　① 李威,叶逢春,赖作卿.科技型中小企业合作创新模式研究[J].华南农业大学学报(社会科学版),2007(3):31-34.

　　② 陈宝国.福建省科技合作创新模式探析[J].科技管理研究,2007(3):187-189.

　　③ 高智勇,高建民,卫军胡,等.陕西省产学研合作创新模式研究[J].西安交通大学学报(社会科学版),2009(3):92-97.

　　④ 任富东,何洁,周珺.湖南省产学研合作创新模式研究[J].中国商界,2010(10):182-183.

　　⑤ 李璇.广东省产学研合作创新机制及模式研究[D].成都:电子科技大学,2009.

　　⑥ 李素莲,李紫明,李建华.邯郸市产学研合作创新模式与运行机制研究[J].河北工程大学学报(社会科学版),2012(2):10-13.

　　⑦ 李征,冯荣凯,王伟光.基于产业链的产学研合作创新模式研究[J].科技与经济,2008(1):22-25.

期的选择合作、服务外包发展成熟的稳固合作。[①] 王核成等从企业与企业之间的横向合作创新和企业与高校、科研院所等之间的纵向合作创新两方面分析了浙江纺织企业合作创新模式。[②] 郭永辉构建了航空制造企业合作创新网络模型,该模型包括核心层、支撑层和环境层三个层次,认为航空制造企业合作创新主要有政府指令型、政府推动型和企业主导型三种模式。[③] 邢黎黎以大连市数控机床产业发展为例构建了合作创新模式,包括横向的产学研深度合作、纵向的产业链技术创新联盟,以及"发现—创新"合作创新模式。[④]

有研究者从知识管理的视角探讨了合作创新模式问题。丛海涛等探讨了知识外溢条件下的合作创新组织模式一体化并购、组成研发联盟合作开发、许可协议、技术外包等。[⑤] 何景涛等根据知识合作产生的效应把知识合作模式分为知识供应链、知识嫁接和知识集聚。[⑥] 虞琼芳等分析了知识联盟企业合作创新模式的适应度。[⑦] 王舒祺等根据知识属性分析了合作创新模式:非连续性多次合作、特许经营合作、供应链战略合作及股权合作。[⑧]

还有一些研究者对国外的产学研合作创新模式做了比较研究。陈昭锋分析了国外高校官产学研合作创新的社会化模式。[⑨] 史艳介绍了美国科技工业园区模式、英国剑桥科学公园模式、日本"产学官"合作模式,以及德国的产学

① 梁学成,万迪防.基于服务外包的企业间互惠合作创新模式研究[J].中国软科学,2007(1):151-155.

② 王核成,俞冰.浙江纺织企业合作创新模式研究[J].工业技术经济,2008(9):46-48.

③ 郭永辉.我国航空制造企业合作创新网络模式研究[J].科技管理研究,2012(16):22-26.

④ 邢黎黎.大连市数控机床产业合作创新模式研究[D].大连:大连理工大学,2013.

⑤ 丛海涛,唐元虎.知识外溢对合作创新组织模式选择的影响[J].上海交通大学学报,2006(9):1544-1548.

⑥ 何景涛,安立仁.知识合作模式与产品价值构成要素研究——企业合作创新研究的新视角[J].科技进步与对策,2010(7):78-82.

⑦ 虞琼芳,孙锐.知识联盟企业合作创新模式的适应度分析[J].科技管理研究,2012(11):13-16.

⑧ 王舒祺,张炳达.知识属性与合作创新模式选择分析[J].商业经济,2014(3):42-44.

⑨ 陈昭锋.国外高校官产学研合作创新的社会化模式分析[J].中国科技论坛,2008(2):44-48.

研合作体系、韩国的产学研合作模式。① 丁聪琴比较分析了美国、日本、苏联、德国、韩国等典型国家、地区的产学研合作创新模式。② 陈劲等分析了日本学者近藤正幸的观点。近藤正幸认为日本产学官合作创新模式主要划分为知识的共同创造、知识的转移、基于知识的创业三种类型。③

综上,关于合作创新模式的研究成果中,以产学研为基础的合作创新模式与企业之间的合作创新模式占主要位置。产学研合作为合作创新模式的产生提供了良好的基础与理想的平台,而企业出于技术创新的需求和基于自有资源的限制也乐于接受合作创新模式。而且,由于区域经济发展、行业企业发展、知识发展等因素的推动,上述方面的合作创新也日益增多。

(二)合作创新机制

合作创新机制是合作创新的重要组成部分,有效、顺畅的机制有利于提高合作创新的效率与效益。相关研究成果主要集中探讨了产学研合作创新或企业合作创新的运行机制,包括动力机制、激励机制、知识管理机制、利益分配机制、信任机制、协调机制等方面。

关于合作创新的运行机制方面的研究是合作创新机制研究成果中的主要研究内容,涉及的方面较多,相关论文占很大的比例。朱桂龙等认为,产学研合作创新网络组织的运行机制主要包括激励机制(利益分配机制、动力机制)、管理监督机制(内部监督机制、外部监督机制、运作模式)和更新机制。④ 李素莲等认为,产学研合作组织的运行机制包括科技创新成果供给机制、科技创新资金资源投入机制、产学研合作风险管理机制、合作创新的激励与约束机制、合作创新的产出机制和合作组织的利益分享机制。⑤ 刘文菁等认为,企业合作

---

① 史艳.国外产学研合作创新模式对我国中小企业发展的启示[J].科技情报开发与经济,2009(29):176-178.

② 丁聪琴,李常洪.典型国家、地区产学研合作创新模式比较研究[J].科技与管理,2007(5):92-96.

③ 陈劲,张学文.日本型产学官合作创新研究——历史、模式、战略与制度的多元化视角[J].科学学研究,2008(4):880-886.

④ 朱桂龙,彭有福.产学研合作创新网络组织模式及其运作机制研究[J].软科学,2003(4):49-52.

⑤ 李素莲,李紫明,李建华.邯郸市产学研合作创新模式与运行机制研究[J].河北工程大学学报(社会科学版),2012(2):10-13.

创新网络的运行机制包括信任机制、动力机制、组织机制、利益分配机制、快速反应机制和协调机制。① 戴开富等探讨了企业合作创新运行机制的内涵、原因、特征及实现条件。② 王文亮等认为，合作创新网络的运行机制由信任机制、学习机制、利益分配机制、激励机制、协调机制组成。③ 吕波从协调机制、激励机制、监督机制、信任机制、学习机制、利益机制、技术扩散机制等方面研究了高新技术企业网络化合作创新的运行机制。④ 另有一些研究者针对合作创新中的协调机制做了针对性的研究。

在合作创新的动力机制方面，相关研究做了深入的探讨。朱卫华构建了产学合作创新优势互补的动力机制，认为企业与高校之间的合作，其动力来源于企业与高校两者结合领域内的总目标和根本利益的一致性，而且在产学合作的外部环境上，政府的制度和政策支持，对产学合作也起到很大的促进作用。⑤ 祖廷勋等基于新制度经济学探讨了产学研合作创新的动力机制，认为产学研合作创新的动力来源包括外部动力与内部动力，其中外部动力要素包括市场供需状况和政府政策，内部动力要素包括交易成本、代理成本、规模效益、内部边际收益、非物质利益。⑥ 程惠英分析了安徽省中小企业合作创新的动力机制，认为中小企业合作创新的动力是指促进中小企业合作创新的要素发挥作用并促使中小企业合作创新发展的力量。⑦ 任政亮等基于演化博弈视角探讨了集群企业捆绑式合作创新的动力机制，具体做了稳定性分析、演化路径分

---

① 刘文菁，王明舜.企业合作创新网络的对象选择与运行机制[J].济南大学学报，2004(5):39-42.

② 戴开富，幸理.企业合作创新运行机制的探讨[J].现代经济探讨,2007(4):56-58.

③ 王文亮，刘岩.校企合作创新网络运行机制调查分析[J].技术经济,2011(8):32-38;刘岩.校企合作创新网络的结构模式和运行机制研究[D].郑州:河南农业大学，2011;骆建栋.产业集群合作创新网络的结构和运行机制研究[D].郑州:河南农业大学，2009.

④ 吕波.高新技术企业网络化合作创新模式与运行机制研究[D].青岛:中国海洋大学，2008.

⑤ 朱卫华.产学合作创新优势互补动力机制的构建[J].科技广场,2012(12):132-133.

⑥ 祖廷勋，张云虎，陈天仁，等.产学研合作创新的动力机制——基于新制度经济学层面的分析[J].河西学院学报,2006(1):24-27.

⑦ 程惠英.安徽省中小企业合作创新的动力机制分析[J].经济论坛,2014(10):30-33.

析、参数分析。[①] 闫丽平等从资源基础观的经济理性与制度理论的合法性两方面探讨了资源型企业参与合作创新的理论动因及效应机制。[②]

在合作创新的激励机制方面,相关研究从不同的视角或以不同的对象做了充分的探讨,还有研究者建立了激励机制模型。刘建民等以湖南省长沙先导区为考察对象,构建了产学研合作创新的财政激励机制,提出建立多级统筹、多方协调的产学研合作财政投入联动机制;设立先导区产学研合作创新财政专项基金;提升企业主体地位,增强科研院所创新能力,培育产学研合作创新能力;推进服务体系建设,架好产学研合作的桥梁;加大对科技人才创新积极性的激励。[③] 赵丽敏基于法律文化视角构建了产学研合作创新法律激励机制,提出完善知识产权法律制度,实现创新激励;制定和完善促进风险投资和科技转化的法律制度;建立多元化产学研合作创新组织形式,防范与控制产学研合作法律风险;创造良好的法律文化环境。[④] 吴勇等构建了一个三阶段博弈模型,探讨了产学研合作创新中的政策激励机制。[⑤] 刘晓君等通过建立激励机制模型,分析了技术应用开发阶段科研机构合作创新行为的激励机制。[⑥] 马亚男构建了激励模型,设计了大学与企业基于知识共享的合作创新激励机制。[⑦]

在合作创新的知识管理机制方面,相关研究基于知识生产的特点探讨了合作创新的多样化机制。傅利平等分析了产学研合作创新网络知识溢出的发生机制,包括基于研发合作的知识溢出机制、基于技术协作与转化的知识溢出

---

① 任政亮,徐飞.集群企业捆绑式合作创新的动力机制——基于演化博弈视角集群企业捆绑式合作创新的动力机制[J].上海管理科学,2014(1):1-5.

② 闫丽平,谷立霞.资源型企业参与合作创新的理论动因及效应机制[J].商业时代,2014(31):90-92.

③ 刘建民,胡心怡.产学研合作创新的财政激励机制问题研究——以湖南省长沙先导区为考察对象[J].求索,2010(12):11-13.

④ 赵丽敏.产学研合作创新激励机制路径选择——基于法律文化视角[J].理论与改革,2014(1):76-79.

⑤ 吴勇,陈通.产学研合作创新中的政策激励机制研究[J].科技进步与对策,2011(9):109-111.

⑥ 刘晓君,王萌萌.技术应用开发阶段科研机构合作创新行为激励机制研究[J].科技进步与对策,2013(24):13-16.

⑦ 马亚男.大学-企业基于知识共享的合作创新激励机制设计研究[J].管理工程学报,2008(4):36-39.

机制、基于人才流动的知识溢出机制、基于企业衍生的知识溢出机制。① 沈静等分析了企业合作创新过程中的知识转移机制,包括知识识别机制,合作伙伴选择机制,知识转移、整合创新机制,知识转移效果评价机制。② 吴绍波探讨了知识链组织知识互惠的组织运行机制与协作决策机制,前者包括基于产品平台的运行机制与基于技术标准推广的运行机制,后者包括知识分工机制与利益协调机制。③ 晋晶晶从信任机制、学习机制、激励机制、利益分配机制、知识产权归属等方面研究了校企合作创新网络成员间知识集成的耦合机制。④ 金潇明从驱动机制、运行机制、保障机制、激励机制等方面研究了产业集群合作创新的螺旋形知识共享机制。⑤ 万君等分析了合作创新组织知识共享机制的主客体影响因素。⑥

在合作创新的利益分配机制方面,主要以利益分配的具体形式或类型作为研究重点。李廉水认为,产学研合作创新的利益分配机制主要由以下几个环节构成:签好技术合同是基础、选择分配方式是手段、保证合理收益是关键。⑦ 孙华认为,产学研合作的利益分配机制主要有一次总付、分期支付、提成支付和按股分成四种。⑧ 许平基于博弈理论探讨了技术成果入股合作创新的价值分配机制。⑨ 徐晓鹭通过构建利益分配博弈模型研究了校企合作创新中知识产权的分配机制。⑩

———————————

① 傅利平,周小明,罗月丰.产学研合作创新网络知识溢出的发生机制与影响因素研究[J].天津大学学报(社会科学版),2013(4):293-297.

② 沈静,蔡建峰,曾文炜.企业合作创新过程中知识转移影响因素及机制研究[J].科技进步与对策,2009(8):137-141.

③ 吴绍波.知识链组织合作创新的知识互惠机制研究[J].中国科技论坛,2013(3):109-114.

④ 晋晶晶.校企合作创新网络成员间知识集成的耦合机制研究[D].郑州:河南农业大学,2013.

⑤ 金潇明.产业集群合作创新的螺旋形知识共享模式研究[D].长沙:中南大学,2010.

⑥ 万君,郑艳秋.合作创新组织知识共享机制研究[J].现代商贸工业,2013(3):43-44.

⑦ 李廉水.论产学研合作创新的利益分配机制[J].软科学,1997(2):59-61.

⑧ 孙华.产学研合作创新的收益分配机制比较研究[J].企业研究,2012(10):17-19.

⑨ 许平.技术成果入股合作创新的价值分配机制[J].科技管理研究,2010(21):238-243.

⑩ 徐晓鹭.校企合作创新中知识产权分配机制研究[D].南京:南京工业大学,2012.

在合作创新的信任机制方面,主要探讨了合作创新伙伴或成员之间的信任产生、加强及其对合作创新的影响。范如国等基于复杂社会网络构建了产业集群信任机制的演化模型,并分析了四个方面的影响因素:产业集群网络中企业的中心度、产业集群网络中企业间的路径长度、产业集群网络中企业间的强弱连接、产业集群网络中企业的结构自治度。[①] 毛加强等建立了企业与大学合作创新的信任机制模型,认为企业与大学合作创新的信任机制包括信任的产生机制、信任的运行机制和信任的保障机制。[②] 周汐也认为,E-innovation环境下产学研合作创新的信任机制包括信任的产生机制、信任的运行机制和信任的保障机制。[③] 葛萍萍构建了集群企业合作创新中信任机制运行的过程模型,认为集群企业合作创新中信任机制包括信任产生机制、信任强化机制、信任保障机制。[④] 王智生通过模型建构研究了复杂产品系统合作创新网络中的信任机制,包括信任产生机制、信任评审及伙伴选择机制、信任保障机制。[⑤]

还有一些研究者探讨了合作创新的培育机制、演化机制、自增强机制、学习机制、信誉机制、人才机制与风险管理机制等。例如,冯锋等基于小世界网络模型分析了产学研合作创新网络的培育机制。[⑥] 李新安研究了产业集群合作创新优势的演变机制[⑦],而且通过构建博弈模型分析了产业集群合作创新的自增强机制[⑧]。郭丁通过模型设计研究了校企合作创新网络的学习机制。[⑨] 朱少英等

---

① 范如国,叶菁,李星.产业集群复杂网络中的信任机制研究——以浙江永康星月集团与双健集团合作创新为例[J].学习与实践,2012(2):20-31.

② 毛加强,肖丽丽,杨伟娜.企业与大学合作创新的信任机制[J].统计与决策,2008(8):178-180.

③ 周汐.E-innovation环境下产学研合作创新信任机制构建研究[D].南京:南京理工大学,2014.

④ 葛萍萍.集群企业合作创新的风险及信任机制研究[D].金华:浙江师范大学,2009.

⑤ 王智生.复杂产品系统合作创新网络中信任机制研究[D].哈尔滨:哈尔滨工程大学,2009.

⑥ 冯锋,王亮.产学研合作创新网络培育机制分析——基于小世界网络模型[J].中国软科学,2008(11):82-87.

⑦ 李新安.产业集群合作创新优势的演变机制研究[J].科技进步与对策,2007(2):65-68.

⑧ 李新安.产业集群合作创新自增强机制的博弈分析[J].经济经纬,2005(3):53-56.

⑨ 郭丁.校企合作创新网络的学习机制研究[D].郑州:河南农业大学,2014.

通过模型建构探讨了技术联盟合作创新的信誉机制。[①] 陈萍探讨了产学研合作创新的人才柔性流动机制。[②] 王怡研究了高新技术企业合作创新网络的风险管理机制,包括风险预警机制、风险规避机制、风险转移机制、风险跟踪管理机制。[③]

综上,关于合作创新机制的研究是合作创新研究中主要组成部分,而且主要集中在运行机制方面,相关研究成果比较多。由于运行机制贯穿于合作创新的整个过程中,而且涉及的内容比较庞杂,因此相关研究成果中动力机制、激励机制、知识管理机制、利益分配机制、信任机制、协调机制等内容互有交叉。

(三)合作创新评价

合作创新评价是合作创新不可或缺的重要组成部分,科学合理的评价体系可以准确地衡量合作创新的效益,并有效地推动合作创新的深入发展。相关研究成果主要集中于产学研合作创新评价、企业合作创新评价、合作创新伙伴评价与合作创新评价方法等方面,研究内容主要涉及绩效评价、风险评价、能力评价、伙伴评价等方面。

在产学研合作创新评价方面,相关研究结合产学研合作的特点,以建立模型与评价指标体系为主。张道武等通过模型建构探讨了合作创新联盟成员绩效评估的综合分析机制。[④] 马飞虹全面研究了官产学合作创新能力评价过程中的创新能力理论模型与评价体系、创新能力评价综合指数及创新能力影响因素的仿真分析等问题。[⑤] 闫青等构建了产学研合作创新的绩效评价指标体系与模糊综合绩效评价数学模型。[⑥] 孙玉肖基于低碳视角建立了区域产学研

---

① 朱少英,齐二石.技术联盟合作创新的信誉机制研究[J].科学管理研究,2008(1):5-8.

② 陈萍.人才柔性流动机制——产学研合作创新的必然选择[J].当代经济,2007(10):156-157.

③ 王怡.高新技术企业合作创新网络的风险管理机制研究[D].青岛:中国海洋大学,2008.

④ 张道武,汤书昆,徐旭初.合作创新联盟成员绩效评估的综合分析机制[J].系统工程理论方法应用,2004(2):100-105.

⑤ 马飞虹.官产学合作创新能力评价问题初探(上)[J].计算机仿真,2012(11):1-5;马飞虹.官产学合作创新能力评价问题初探(下)[J].计算机仿真,2012(12):1-4.

⑥ 闫青,张超豪.产学研合作创新的模糊综合绩效评价研究[J].科技与经济,2013(1):75-79.

合作创新的绩效评价模型及其评价指标体系。[①]　王冬雪构建了产学研合作创新的知识管理绩效体系及其评价指标体系，并运用模糊积分法建立绩效评价模型。[②]　赵娟基于粗糙集与 AHP（层次分析法）构建了产学研跨国合作创新的风险评价指标体系，并研究了产学研跨国合作创新的风险路径及其控制措施。[③]

在企业合作创新评价方面，相关研究同样以建立模型与评价指标体系为主，但研究对象只针对企业。赵树宽等运用集成供应链（ISC）理论，构建了集成供应链企业间的合作创新能力评价指标体系，建立了集成供应链企业间合作创新能力的评价模型。[④]　刘荣等建立了企业合作创新的综合评价指标体系与多层次模糊综合评价模型。[⑤]　杨晓亚构建了合作创新动态联盟的知识产权风险三维分析模型及其评价指标体系。[⑥]　刘文娟、陈冠华构建了我国企业国际合作创新的收益评价指标体系与风险评估指标体系。[⑦]　侯琳、尹晓娜分别基于制度邻近性和灰色模型构建了企业合作创新绩效的评价指标体系。[⑧]

在合作创新伙伴评价方面，相关研究以合作创新伙伴为目标指向建立模型与评价指标体系。程巧莲等基于知识转移建立了合作创新伙伴信任评价指

[①]　孙玉肖.低碳视角下的区域产学研合作创新绩效评价及影响机理研究[D].太原：中北大学，2014.

[②]　王冬雪.产学研合作创新知识管理绩效评价研究[D].哈尔滨：哈尔滨工程大学，2011.

[③]　赵娟.产学研跨国合作创新风险的评价与控制研究[D].武汉：武汉理工大学，2014.

[④]　赵树宽，王慧军，张晶敏.集成供应链企业间合作创新能力评价研究[J].中国工业经济，2010(2)：68-10.

[⑤]　刘荣，汪克夷.企业合作创新风险的多层次模糊综合评价模型及应用[J].科技与管理，2009(4)：132-135.

[⑥]　杨晓亚.合作创新动态联盟的知识产权风险评价和防范研究[D].金华：浙江师范大学，2011.

[⑦]　刘文娟.中国企业国际合作创新收益水平评价研究[D].泰安：山东科技大学，2008；陈冠华.浙江本土企业与跨国公司合作创新风险评价研究[D].杭州：杭州电子科技大学，2010.

[⑧]　侯琳.制度邻近性对高新技术企业合作创新绩效影响的评价研究[D].杭州：杭州电子科技大学，2012；尹晓娜.基于灰色模型的企业合作创新绩效评价体系研究[D].哈尔滨：哈尔滨工程大学，2010.

标体系与 RS-SVM 系统模型（粗糙集 Rough Set，支持向量机 Support Vector Machines）。[①] 王晓新等设计了企业合作创新伙伴选择的指标体系，建立了企业合作创新伙伴选择的多层次优属度评价模型。[②] 杨建君等针对合作创新的伙伴选择建立了一个综合评价体系。[③] 吴昊设计了装备制造业企业合作创新的伙伴选择方案，并运用 DEA 模型（Date Envelopment Analysis，简称 DEA）构建了装备制造业企业合作创新伙伴选择方案的评价模型。[④]

在合作创新评价方法方面，相关研究大多采用数学工具或数理统计方法建立模型或评价体系。郭孝锋等基于多层次可拓法构建了大学产业政府合作创新的风险识别体系与多次可拓风险评价模型。[⑤] 李柏洲等基于方法集构建了合作创新企业知识转移风险的评价指标体系与组合评价模型。[⑥] 苏世彬等基于风险矩阵探讨了合作创新隐性知识转移中风险的分析与评估。[⑦] 潘杰义等和张洪剑基于集对分析法建立产学研合作创新风险评价指标体系与评价模型。[⑧] 李雷鸣等基于 AHP-熵值法对青岛市产学研合作创新做了绩效评价。[⑨] 王秀丽等、谢亚利等、孙跃运用 DEA 模型评价了我国各省市产学研

---

① 程巧莲,胡珑瑛,崔双双.基于知识转移的合作创新伙伴信任评价研究[J].运筹与管理,2014(1):143-150.

② 王晓新,邹艳,叶金福.企业合作创新伙伴选择的多层次优属度评价[J].科技进步与对策,2008(7):65-67.

③ 杨建君,梅晓芳,陈曼.合作创新的伙伴选择:一个综合评价体系[J].科技管理研究,2009(1):6-9.

④ 吴昊.装备制造业企业合作创新伙伴选择方案评价研究[D].哈尔滨:哈尔滨工程大学,2010.

⑤ 郭孝锋,吴志功.基于多层次可拓法的大学产业政府合作创新风险评价[J].科技与经济,2011(23):51-55.

⑥ 李柏洲,徐广玉.基于方法集的合作创新企业知识转移风险评价[J].科技进步与对策,2014(6):112-117.

⑦ 苏世彬,黄瑞华.基于风险矩阵的合作创新隐性知识转移风险分析与评估[J].科研管理,2007(2):27-35.

⑧ 潘杰义,杨青青,司公奇.基于集对分析法的产学研合作创新风险综合评价研究[J].科技管理研究,2008(10):49-51;张洪剑.基于集对分析法的校企合作创新风险的综合评价研究[J].河南农业大学学报,2012(2):233-236.

⑨ 李雷鸣,于跃,刘丙泉.基于 AHP-熵值法的青岛市产学研合作创新绩效评价研究[J].科技管理研究,2014(15):40-44.

合作创新效率。[①]

还有研究者根据不同类型组织比较研究了合作创新知识转移的效果评价,如彭伟等分析了复杂性组织、松散性组织、效率性组织和控制性组织等四种组织形式对知识创新转移效果的知识量、知识宽度和知识深度的影响。[②]

综上,关于合作创新评价的研究,主要面向产学研合作创新或企业合作创新,以绩效评价、风险评价、能力评价、伙伴评价等为评价内容,研究方式主要通过建立模型和评价指标体系,实现合作创新的综合评价。

第三节　研究结论与存在不足

一、关于网络组织的研究

国外关于网络组织的研究起步较早,自 20 世纪 80 年代以来,经过 40 多年的发展,已经有了一套较为成熟的理论体系,在网络组织的各方面都有相关研究成果可以参考,关于网络组织的结构、模式、机制与治理等方面的研究成果较多。国内关于网络组织的研究始于 90 年代末,初期研究重点集中在网络组织的特点、结构与模式方面,后来逐渐扩展到网络组织的机制与治理等方面,尤其是在近几年的研究成果迅速增加,成为组织管理、企业管理、技术经济及管理等领域的持续研究热点。

---

① 王秀丽,王利剑.产学研合作创新效率的 DEA 评价[J].统计与决策,2009(3):54-56;谢亚利,蔡翔.广西产学研合作创新的绩效评价分析[J].科技广场,2014(1):209-213;孙跃.中国省域产学研合作创新效率的评价研究——基于改进的四阶段 DEA 方法[D].长沙:中南大学,2013.

② 彭伟,邹晓燕.基于组织类型与合作创新知识转移效果评价[J].科技管理研究,2009(3):222-224.

二、关于合作创新的研究

国外关于合作创新的研究同样起步较早,在 20 世纪 70 年代便有人提出团队合作创新的观点,经过 50 多年的持续研究,合作创新已经成为国际公认的有效创新形式,在合作创新的模式、机制、评价等方面有较多的研究成果。国内关于合作创新的研究兴盛于 21 世纪初,目前的研究重点集中在合作创新的模式与机制方面,合作创新的评价方面逐渐受到理论界的关注,但相关成果较少。总的来说,不仅在社会科学领域,而且在自然科学的一些领域,合作创新已经成为当前的研究热点之一。

三、关于网络组织与合作创新之间关系的研究

国外关于网络组织与合作创新之间关系的研究已经取得了一些重要成果,截至 2022 年 6 月,可以公开检索到的相关论文有近 200 篇,研究内容主要集中于网络结构(包括结点、结点间联系与网络整体)与合作创新的关系,网络治理机制(网络形成与维护机制以及网络互动与整合机制)与合作创新的关系等方面。国内关于网络组织与合作创新之间关系的研究刚刚开始,相关研究成果很少,研究重点不明显,研究主题不集中,有待进一步深入研究。

四、关于教育网络组织合作创新的研究

国外关于教育网络组织及其合作创新的研究早已开始,2000 年 9 月经济与合作发展组织(OECD)召开以"面向未来的学校教育:创新与网络"为主题的葡萄牙研讨会,进一步促进了相关研究的较快发展。国内对教育网络组织的研究还没有引起足够的重视,可供参考的相关研究成果很少,仅有个别论文零星涉及相关概念;对于教育网络组织的合作创新问题,目前还找不到相关研究成果,有待开展初步探索。

第三章　高职教育网络组织及其合作创新的理论界定

在实践中,国内高职教育网络组织及其合作创新经过十多年的迅速发展,已经取得了较为显著的成绩;但在理论上,高职教育网络组织及其合作创新尚未经过系统的总结、梳理。本章主要从理论上界定高职教育网络组织的形成动因、内涵特征、主要类型及其功能与影响,并阐释高职教育网络组织合作创新的基本特征、演化周期、影响因素、主要形式及其优势与意义。

第一节　高职教育网络组织的基本界定

网络组织产生于二战以后的西方发达国家,适用于相同或相似的组织机构联合起来共享优势资源、为了共同的目标与利益开展的合作创新活动。20世纪 80 年代以来,网络组织的概念及理论诞生,并迅速发展起来,迄今为止已成为西方国家经济学、管理学、社会学、教育学等学科的重要研究领域。90 年代末,网络组织理论被一些留学西方国家的学者引入我国,迅速在社会科学的许多研究领域传播开来,并取得了一批较为显著的研究成果,对我国经济社会发展中的组织变革与发展提供了良好的理论指导作用。但是在教育领域,网络组织还是一个新生事物,教育网络组织的实践发展正在推动理论研究的日益关注,高等教育网络组织、高职教育网络组织尚需理论上的准确界定,以便开展更加深入的理论研究与实践探索。

一、高职教育网络组织的形成动因

从根本上来说,高职教育网络组织的形成是由高职教育本身的特点和发展需求决定的,高职教育发展不仅需要单一组织形式的高职学院作为组织载体,也需要复合组织形式的教育网络组织以促进高职教育的合作创新,提升高职人才的培养质量。高职教育网络组织的形成既有高职教育的内部因素,也有高职教育的外部因素,内外因素的结合共同推动了高职教育网络组织的生成与发展。

(一)高职教育的自身发展需求

高职教育以培养生产、建设、服务、管理第一线的高端技能型专门人才为主要任务。[①] 高端技能型专门人才不仅要求具有扎实的专业理论知识,而且更加强调专业的应用性与实践性,以适应社会发展中日益细化的职业岗位需求。但是,高职学院作为高职教育的主要承担者,在专业理论教学方面尚可满足人才培养的需求,而在专业实践教学方面却由于教育资源与实验实训教学能力的限制,无法完全满足高端技能型专门人才的学习需求。因此,高职教育逐渐走上校企合作、工学结合、产教融合的必由之路。也正是在这样的大前提下,高职学院依赖政府管理部门,联合科研院所、行业企业等组织组建高职教育网络组织,为高职教育的发展带来了新的发展机遇。

高职教育的科技研发与社会服务职能不仅为高职教育的人才培养提供保障,而且为高职教育的综合竞争力提高与高职学院的可持续发展做出贡献。基于同样的原因,高职学院作为高职教育的主要承担者,其科技研发能力与社会服务能力和普通本科院校相比差距较大,长期处于竞争劣势。于是,在政府教育管理部门的指导下,联合科研院所、行业企业等组建高职教育网络组织成为高职院校的普遍选择,也为高职学院迅速提高科技研发能力与社会服务能力提供了一条便捷途径。

[①] 教育部.关于推进高等职业教育改革创新引领职业教育科学发展的若干意见(教职成〔2011〕12 号)〔Z〕.2011-09-29.

(二)高职教育竞争日趋激烈

我国高职教育经过 20 多年的快速发展,迄今为止,已经有近 1500 所高职学院,在校生超过 1500 万,高职教育的规模占高等教育总规模的一半,由此导致高职教育的竞争日趋激烈,大多数高职学院面临招生就业的巨大压力。在高等教育系统内部,与普通本科教育相比,高职教育的竞争力处于明显的劣势地位,尤其受传统教育观念的影响,高职教育一度受到社会的冷遇。在高职教育领域,单个高职学院的综合竞争力毕竟有限,一些行业特色明显的高职学院尤其受到教育资源与市场的限制,在可持续发展方面遇到不少难以克服的办学障碍。日趋激烈的竞争压力迫使高职学院联合起来或与相关行业企业及研发机构合作,意图共享优势教育资源、互利共赢、共同发展,因此,高职教育网络组织应运而生。

高职教育的全面、协调、可持续发展必然依赖高职学院竞争力的提高,只有高职学院的综合竞争力有所提高,高职教育的整体竞争力才能获得提升。单个高职学院为了在有限教育资源的基础上提高办学综合实力,只有选择合作创新的道路,与同行业、同地域、同类型的其他高职学院合作,与一些科研院所、行业企业开展全面深入的合作创新,彼此共享教育资源、研发资源、科技成果产业化资源,充分发挥各自的独特优势,互利共赢、共同发展,全面提高各自的综合竞争力。

(三)高职学院的先天发展不足

自 20 世纪 90 年代末以来,我国高职教育迅速发展,初步形成了中国特色高职教育体系。但是,由于发展时间较短、基础较为薄弱、后续投入不足等原因,高职学院在人才培养、科技研发与社会服务方面先天发展不足。另外,高职学院主要源于中等专业学校的单独或合并升格、高等专科学校的转设以及成人教育机构的改制,这些原有的教育组织在人才培养、科技研发与社会服务方面普遍处于资源有限、能力不足的境况,转型为高职学院之后,必须经过一段时间的过渡期或适应期,才能逐渐满足培养高端技能型人才的基本需要,有些学校缺乏应用型人才培养、应用科技研发与直接服务社会的办学经验。在这种情况下,高职学院理性选择联合发展或与行业企业、科研院所等拥有更多教育资源的组织机构组建高职教育网络组织,可以有效利用优势资源、提高人才培养质量、提升科技研发水平,促进服务区域经济社会发展的综合能力。

具体来说,高职学院通过合作创新可以有效提高师资队伍、课程教学、科研创新等方面的质量与效益。在师资队伍建设方面,高职学院广泛聘用合作各方的人才资源,建设高水平的兼职教师队伍,提高人才培养质量;在课程教学方面,高职学院与合作各方共同开发课程、共同制定教学大纲、共同编写适用于职业岗位的专业教材等,建立校企一体化的课程教学体系;在科研创新方面,高职学院组建创新团队,利用自身的科研平台与合作各方联合攻关,共同申报重大科技项目、共同培养高端科技创新人才、共同享有科研创新的转化成果、共同面向社会提供"四技"服务(技术开发、技术转让、技术咨询与技术服务)。

(四)政府高职教育政策的推动

2000 年以来,为了推动高职教育的高速、高效发展,国家有关部门出台了相关教育政策指导高职教育的有序发展。其中,国务院及其教育部发布了一系列与职业教育集团化有关的政策文件,如《国务院关于大力发展职业教育的决定》(国发〔2005〕35 号)要求推动公办职业学校资源整合和重组,走规模化、集团化、连锁化办学的路子。《教育部关于加快推进职业教育集团化办学的若干意见》(教职成〔2009〕9 号)要求加快推进职业教育集团化办学,积极探索有效的办学模式和实现方式;加强建设,深化改革,不断增强职业教育集团办学的生机与活力;提供政策支持,完善管理办法,为集团化办学提供条件和制度保障;加强领导,大胆实践,推动职业教育集团化办学工作的健康持续开展。各地在推动职业教育集团化办学过程中,形成了一些较为成熟的办学模式,如以城带乡、三段培养的"海南模式",行业为主、城乡联合的"河南模式",以及校企合作、工学结合的"天津模式"等。《教育部关于推进中等和高等职业教育协调发展的指导意见》(教职成〔2011〕9 号)要求引导和鼓励中等和高等职业学校以专业和产业为纽带,与行业、企业和区域经济建立紧密联系,创新集团化职业教育发展模式。近几年,《国务院关于加快发展现代职业教育的决定》(国发〔2014〕19 号)鼓励多元主体组建职业教育集团,深化职业教育办学体制机制改革,推进现代职业教育体系建设。《教育部关于深入推进职业教育集团化办学的意见》(教职成〔2015〕4 号)要求扩大职业教育集团覆盖面,健全职业教育集团运行机制,提升职业教育集团服务能力,优化职业教育集团发展环境。中国职业技术教育学会自 2008 年开始,连续举办全国职业教育集团化办学工作交流研讨会,截至 2021 年已成功举办了 14 届,有效推动了职业教育集团的办学交流工作。

与此同时,一些地方政府仿照大学城的建设模式,推行职业教育集群化办学,建设了数十个职业教育园区,如天津海河职教园区、内蒙古高职教育园区、重庆永川职教园区等,仅江苏省就有常州高职教育园区、无锡职教园区、苏州国际教育园区、盐城职教园区等。高职教育园区是将所在城市的高职学院以地理集中的方式集合在一起,组成一个松散的联合体,有利于资源整合与共享,有利于各校之间交流学习,有利于区域高职教育的做大做强,同时,鼓励各校开展合作创新、良性竞争。另外,还有一些高职学院积极通过与政府机构、行业协会、科研院所、相关企业的友好协商,共同发起成立类型多样、目的不同、功能差异的高职教育联盟,同样为了资源共享、互惠互利、共同推动高职教育的创新发展。

上述各种因素共同导致了以高职教育集团、高职教育园区、高职教育联盟为代表类型的高职教育网络组织的产生及迅速发展。

(五)企业对高职人才的需求

高等职业教育具有高等教育和职业教育双重属性,其主要任务是为生产、建设、服务、管理第一线培养高端技能型专门人才。早期的高职人才注重动手能力、操作能力或实践能力的培养,基本适应企业的用人需求。但是,随着经济结构调整与产业转型升级的不断深化,企业对高职人才的需求日益多样化,要求高职人才不仅具有一定的理论基础,而且在实践能力方面的要求逐渐提高。近几年,"互联网+""工业 4.0""中国制造 2025"等发展理念的提出为高职学院带来了新的发展机遇,同时也对高职人才培养质量提出了更高的要求。为了应对新的发展形势以及企业发展对高职人才的新要求,高职学院在人才培养资源不足、能力不够的情况下,努力探索新的发展模式,寻求更多的人才培养资源,尽可能提高人才培养质量。于是,高职学院之间的联合、高职学院与科研院所、行业企业等组织联合起来合作培养高职人才,为了使合作各方的联合培养、共同发展能够持续、稳定、健康地发展,成立合作创新的松散联合体——高职教育网络组织便成为合作各方共同的选择。高职教育网络组织的成立,有利于合作各方的日常交流工作,有利于合作创新的常态化,有利于建立合作创新的管理体制机制。可以说,企业对高职人才质量的更高需求迫使高职学院合作建立高职教育网络组织,以便更好地满足企业的人才需求。

二、高职教育网络组织的内涵、要素及特征

从理论上界定高职教育网络组织,首先要厘清网络组织及教育网络组织的渊源与含义,在此基础上阐释高职教育网络组织的本质属性、构成要素与基本特征。

(一)高职教育网络组织的内涵

网络组织是继科层组织与市场组织之后出现的一种新的组织形式,迄今为止,网络组织还没有统一、确切的定义。从组织的观点看,网络组织既含有企业的协调因素也含有市场的交易因素,但它既不是企业也不是市场,而是介于市场与层级制企业之间的一种组织形式。① 网络组织是由若干活性结点及其之间的立体联结方式与信息沟通方式构成的、具有网络结构的整体系统。在制度经济学中,网络组织是介于公平市场交易与科层组织之间的"中间组织形态"②,或是一种建立在相互适应的协调机制基础上的市场组织与科层组织的结合体。

一般来说,网络化(Networking)指为了提高效能,人与人之间、团队之间或者组织(结点)之间系统地建立、使用和管理内部联系和外部链接来交流、互动与合作。③ 网络组织(Networked Organization)是自主机构之间通过建立半稳定的关系采取公开或不公开的协作;以客户合作关系建立起来的网络可以达到事半功倍的效果,这种关系是通过强强合作和利用各自独特的市场地位

---

① Thorelli H B. Networks:Markets and hierarchies [J]. Strategic Management Journal,1986(7):37-51.

② Williamson O E. Understanding the employment relations:The analysis of idiosyncratic exchange[J]. The Bell Journal of Economics,1975(6):978-1002.

③ 经济合作与发展组织. 创新网络:走向学校管理和教育管理的新模式[M]. 胡丽娟,译. 北京:教育科学出版社,2008:30.

来实现的。① 网络由"结点"和"联结"(结点间的关系)构成,是一个连接网络组成部分的关系系统,而网络组织可以理解为组织间通过机制协调建立的跨越正式边界的社会网络。② 网络组织研究的著名学者李维安认为,网络组织是一个由活性结点的网络联结构成的有机的组织系统。信息流驱动网络组织运作,网络组织协议保证网络组织的正常运转,网络组织通过重组去适应外部环境,通过网络组织成员协作创新实现网络组织目标。③

综上所述,本书认为教育网络组织是指由若干网络结点及其联结关系构成的、建立在协调机制基础上的、具有网络结构的教育组织系统;也可以表述为在教育领域内由若干地位平等、独立的结点组织为了共同的目标、兴趣或利益而组建的松散联合体。高职教育网络组织是网络组织在高职教育领域的具体表现形式或高职教育领域教育网络组织的特殊表现形式。

高职教育网络组织是具有网络结构的整体系统。与传统高职教育组织的单一组织结构不同,高职教育网络组织由多个单一组织(网络结点)联合构成,形成具有鲜明网络结构的整体性教育组织系统。

高职教育网络组织是一种组织形态。高职教育网络组织是为了适应发展环境变化的需要,在传统科层制组织与市场组织之后出现的一种新的组织形态,介于上述两种组织之间,能够发扬两种组织的优点,同时有效克服两种组织的缺陷。

高职教育网络组织是一种制度安排。高职教育网络组织是为了整合优势资源,促进结点之间的互动、交流与合作,实现共同目标、兴趣或利益的一种制度安排。高职教育网络组织是由网络结点之间的共同目标、联结关系、网络结构等要素组成的松散联合体,在遵循网络协议的前提下可以自由出入。

高职教育网络组织是一个超组织模式。传统高职教育组织是由个人或不具有独立地位的内部组织构成,而高职教育网络组织是由多个地位平等、独立决策的单一组织构成的,是一种超越传统高职教育组织模式的新型组织模式。

---

① Pullens M W J M. Groei realiseren met de network organisatie[M]. Directie Zaken: Bocaal Business Press,1998:3.

② [美]W. 理查德·斯科特,杰拉尔德·F. 戴维斯. 组织理论——理性、自然与开放系统的视角[M]. 高俊山,译. 北京:中国人民大学出版社,2011:198.

③ 李维安. 网络组织:组织发展的新趋势[M]. 北京:经济科学出版社,2003:79.

(二)高职教育网络组织的构成要素

不同的研究者对网络组织的构成要素有不同的看法,有人认为,网络组织由网络结构、网络成员、结点特性构成。[①] 也有人认为,网络组织由网络目标、网络结点、经济连接、运行机制和网络协议构成。[②] 参照网络组织的构成要素,本书认为,高职教育网络组织至少由以下几个要素构成。

第一,网络目标。共同的目标、兴趣或利益是网络组织赖以存在的基石和持续发展的原动力。网络目标是高职教育网络组织有效运行的指南针,只有在共同的网络目标指引下,高职教育网络组织才能整合实现目标所需要的优势资源,也才能协调合作参与者的合作创新行为。网络目标是高职教育网络组织存在与发展的前提要素。

第二,网络结点。结点是构成网络组织的基本要件,只有若干结点联合起来才能组成网络组织。高职教育网络组织的结点一般是地位平等、独立的高职学院、科研院所、政府机构、社会服务组织及各种类:同质结点功能相同或相近,具有替代性特征,同质结点间的合作往往是竞争性合作,如高职学院之间的合作;异质结点功能差别明显,具有差异性特征,异质结点间的合作多为互补性合作,如高职学院与行业企业之间的合作。网络结点是高职教育网络组织存在与发展的必备要素。

第三,网络结构。系统论认为,系统结构决定系统功能。网络结构直接决定了网络组织所具有的基本功能。科学合理的网络结构是高职教育网络组织有效运行、充分发挥其功能的先决性条件,甚至影响高职教育网络组织的可持续发展与社会影响力和吸引力。同时,网络结构是高职教育网络组织建立有效运行机制的组织保障,运行机制的建立健全对合作参与者的合作创新行为具有重要的影响,满足合作创新需要的决策机制、信任机制、协调机制、约束机制、激励机制、利益分配机制等,可以使高职教育网络组织处于良好的运行状态。网络结构与运行机制是高职教育网络组织存在与发展的核心要素。

第四,网络联结。网络组织并不是不同结点的简单累加,而是通过活性结点之间的立体联结方式与信息沟通方式以及相互作用的依赖路径将不同结点

---

① Gulati R, Nohria N, Zaheer A. Strategic networks[J]. Strategic Management Journal,2000(21):203-215.

② 孙国强. 网络组织的内涵、特征与构成要素[J].南开管理评论,2001(4):38-40.

联结起来,才能形成有机联系的网络结构。高职教育网络组织通过合作参与者之间的优势资源共享,积极开展符合各方需求的互动、交流与合作,在相互适应的协调机制基础上寻求合作创新,实现共同的目标或利益。网络联结的方式、效率与紧密程度等影响网络目标的确立,决定网络结构的类型与运行机制的建立,是高职教育网络组织存在与发展的关键因素。

(三)高职教育网络组织的基本特征

网络组织的基本特征是网络组织区别于其他组织形式的基本标志。作为复杂组织形式的一种,网络组织具有复杂组织的基本特征:大量相互作用的要素、开放性、反馈性、非线性、自组织性、涌现性、吸引性、记忆性、不可替代性。[①]也有人认为,网络组织有以下特征:网络不仅联系生产商(在教育领域中,生产商指教育研究和创新专家及教师),而且越来越注重同客户建立联系;网络联系是互动式的;网络享有一定的自我管理权;网络所有参与成员(结点)拥有共同目标;网络是动态结构,根据参与者的类型、数目、角色等而变化,而且随时有可能终结;网络即使依靠电子通信方式加强网络合作,也是有人性的;大型网络如果在成员间建立和主张归属感、增强凝聚力和强化价值观,势必有效。[②]网络组织研究的著名学者李维安认为,网络组织具有合作性、创造性、复杂性(环境复杂性、结构复杂性)、动态性、自组织性、自学习性、自适应性、自相似性等特征。[③] 高职教育网络组织作为网络组织的特殊形态,除了具有网络组织的基本特征,还具有自身的特殊性。本书认为,高职教育网络组织至少具有以下几个特征。

第一,教育性。教育性是教育网络组织区别于企业网络组织的根本特征。企业与企业网络组织是以获取最大利润为根本目的的组织形式,而高职教育网络组织虽然也从事经济行为与活动,通过科技成果的产业化与直接为社会提供服务获取一定的经济利益,但从根本上必须以培养高端技能型专门人才

---

① Cilliers P. Understanding complex systems [M]//Sturmberg J P, Martin C. Handbook of Systems and Complexityin Health. Berlin:Springer Science & Business Media, 2013:27-38.

② 经济合作与发展组织. 创新网络:走向学校管理和教育管理的新模式[M]. 胡丽娟,译. 北京:教育科学出版社,2008:34-36.

③ 李维安. 网络组织:组织发展的新趋势[M]. 北京:经济科学出版社,2003:83.

为最终目的,否则,高职教育网络组织将失去应有的存在意义。

第二,创新性。教育网络组织以合作创新为网络目标,是一种适应知识社会、信息经济,以网络联结的教育创新为核心的组织。创新是高职教育网络组织的灵魂,高职教育网络组织的产生、发展与成熟需要持续不断的创新。高职教育网络组织是高职教育创新发展的组织模式,其组织结构、管理制度与运行机制提供了组织创新的空间和保障。

第三,复杂性。复杂的组织结构是网络组织区别于其他组织形式的重要特征。高职教育网络组织的结点及其数量、特征以及结点间联系的数目、形式等,是高职教育网络组织复杂性的静态构造基础;高职教育网络组织的信息流量与质量、信息分布与交换以及信息流动的方向与特点,决定着高职教育网络组织结构的动态复杂性。

第四,互动性。网络组织的价值在于网络整体的互动性与联通性。高职教育网络组织的核心问题不在于教育行为与活动的边界确定,也不在于成员内部科层组织形式的选择和成员之间合作行为的最佳组合与匹配,而在于高职教育网络组织能够促进成员之间建立各种交互作用的网络关系,以此推动成员之间的合作创新,整合优势资源,共享创新收益。

第五,开放性。动态开放式的组织结构可以保证网络组织始终具有活力和优势。高职教育网络组织具有较高的动态开放性,网络组织的内部结点与外部组织的联系是发散的,结点始终处于不断变化之中,在遵循网络协议的前提下,新的结点可以随时加入,旧的结点可以随时提出。高职教育网络组织通过不断优化结点的数量与质量,实现动态演进与合作创新。

第六,自组织性。网络组织是具有自适应、自调节能力的自然演化过程的结果。高职教育网络组织是为适应环境变化、满足自身发展的需要而自主形成的组织形式,在教育外部条件与自我需求的双重驱动下,高职教育网络组织自动地由无序走向有序,由低级有序走向高级有序。在自组织性的基础上,高职教育网络组织还会逐渐形成自学习性、自适应性、自相似性等独特属性。

三、高职教育网络组织的主要类型及比较

根据生成方式、发展目的与主要特点来划分,目前我国高职教育网络组织主要有以下三类:集团式、集群式与联盟式,集团式高职教育网络组织主要以

行业性的高职教育集团为代表,集群式高职教育网络组织主要以地理集中的高职教育园区为代表,联盟式高职教育网络组织主要以功能性的高职教育联盟为代表。

(一)集团式高职教育网络组织

职业教育集团是职业院校、行业企业等组织为实现资源共享、优势互补、合作发展而组织的教育团体,是近年来我国加快职业教育办学机制改革、促进优质资源开放共享的重要模式。大部分职教集团都有高职学院参与组建,由高职学院主导构建的职教集团可以称之为高职教育集团。推进高职教育集团化办学,有利于整合多方力量,推动现代职业教育体系建设;有利于建立健全政府主导、行业指导、企业参与的高职教育办学机制;有利于深化高职教育校企合作,系统培养技术技能型、高端技能型、应用型人才,提高人才培养质量。高职教育集团的组成主体包括政府机构、行业组织、企(事)业单位、高职学院、科研院所和社会组织等。通过组建高职教育集团,不同主体可以充分发挥支持和参与高职教育发展的重要作用。按照组建形式的区别,高职教育集团可分为几种:围绕区域发展规划和产业结构特点,面向地区支柱产业、特色产业的区域型高职教育集团;围绕行业人才需求,由行业组织牵头组建的行业型高职教育集团;跨区域或跨行业的复合型高职教育集团;以招生就业、劳动力转移培训等为合作内容的特色型高职教育集团和涉外型高职教育集团等。①

1992年我国出现第一家职教集团,2000年之后,在政府的大力推动下,职教集团的数量迅速增加,目前全国的职教集团超过了1200家,覆盖了8000多所学校和2万多家企业。从职教集团的构成看,成员单位中企业和学校占主体,企业成员数量比例达到60%,学校成员占25%,与学校、企业相关的行业性组织占15%,因此,职教集团是一个多元合作的组织,包括企企合作、校校合作和校企合作。② 职业教育集团化办学是我国职业教育"十二五""十三五"时期的重要改革措施,现代职业教育体系建设规划提出,到2020年,职教集团基本覆盖所有职业院校,初步建成300个富有活力和引领作用的骨干职业教育集团;截至2021年底,已确定299个示范性职业教育集团(联盟)培育单位。

①　教育部.职业教育集团.[EB/OL].(2012-09-03)[2016-11-05].http://www.moe.gov.cn/publicfiles/business/htmlfiles/moe/s6811/201209/141506.html.

②　周红利.职教集团能否成为中国职教名片[N].中国教育报,2016-10-25(5).

规模庞大的高职教育集团已经成为我国集团式高职教育网络组织的主要代表。

(二)集群式高职教育网络组织

20世纪90年代末以来,在"科教兴国"战略的指引下,为满足高等教育规模扩张的需要,我国许多发达地区在主要城市的边缘兴建大学城或高教园区,构成大学集聚的办学场所,以此整合高教资源,推动区域高等教育发展。所谓大学城或高教园区,是在政府、高校、市场、社会等多种力量的参与下,使若干所大学在某一或某些地域集聚,并达到一定规模,形成有机整体的高校集合体。[①] 在此背景下,部分城市兴建了以高职教育为特色的教育园区,称为高职教育园区。据不完全统计,目前国内投入使用和在建的高职教育园区有20多个,如已经建成使用的天津海河教育园区、内蒙古高职教育园区、重庆永川职教基地等,其中江苏省最多,有常州高职教育园区、无锡职教园区、苏州国际教育园区、盐城高职教育园区、宿迁高职教育园区、扬子津科教城(扬州)等,以及在建的广州高职教育园区、清远职教基地、兰州新区职教园区等。

高职教育园区的建设与发展,有力推动了所在区域的职业教育发展和现代职业教育体系的建设,为区域经济社会发展与产业转型升级提供了良好的人才保障与智力支持。从已经投入使用的高职教育园区的发展现状来看,高职教育园区的建设迅速扩大了高职学院的办学规模,有效促进了高职教育的发展,提升了高职教育的社会影响力与吸引力,逐渐成为城市发展的"教育名片"或"文化名片"。按照园区成员结构的不同,高职教育园区分为以下几种:以高职学院与普通本科高校为主,发展高职教育与应用型本科教育及其二者衔接教育的高职教育园区;以高职学院与中职学校为主,发展高职教育与中职教育及其二者衔接教育的高职教育园区;以高职学院、本科高校、科研院所、高新企业为主,发展各级各类的综合性教育、以产学研结合为主要特点的高职教育园区。迅速发展的高职教育园区是集群式高职教育网络组织的主要代表,本书以上述第三种高职教育园区为典型案例探讨高职教育网络组织合作创新的实践模式、运行机制与发展路径。

---

① 顾建民,王爱国.大学城:我国发达地区高等教育发展的新探索[J].高等教育研究,2003(4):30-34.

（三）联盟式高职教育网络组织

高职教育联盟是高职学院及相关机构为实现共同发展目标,采取共同行动,通过正式协定(条约、合同)而联合组建的教育组织。国际知名的世界职教院校联盟(World Federation of Colleges and Polytechnics,WFCP)是一个由来自全球数十个国家的高等职业院校、应用技术大学、职教机构会员自发联合起来的组织。联盟旨在支持、促进会员间的经验交流与国际合作,分享和推广职业技术教育的最佳实践案例,促进全球职业技术教育的发展。① 联盟下属会员主要包括全国性或地区性的职业技术型高等院校联合性组织,如美国社区学院协会(AACC)、加拿大社区学院协会(ACCC)、澳大利亚技术和继续教育校长委员会(TDA)、英国学院联盟(AOC)等;也有部分院校、教育机构及其他非政府组织和行业组织参加。WFCP 会员单位遍布各大洲,其秘书处设在加拿大社区学院协会。2012 年,中国教育国际交流协会作为中国职业院校的代表正式加入 WFCP,并被推选成为其常务理事单位。②

我国的高职教育联盟主要有高职教育战略发展联盟、高职学院招生就业联盟、高职学院教学联盟、高职教育产学研联盟等。据不完全统计,全国已有200 多个职业教育联盟,参与单位 6000 余个,成员学校 2400 余所,合作企业3600 多家。职教联盟是多功能、多层次、跨地区、跨行业、综合性的非法人教育组织,以自愿、平等、互惠互利为原则,以区域结合、行业背景、开放合作为主要特征,是培养高端技能型人才的新型平台,在实现高职教育与中职教育的共同发展、职业教育与行业企业的深度融合,构建职业教育新模式,形成职业教育新优势方面做出了有益探索。目前影响较大的高职教育联盟有全国高职高专校长联席会议、全国高职高专教育教师培训联盟、全国高等职业院校创新创业教育联盟、应用技术大学(学院)联盟等。日益兴盛的高职教育联盟是我国联盟式高职教育网络组织的主要代表。

---

① 教育部.世界职教院校联盟 2014 年世界大会在京召开[EB/OL].(2014-10-24)[2016-11-05].http://www.moe.edu.cn/publicfiles/business/htmlfiles/moe/moe_1485/201410/177280.html.

② 中国教育国际交流协会.世界职教院校联盟 2014 年世界大会[EB/OL].(2014-10-24)[2016-11-05].http://www.ceaie.edu.cn/xm/zhiyejiaoyu/366.html.

（四）高职教育网络组织的类型比较

高职教育集团、高职教育园区与高职教育联盟分别代表高职教育网络组织的三种类型，其主要特点也有明显的不同，本书主要从以下方面比较上述三种具体形式的高职教育网络组织。

在生成方式方面，高职教育集团与高职教育联盟是高职学院与相关企业、行业性组织自发组建而成，而高职教育园区则是地方政府出于发展本地区高职教育的需要而主动规划建设。在组织性质方面，高职教育集团与高职教育联盟是高职学院与相关企业、行业性组织自主联合组建的教育组织，而高职教育园区则是由于地理位置的高度集中而形成的松散型组织。在核心特点方面，高职教育集团具有鲜明的行业性特点，内部成员来自同一个行业或产业；高职教育园区具有明显的地域性特点，集中在同一座城市的边缘城区；而高职教育联盟具有明确的功能性特点，内部成员基于同样的职能发展需要而联合。在地理边界方面，高职教育集团与高职教育联盟没有明确的地理边界，成员广泛分布于各个区域、全国甚至全世界；而高职教育园区具有明确的地理边界，所有成员集中在同一个教育园区内。

在成员性质方面，高职教育集团主要以行业企业和高职学院为主，而且大多数情况下行业企业多于高职学院；高职教育园区以高职学院为主，有时还有本科高校或科研院所、高新企业加入；而高职教育联盟主要以高职学院为主，有时还有一些相关研究机构加入。在核心成员方面，一般来说，高职教育集团有一个实力较强的行业高职学院牵头，作为固定核心成员领导集团的各项事务；高职教育园区则没有核心成员，根据合作创新的需要临时决定牵头单位；高职教育联盟同样没有核心成员，通常有联盟的秘书处负责推动各项工作。在组织协议方面，高职教育集团与高职教育联盟在成立之初便协商制定了共同遵循的章程、协议、条约或合同，后期加入的成员必须遵守既定协议；高职教育园区由于地理集中而聚集在一起，没有共同的章程或协议，通常会共同商议制定一些管理办法来约束各自的行为与活动。在组织稳定性方面，高职教育集团与高职教育联盟在遵循组织协议的前提下可以自由进出，成员结构随时可能变动；而高职教育园区由于地理条件的限制，无法自由进出或随意加入、退出。

在业务关联性方面，高职教育集团成员由于来自同一个行业，高职教育联盟成员出于同样的职能发展需要,二者的业务关联性相对较高;高职教育园区的成员跨行业、跨领域、跨职能,业务关联性相对较低,业务领域较为广泛。在合作紧密度方面,高职教育集团成员由于来自同一个行业,高职教育园区成员处于同一个园区,二者的合作紧密度相对较高;高职教育联盟成员不同的行业、不同的区域,因此合作紧密度相对较低。在决策集中度方面,高职教育集团有固定的核心成员主持日常工作,决策集中度相对较高;而高职教育园区与高职教育联盟没有固定的核心成员主持日常工作,主要依赖协商解决问题,决策集中度相对较低。在资源共享度方面,高职教育园区成员同处于一个园区内,地理条件的便利带来了较高的资源共享度;而高职教育集团与高职教育联盟则由于地域上的分散,导致资源共享度较低。

为方便比较上述三种类型组织形式的主要特点,列表 3.1 如下。

表 3.1　高职教育网络组织的类型比较

类型	集团式	集群式	联盟式
组织形式	高职教育集团	高职教育园区	高职教育联盟
生成方式	自然生成	主动构建	自然生成
组织性质	联合组织	松散组织	联合组织
核心特点	行业性	地域性	功能性
地理边界	较为分散	高度集中	较为分散
成员性质	企业为主	高职学院为主	高职学院为主
核心成员	有固定核心成员	无固定核心成员	无固定核心成员
组织协议	有章程或协议	无章程或协议	有章程或协议
组织稳定性	稳定性较低	稳定性较高	稳定性较低
业务关联性	关联性较高	关联性较低	关联性较高
合作紧密度	紧密度较高	紧密度较高	紧密度较低
决策集中度	集中度较高	集中度较低	集中度较低
资源共享度	共享度较低	共享度较高	共享度较低

四、高职教育网络组织的功能与影响

网络组织的好处在于各个合作伙伴能够在保持自主和加强自己优势的同时,利用网络合作伙伴的优势给自己的客户提供更好的产品,并且能够为合作伙伴的客户服务。[①] 高职教育网络组织的组织性质与组织结构决定了高职教育网络组织具有集聚功能、扩散功能、合作功能、竞争功能与创新功能等。高职教育网络组织的上述功能可以为组织成员带来如下一些影响:产生规模经济、范围经济与联结经济效应,优势互补、资源共享,信息交换、创造机会,降低成本、增加效益,规避风险、共享收益等。

(一)高职教育网络组织的功能

第一,集聚功能。高职教育网络组织通过组织成员的联合,整合优势资源,实行集约化的发展战略,从而实现组织成员创新资源与创新能力的集聚与优化。高职教育网络组织的产生,使单个成员的独立发展转变为联合组织的群体运作,由粗放式管理转变为集约化管理,有效提高组织内部创新资源的利用率,实现创新成本的最小化、创新效益的最大化。

第二,扩散功能。高职教育网络组织的联合发展,在提高组织成员综合竞争力的同时,也提高了组织整体竞争力,促使专业领域发展更加成熟,有利于巩固和增强组织的市场份额与市场开拓能力,对相关高职学院与行业组织产生扩散效应,吸引更多的成员加入网络组织。高职教育网络组织的联合发展可以增强组织成员的人才培养能力、科技创新能力与服务社会能力,提高组织在所属教育领域的影响力,甚至可以影响政府机构与行业性组织的发展战略与教育政策。

第三,合作功能。合作创新是高职教育网络组织具有的基本功能,高职教育网络组织打破了传统竞争模式的思维定式,引入合作竞争的战略思想,在合作的基础上提高竞争能力,将组织成员的单纯竞争态势转变到合作共赢的立场上,有利于降低组织成员之间的无谓内耗,最大限度地促进创新资源的高效

---

① 经济合作与发展组织. 创新网络:走向学校管理和教育管理的新模式[M]. 胡丽娟,译. 北京:教育科学出版社,2008:32.

利用,实现组织成员的互利互惠、利益共享,也促进了组织所在领域的全面、协调、可持续发展。

第四,竞争功能。高职教育网络组织的联合发展通过组织成员的优势资源共享、采取联合行动,有效提高组织整体竞争力,同时,在组织内部协议的框架下,有效避免成员之间的恶性竞争,促进合作基础上的竞争。组织成员可以利用彼此的优势发展条件开展深入合作,扩大影响范围,提高自身的综合竞争力。高职教育网络组织为组织成员提供的竞争平台及其更大范围的资源支配能力,是组织内部成员获取竞争优势的重要来源与基础。

第五,创新功能。高职教育网络组织集合不同行业、不同领域、不同性质的各类社会组织,将优势创新资源集中于一个统一的发展平台,为彼此之间的相互学习、沟通交流创造了前所未有的发展环境,为人才培养创新、科技研发创新与组织管理创新提供了良好的条件。高职教育网络组织促进成员之间跨组织资源的互通与互补,可以有效降低创新成本、提高创新效益,产生单个成员难以创造的创新成果。高职教育网络组织是一个创新能力互补的整体系统,成员之间利用核心能力开展合作创新,共同降低创新活动的不确定性,增加组织成员各项创新活动的回报。

(二)高职教育网络组织的影响

第一,规模经济、范围经济与联结经济。高职教育网络组织集合了数十个甚至数百个组织成员,发展规模相应增加了数十倍或数百倍,为规模经济效应奠定了基础性条件。高职教育网络组织由于成员的众多,其业务范围显著扩大,扩大了与外部环境的分界线,由此带来范围经济效应。高职教育网络组织成员之间的互动交流,促进了资源的优势互补、信息的相互传递、技术的相互分享、市场的相互配合,从而产生联结经济效应。组织成员在保持既定发展规模、业务范围与环境边界的情况下,节约发展成本,获得规模经济、范围经济与联结经济效应。

第二,优势互补、资源共享。高职教育网络组织通过整合优势资源、推动合作创新,使成员之间可以借助彼此的力量,在不增加投入的前提下扬长避短,充分利用现有资源,实现跨区域、跨行业、跨领域的联合发展,科学合理配置人力、物力、财力等创新要素,既可以避免重复建设的资源浪费,又可以达到创新发展的目标。

第三，信息交换、创造机会。高职教育网络组织是一个信息网络，一方面向内吸纳信息，搜集组织成员的人才培养信息、科技发展信息与合作需求信息等，为组织内部的信息交流与共享提供可靠保障；另一方面向外辐射信息，将网络组织的人才供给信息、科技创新成果信息与社会服务项目信息等推向外界，有效提升网络组织的生存能力与社会影响力。高职教育网络组织对内外部信息的吸收与消化为组织成员提供了信息交换平台，降低信息交换的不对称性与不确定性，创造出更多的发展机会。

第四，降低成本、增加效益。高职教育网络组织使组织成员不需要付出更多的成本便可以利用网络组织的发展平台，实现各自的发展目标。组织成员既可以获得更高效率、更低成本的教育优势资源，又可以将自身的全部精力与资源投入核心能力的提高方面，有利于降低管理成本、增加经济效益。高职教育网络组织可以将经常性的合作成员组织起来，帮助建立可持续的信任合作关系，有利于降低合作谈判费用、简化利益协调程序、降低总体交易成本，增加合作创新效益。

第五，规避风险、共享收益。在网络中，合作结点通过网络联结放大既有实力，提高化解风险和应对环境不确定性的能力。[①] 高职教育网络组织通过资源、信息、技术、市场的共享，以合作创新为发展路径，扩大信息传递的密度与速度，有效避免了单个成员在人才培养、科技研发与社会服务中的盲目性与孤立感，规避了单个成员难以独立承担的发展风险，同时可以在合作创新的过程中共享收益，实现共存共荣、互利共赢的共同目标。

第二节　高职教育网络组织的合作创新

合作创新既是高职教育网络组织的目的，也是其功能，因此，高职教育网络组织的产生、发展、运行等过程都围绕合作创新展开。高职教育网络的基本特征决定了其合作创新有着与众不同的基本特征；由于合作关系与合作进度的不同，高职教育网络组织合作创新分为不同的演化周期；高职教育网络组织

---

① 孙国强，兰吉颖.网络组织核心能力的核心功能：多元化与专业化的均衡[J].经济问题，2011(2):68-71.

合作创新受许多动态因素的影响,共同决定合作创新的成功与否;高职教育网络组织合作创新在实践中有不同的形式,以满足合作各方的利益需求;高职教育网络组织合作创新拥有独特的发展优势,对合作参与者具有重要意义。

一、高职教育网络组织合作创新的基本特征

合作创新一般指企业之间或企业、科研院所、高等学校之间的联合创新行为,有时与产学研合作创新含义相同。作为创新的多种形式之一,合作创新与其他创新形式相比较具有的特征表现在互惠性、复杂性、兼容性与互补性等方面。[①] 高职教育网络组织囊括了行业企业、科研院所、高职学院等多种类型与层次的参与机构,为合作创新奠定了前提条件与发展基础。本书认为,高职教育网络组织合作创新具有以下基本特征。

(一)目标导向性

任何组织都有一个明确的发展目标,用以指导组织成员的发展方向,高职教育网络组织亦不例外。由于高职教育网络组织的合作参与者类型复杂多样,各自的合作目标不尽相同,导致组织目标同样具有复杂多样性。为了推进合作创新的有效开展,高职教育网络组织必须在组织建立或合作创新之前经过多方协商,共同确定合作创新的阶段目标与最终目标,以利于组织成员能够采取共同的行动,整合彼此的创新资源,发挥协同优势。共同目标一旦确立,将会对所有成员具有一致的导向作用,这是高职教育网络组织合作创新能够顺利开展的首要因素。

(二)资源互补性

合作创新需要合作各方投入大量的人力、物力、财力、信息等资源,否则就会成为纸上谈兵。由于高职教育网络组织的合作参与者拥有不同的优势资源,各自的优势资源难以独立发挥规模经济、范围经济与联结经济效应,因此,高职教育网络组织必须整合所有成员的优势创新资源,充分发挥优势创新资

---

① 胡平波.网络组织合作创新中知识共享及协调机制[M].北京:中国经济出版社,2009:27-28.

源的互通性与互补性,以合作创新的形式实现创新要素的共建、共管、共享、共赢。优势创新资源互补为高职教育网络组织合作创新提供了一个良好的创新平台,为合作各方的创新行为与活动节约成本、增加效益。

(三)互利共赢性

与单独创新不同的是,互利共赢是合作创新的基本准则,如果合作参与者只为自身利益着想的话,那么合作创新就无法有效开展。由于高职教育网络组织的合作参与者在合作创新过程中有各自不同的创新目的与利益诉求,有时会成为合作创新的阻碍因素,甚至导致合作创新的流产与失败,因此,高职教育网络组织必须在合作创新过程中建立各方共同认可的利益协调机制,以免损害合作参与者的彼此利益。成功的合作创新应该满足所有合作参与者的创新需要,同时不伤害任何一个成员参与合作创新的主动性、积极性与创造性,最终实现互利互惠、合作共赢。

(四)合作周期性

由于高职教育网络组织合作创新的形式多样、项目繁杂、规模庞大、需求不同等,导致合作创新不可能一蹴而就,需要一定的周期才能实现共同创新的目标。不同形式、不同项目、不同需求的合作创新持续的时间不同,成功的合作创新将会经历一个完整的合作周期。高职教育网络组织合作创新正是在一个又一个合作周期的循环往复中实现合作参与者的共同目标,而且,合作周期的不断累加与合作创新的持续深入可以促使高职教育网络组织合作创新进入一个螺旋上升的良性轨道,从而在合作理念、合作组织、合作制度、合作模式与合作机制等方面实现多层次、多方面的升华。

二、高职教育网络组织合作创新的演化周期

生命周期理论认为,世界上任何事物的发展都存在生命周期,组织生命周期一般经历发展、成长、成熟、衰退等几个阶段,不同阶段有不同的发展特征。高职教育网络组织同样存在生命周期,经历从产生到消亡的生命历程;与此类似,高职教育网络组织合作创新存在阶段特征较为明显的演化周期,二者的发展周期虽然不是完全对应,但也是息息相关。按照时间顺序与合作关系的不

同,合作创新过程划分为合作关系组建期、合作关系运行期与合作关系解除期。本书认为,高职教育网络组织合作创新的演化周期分为形成期、发展期、成熟期与退出期。

(一)高职教育网络组织合作创新的形成期

由于缺乏合作创新的经验,高职教育网络组织在合作创新的形成期只能在摸索、尝试、协商的状态中开展合作创新活动,以便为将来更大规模的合作创新积累经验。在合作创新的形成期,高职教育网络组织合作参与者已经意识到合作创新的重要性,但是还没有明确的合作创新理念;合作参与者根据共同的合作目标或兴趣尝试性地成立合作创新的组织机构,作为合作创新的组织平台;合作参与者为了合作创新的顺利开展,协商制定合作创新的零散管理制度;合作参与者之间的合作创新处于积极探索的状态,还没有形成稳定的创新模式;合作参与者之间的合作创新只能根据具体合作项目的需要协商决定,还没有建立持续成熟的运行机制。总之,在合作创新的形成期,高职教育网络组织合作参与者必须经历经验缺乏、理念磨合、组织与制度不健全、模式与机制不成熟的过程,才能为后续的合作创新活动奠定基础。

(二)高职教育网络组织合作创新的发展期

在前期经验积累的基础上,高职教育网络组织在合作创新的发展期能够开展一些常规性的合作创新活动,而且合作创新的发展速度会越来越快,逐步走向成熟。在合作创新的发展期,高职教育网络组织合作参与者已经形成了较为明确的合作创新理念,用以指导合作创新的实践活动;合作参与者根据合作创新的实际需要建立较为完善的合作创新组织机构,方便一定规模合作创新的有效开展;合作参与者协商制定较为系统的创新管理制度,约束更多合作参与者的合作创新活动;合作参与者之间逐步形成了较为稳定的合作创新模式,可供各类合作项目的模式复制与实践检验;合作创新在决策、组织、协调、激励、控制等方面逐渐形成了较为成熟的运行机制。总之,在合作创新的发展期,高职教育网络组织合作参与者在合作创新的理念、组织、制度、模式与机制等方面已经积累了充分的实践经验,为合作创新的加快发展提供了良好的发展基础。

（三）高职教育网络组织合作创新的成熟期

经过发展期的充分经验积累与实践检验，高职教育网络组织在合作创新的成熟期可以全面开展各种类型与形式的合作创新活动，而且合作创新的成本日趋降低、效益日趋上升。在合作创新的成熟期，高职教育网络组织合作参与者已经形成了非常明确的、共同认可的合作创新理念，有利于合作创新的深入开展；合作参与者为了满足大规模合作创新的需要，建立更多非常完善的组织机构；合作创新的管理制度已经到了非常系统化的程度，适应所有参与者的所有合作创新活动的需要；合作创新模式非常稳定而且多样化发展，可供组织内部成员的熟练使用并对外部成员形成示范与辐射效应；合作创新已经构建了非常成熟的决策机制、组织机制、信任机制、利益协调机制、绩效评价机制等。总之，在合作创新的成熟期，高职教育网络组织合作参与者在合作创新的理念、组织、制度、模式与机制等方面已经达到全面成熟的状态，是高职教育网络组织合作创新的巅峰状态。

（四）高职教育网络组织合作创新的退出期

处于成熟期的高职教育网络组织合作创新并不是永恒不变的状态，如果合作创新面临合作目标变化、合作利益受损或外部环境恶化等情况的时候，高职教育网络组织合作创新随时可能进入退出期，同时为下一轮合作创新的开始做好准备。在合作创新的退出期，高职教育网络组织合作参与者无法按照之前的合作创新理念开展合作，必须适时更新创新理念；合作创新的组织机构也已不能适应创新的需要，必须根据新的发展形势予以重组；合作创新的管理制度难以满足合作成员的合作需要，必须重新协商构建系统化的制度；稳定的合作创新模式难以指导合作创新活动的正常开展或无法带来预期的效益，必须重新构建适应新需求的创新模式；原来成熟的合作创新机制在新形势下反而变得不成熟，必须根据创新要素的改变而进行改革。总之，在合作创新的退出期，高职教育网络组织合作参与者无法在原有状态与环境中寻求满意的合作创新效果，必须转变理念，积极迎接下一轮合作创新周期的到来。

综上，从合作创新的理念、组织、制度、模式与机制等方面阐释了高职教育网络组织合作创新演化周期各个环节的基本特征，为方便比较，列表 3.2 如下。

表 3.2　高职教育网络组织合作创新的不同时期比较

时期	形成期	发展期	成熟期	退出期
合作创新理念	不明确	较为明确	非常明确	需要更新
合作创新组织	不完善	较为完善	非常完善	需要重组
合作创新制度	不系统	较为系统	非常系统	需要重建
合作创新模式	不稳定	较为稳定	非常稳定	需要重构
合作创新机制	不成熟	较为成熟	非常成熟	需要改革

三、高职教育网络组织合作创新的影响因素

成功的高职教育网络组织合作创新受多种因素的影响,不同形式、不同目的、不同需求合作创新的影响因素不尽相同,但有一些共性的因素对合作创新的影响较大。有人将影响合作创新成功的因素分为主体因素、客体因素、主体间沟通因素以及环境因素,其中主体因素包括许诺承担义务、相互依赖、合作经验、合作伙伴潜在数量与合作动机等;客体因素包括技术成熟度与技术距离等;主体间沟通因素包括信任、位置距离、信息共享、参与范围、交流质量与冲突解决技巧等;环境因素包括政府与中介机构等。[①] 本书认为,影响高职教育网络组织合作创新的主要因素有以下几个方面。

(一)合作创新意愿

高职教育网络组织由多种不同类型的结点组织联合构建,包括高职学院、科研院所、相关企业及行业性组织等,不同类型的结点组织在合作创新中有不同的合作目的与创新诉求,相同类型的结点组织之间同样存在不同的合作目的与创新诉求。但是,作为一个系统性的整体组织,高职教育网络组织无法同时满足各种类型结点组织的所有合作目的与创新诉求,因此,高职教育网络组织必须在求同存异、互利互惠的基础上协调结点组织的共同合作创新意愿,才能有效整合优势创新资源,采取一致行动,实现合作参与者的共同目标,满足

[①]　李霞.企业与高校成功合作创新的影响因素研究[J].科技管理研究,2007(6):40-42.

合作参与者的共同利益诉求。共同认可的合作创新意愿,意味着结点组织同意承担合作创新的责任与义务,在合作创新中相互信任,共享信息与经验,这是影响高职教育网络组织合作创新的首要因素。

(二)合作创新能力

拥有共同的合作创新意愿仅仅是合作参与者开展合作创新的前提条件之一,合作创新必须建立在结点组织的自主创新能力与合作创新能力的基础之上,缺乏创新能力的合作创新只是一厢情愿。一方面,合作创新要求合作参与者具有一定的自主创新能力作为合作创新的必备要素,自主创新能力主要取决于创新理念、创新人才、创新资源与创新机制等方面,自主创新能力的提高可以为合作创新奠定良好的基础。另一方面,合作创新还要求合作参与者具有较高水平的合作创新能力,合作创新能力主要取决于合作创新的理念、组织、制度、模式与机制等方面,良好的合作创新能力可以为高职教育网络组织带来规模效应、成本效应、协同效应与创新效应。[1] 自主创新能力与合作创新能力的叠加为高职教育网络组织的合作创新提供坚实的保障,是高职教育网络组织合作创新的核心因素。

(三)合作创新政策与制度

上文提到,高职教育网络组织的产生与发展有教育政策推动的因素,高职教育网络组织合作创新同样需要教育政策的促进与激励。在网络组织外部,产学研合作政策是高职教育网络组织合作创新的重要影响因素,富有激励性的政策倾斜与优惠措施对合作创新的积极开展、深入发展与创新成果的转化推广具有极大的推动作用,可以有效刺激结点组织积极主动地参与高职教育网络组织的合作创新活动。在网络组织内部,适应合作创新的体制机制与健全的合作创新制度不仅可以规范高职教育网络组织的合作创新活动与实践行为,而且可以有效提高高职教育网络组织的合作创新效益与创新水平。高职教育的校企合作、工学结合与产教融合等国家教育政策对高职教育网络组织合作创新具有积极的推动作用,为近些年高职教育网络组织合作创新提供了

---

① 曹叔亮.科教园区合作竞争的要素、战略与效应[J].山东高等教育,2016(12):30-34.

良好的政策保障。合作创新政策与制度是高职教育网络组织合作创新的内外保障因素。

(四)合作创新文化与环境

高职教育网络组织合作创新离不开和谐、良好的创新文化与创新环境,缺乏创新文化与环境的合作创新难以实现可持续发展,也不可能达到预期的创新成果产出。积极向上、和谐共生的合作创新文化可以为创新人才开展合作创新活动带来归属感与成就感,提高合作创新的凝聚力,形成紧密型的伙伴合作关系,增强彼此的信任度与默契度。具有包容、开放、共享等特征的合作创新环境可以为结点组织的合作创新活动营造舒适、活泼的生态空间,有利于激发合作创新精神,有利于开展积极的合作竞争,有利于挖掘合作创新潜力。合作创新文化与环境是高职教育网络组织合作创新的软实力要素,相对于合作创新的有形创新资源来说,合作创新文化与环境提供一种无法替代的无形创新资源。共同的文化与环境能减少成员组织间的矛盾和冲突,强化成员组织行为的连续性,保证相互间的信任受到最低程度的干扰和破坏,从而成为维护组织稳定性的基础。[①] 良好的创新文化与创新环境是高职教育网络组织合作创新必不可少的环境因素。

四、高职教育网络组织合作创新的主要形式

作为一种创新形式,合作创新已成为发达国家新的技术创新组织形式,对我国提升自主创新能力同样具有重要的现实意义。根据不同的划分标准与实际需要,合作创新分为许多不同的具体形式。经济合作与发展组织(OECD,1998)大致将各国产学研合作方式分为七类:一般性研究支持(general research support)、非正式的合作研究(informal research collaboration)、契约型研究(contract research)、知识转移与训练计划(knowledge transfer and training schemes)、参与政府资助的共同研究计划、研发联盟(research consortia)、协同研究中心(cooperative research center)。我国学者将合作创新的组织模式分为合同创新模式、项目合伙创新模式、基地合作创新模式、基金合作创新模式、

---

① 李维安.网络组织:组织发展的新趋势[M].北京:经济科学出版社,2003:344.

研究公司合作创新模式。① 除此之外,合作创新还有很多分类形式,充分说明合作创新在理论研究与实践发展中的形式多样化、类型复杂化等发展趋势。

随着网络组织的迅速发展,作为其主要功能的合作创新出现了日益增多的具体形式,对合作创新的深入发展具有重要的指导意义与参考价值。按照网络组织成员之间合作的目的,网络组织形式的合作创新主要分为基于化敌为友型的网络组织合作创新、基于知识共享的网络组织合作创新和基于资源综合利用的网络组织合作创新;按照合作创新依托的平台,网络组织合作创新主要分为基于项目的网络组织合作创新形式与基于社会关系的网络组织合作创新形式。② 高职教育网络组织在实践中产生了各种各样的合作创新形式,但在理论上有待系统总结与评析。根据不同的标准,高职教育网络组织合作创新可以分为以下几类形式。

(一)不同主体范围的合作创新模式

根据不同的合作主体范围,合作创新模式可分为网内合作模式与网际合作模式。网内合作模式是指高职教育网络组织内部成员之间基于共同的合作目标或兴趣而开展的各种形式的合作创新活动,包括网络组织内部的校际合作、校企合作、产学研合作等多种交叉形式的合作创新。由于网络组织内部的资源整合便利,合作参与者在创新理念、创新组织、创新制度、创新模式与创新机制等方面更加容易达成合作创新意愿,有利于合作创新活动的顺利开展与有效推进,有利于充分利用网络组织内部的优势创新资源,也有利于高职教育网络组织整体创新能力的提高。网际合作模式是指高职教育网络组织内部成员与外部成员基于共同的合作目标或兴趣而开展的各种形式的合作创新活动,合作创新的具体形式与网内合作创新模式类似。由于网络组织内部的优势创新资源有限,部分成员出于自身合作发展的需要,与外部成员联合开展创新活动,有利于在更大范围充分利用创新资源与发挥创新能力,有利于促进网络组织内部成员之间的创新竞争,有利于放大高职教育网络组织合作创新的示范与辐射效应。

① 傅家骥.技术创新学[M].北京:清华大学出版社,1998:151.
② 胡平波.网络组织合作创新中知识共享及协调机制[M].北京:中国经济出版社,2009:29-31.

（二）不同组织方式的合作创新模式

根据不同的合作组织方式,合作创新模式可分为政府指导型合作创新模式、市场主导型合作创新模式、院校自主型合作创新模式等。在政府指导型合作创新模式中,高职教育网络组织合作创新的理念、组织、制度、模式与机制等方面都是在政府相关职能部门的指导下开展相关工作,合作创新活动以政府机构及下属的行业管理部门制定的发展规划为指导思想,合作创新目标以满足政府机构的预期发展目标与社会发展需求为主要发展方向,合作创新的成果评价以政府机构确立的评价标准进行绩效考核。在市场主导型合作创新模式中,高职教育网络组织合作创新的理念、组织、制度、模式与机制等方面遵循市场发展的基本规律,合作创新活动以市场发展的当前形势与未来趋势为主要依据,合作创新目标主要以满足市场发展要求与客户需求为主要方向,合作创新的成果评价以市场协商方式建立的评价标准进行绩效评价。在院校自主型合作创新模式中,高职教育网络组织合作创新的理念、组织、制度、模式与机制等方面在政府机构指导与市场发展牵引的基础上,充分发挥合作院校的自主性,合作创新活动主要在合作院校的共同合作目的与兴趣的指导下进行,合作创新目标主要以满足合作各方的共同需求与创新意愿为主要方向,合作创新的成果评价以院校协商方式确定的评价标准进行绩效考核。

（三）不同构建形式的合作创新模式

根据不同的合作构建形式,合作创新模式可分为合同合作模式、项目合作模式、基地合作模式等。合同合作模式是指合作各方以依法订立的合作合同为依据开展合作创新活动,合作合同按照法律规定的形式确定合作各方的权力、责任与义务,合作各方必须在合作合同限定的范围内开展合作创新活动并共同享有合作创新的成果与收益。高职教育网络组织合同合作模式适用面较为宽广,可以针对合作各方的共同目的与兴趣开展多种形式的合作创新,在完成合作合同既定的合作目标之后,合同合作的一个完整周期即告结束。项目合作模式是指合作各方根据特定项目合作的预期目标与任务开展合作创新活动,项目合作按照项目要求的任务分配、责任承担与利益划分等制定项目实施方案,合作各方必须在项目预期目标与任务的既定框架内开展合作创新活动,并履行各自的义务、承担各自的责任、分享各自的收益。高职教育网络组织项目合作模式适用于特定项目的合作创新,在明确项目要求的前提下开展规定形式的合作创新,在项目任务完成之后,项目合作随之顺利结束。基地合作模式是指合作各方根据共同的目标或兴趣协商共建多种类型的基地,以此为基础开展形式多样的合作创新活动,基地合作根据共建基地的职能来分配合作各方应该承担的职责与任务,并按照共建协议或建设方案完成各自的建设任务,共同享有基地建设的成果与收益。高职教育网络组织基地合作模式要求固定的建设场地开展合作创新活动,在基地建设方案的统一指引下开展多种形式的合作创新,基地合作是一种长期合作的行为,以滚动发展的方式持续建设与发展。

(四)不同目的指向的合作创新模式

根据不同的合作目的指向,合作创新模式可分为人才培养合作创新模式、科技研发合作创新模式、管理制度合作创新模式等。人才培养合作创新模式是指高职学院与合作各方以培养高端技能型专门人才为主要目标、以多种形式的理论与实践教学方式开展合作创新活动。在人才培养合作创新模式中,高职学院与合作各方共同制定人才培养方案,共同开设专业课程、合作开发教材,共同商定课程教学方式及其评价标准,共同享有人才培养的各种教育教学资源。高职学院为合作各方提供高素质的技术技能型人才,合作各方协助高职学院提高人才培养质量,合作各方实现互惠互利、各取所需。科技研发合作创新模式是指高职学院与合作各方以产出高水平的科技创新成果为主要目标、以多种形式的理论与应用研究方式开展合作创新活动。在科技研发合作创新模式中,高职学院与合作各方共同组建高水平的科技创新团队,共同建设高层次的科技创新平台,共同攻关高级别的重大科技项目,共同分享高新科技创新成果及其收益。合作各方集聚高水平的科技研发人才,提供优势创新资源与研发平台,共同解决单一成员难以完成的科技创新难题,实现创新互动、合作共赢。管理制度合作创新模式是指高职学院与合作各方以推动管理体制机制改革为主要目标、以多种形式的管理制度与运行机制开展合作创新活动。在管理制度合作创新模式中,高职学院与合作各方协商管理体制机制改革的指导思想与顶层制度设计,共同探索管理改革的实践运行机制,共同整合管理体制机制改革的创新要素,共同打破阻碍创新的体制机制壁垒、激活创新的主动性与积极性。合作各方集思广益,通过管理体制机制改革激发合作创新精神,提升合作创新的原动力、凝聚力与向心力,共享管理制度改革带来的创新收益。

五、高职教育网络组织合作创新的优势与意义

作为一种复合组织形式,高职教育网络组织比传统的单一型教育组织具有无可比拟的合作创新优势,具体体现在人才集聚、知识密集、政策扶持、资源共享等方面,对高职教育网络组织提高竞争能力、创新能力、服务能力与社会影响力等具有重要意义。

(一)高职教育网络组织合作创新的优势分析

第一,人才集聚优势。高职教育网络组织为吸引人才、培养人才和激励人才提供了良好的发展平台,由此形成人才资源的集聚,人才资源的集聚又为人才成长、科技创新与产学研合作提供了保障。高职教育网络组织聚集了许多相同领域的高职学院、科研院所与高新企业,创造了大量的教育培训与就业机会,必然引致大批专业人才聚集于高职教育网络组织,形成具有特殊引力的人才特区与精英人才高地。人才集聚效应对于高职教育网络组织提升合作创新能力具有重要意义,是决定高职教育网络组织合作创新的关键因素。

第二,知识密集优势。高职教育网络组织内部高职学院、科研院所与高新企业相对集中,知识密集性是其显著特点与独特优势,而知识密集的最大价值在于知识传播、知识创新与知识应用的高效与便利,有利于人才培养、科技研发与社会服务的合作创新,可以一体化推进高科技研究、开发与生产,快速实现科研成果的商品化、产业化。网络组织形式的合作创新通过知识共享成本的节约,为知识共享提供便利的平台,因而知识共享的作用在网络组织形式合作创新中特别突出。[①] 相对集中的知识密集优势有利于高职教育网络组织内部人力、物力、财力、信息等资源的充分共享与利用,为合作创新奠定良好的物质基础和智力支持。

第三,政策扶持优势。国家与地方各级政府为了推动高职教育的发展,在

---

① 胡平波.网络组织合作创新中知识共享及协调机制[M].北京:中国经济出版社,2009:50.

政策方面给予一些优惠措施,因此,高职教育网络组织在政府公共供给方面具有单个组织机构不具备的政策优势,不仅在财税政策、产业政策、就业政策方面有明显的倾向性,而且高职教育网络组织可以享受到更多的合作创新优惠政策,如合作项目数额的增加、合作项目经费的投入、合作项目审批程序的简化,以及符合经济社会发展需要的重点合作项目的扶持与培育等。另外,鼓励跨领域、跨学科、跨单位的产学研政策为高职教育网络组织合作创新提供了政策保障,为建立合作创新平台提供了良好的机遇与条件,为提高研发和创新能力提供了强大的政策支持后盾。①

第四,资源共享优势。创新资源共享是高职教育网络组织提升合作创新能力的重要因素。高职教育网络组织内部成员熟悉共同的管理规范和行为准则,共享人才资源、公共财政投入、科技创新平台与产学研创新政策,以及文化环境、公共服务、联合品牌等一切有利于合作创新的优质资源。上述资源方便高职教育网络组织内高职学院、科研院所与高新企业及个人之间以各种正式与非正式交流的方式共享知识、技术、信息等创新资源,以专业化分工为基础开展合作创新活动,利用彼此的优势资源和特长,互补互通、资源共享,从而克服单个成员创新资源不足的缺陷,分散创新风险,实现合作共赢。②

(二)高职教育网络组织合作创新的重要意义

第一,提高竞争能力。高职教育网络组织具有合作创新的多种优势,在共享创新资源的基础上充分放大了网络组织内部成员的人才培养、科技研发与社会服务职能,有效提高了人才竞争能力、科技竞争能力与服务竞争能力。与此同时,高职教育网络组织的整体竞争能力也得到了极大的提升,形成1+1>2的协同效应,合作创新对高职教育网络组织的行业竞争能力、市场竞争能力、生存发展能力具有重要的促进作用。高职教育网络组织合作创新为高职教育在高等教育与职业教育领域的发展和地位提升同样带来了竞争视野、层次与水平的扩大和提高。

第二,提高创新能力。高职教育网络组织合作创新不仅在人才培养、科技

---

① 曹叔亮.科教园区协同创新:优势分析、模式比较与发展路径[J].高校教育管理,2014(2):54-60.

② 叶文忠.集群创新优势与区域国际竞争力[M].长沙:湖南师范大学出版社,2008:53-54.

发展与社会服务方面提高了组织成员的个体创新能力,而且通过整合优势创新资源有效提升网络组织的创新能力与创新贡献度。创新贡献度是指高职教育网络组织产学研合作创新的参与者能够创造的具体有效的创新成果质量与数量。创新贡献度是决定高职教育网络组织合作创新是否成功的根本要素,是成功的合作创新得以可持续发展的主要原因。创新贡献度主要源于创新成本的减少与避免资源浪费、彼此核心创新能力的聚集、创新机会的产生等。[1]

第三,提高服务能力。高职教育网络组织合作创新共享组织成员的优势创新资源,能够有效克服单一成员在人力、物力、财力与信息等方面的固有缺陷,从而提高组织成员及其网络组织的整体服务能力,在"四技"服务的市场竞争中立于不败之地。高职教育网络组织通过合作创新建立的人才培养基地、科技创新平台、社会服务机构以及各种类型的高新企业,为提高高职教育网络组织及其内部成员的服务能力提供了多层次、多类型、多渠道的组织载体,为经济社会发展、高职教育发展与创新创业发展做出更多的贡献。

第四,提升社会影响力。由于单个组织的竞争能力、创新能力与服务能力有限,无法形成足够的社会影响力,而高职教育网络组织以产学研合作创新为发展路径,容易形成创新发展的合力,由此带来更为广泛的社会影响力。高职教育网络组织的合作创新为高职教育发展提供了全新组织形式的发展方向,在地方区域、行业领域甚至全国范围内产生效果显著的示范与辐射效应,同时,高职教育网络组织合作创新可以促使社会各界、多种行业投身于高职教育事业,可以提升高职学院与高职教育的社会吸引力。

---

[1] 曹叔亮.高职教育园区产学研协同创新的多元竞合模式[J].职教论坛,2016(13):20-24.

第四章　高职教育网络组织合作创新的实践案例

高职教育网络组织分为高职教育集团、高职教育园区、高职教育联盟等类型。本章选取 C 市高职教育园区作为典型案例,主要介绍了 C 市高职教育园区的案例选择依据及其形成与发展概况,详细描述了 C 市高职教育园区合作创新的发展进程与社会影响以及若干具体实践案例,最后对 C 市高职教育园区合作创新的成效予以评价,并分析其存在的问题。

第一节　高职教育网络组织的案例选择与案例概况

我国高职教育网络组织主要分为以下三类:集团式高职教育网络组织(主要以行业性的高职教育集团为代表),集群式高职教育网络组织(主要以地理集中的高职教育园区为代表),联盟式高职教育网络组织(主要以功能性的高职教育联盟为代表)。本书选取集群式高职教育网络组织中的高职教育园区作为代表类型,分析高职教育网络组织的实践发展案例。

一、C 市高职教育园区的案例选择依据

从网络组织的视角来看,C 市高职教育园区是一个典型的集群式高职教

育网络组织,而且是一个具有明显复合性、嵌套性特点的高职教育网络组织。C市高职教育园区具有高职教育网络组织的内在属性:由若干地位平等、独立的结点组织联合组成,是具有网络结构的整体系统,是介于传统科层制组织与市场组织的新的组织形态,是实现共同目标、兴趣或利益的制度安排,是超越传统高职教育组织形式的新型组织模式。C市高职教育园区符合高职教育网络组织的构成要件,如共同的网络目标、独立平等的网络结点、相对稳定的网络结构、有机灵活的网络联结等。C市高职教育园区具有高职教育网络组织的基本特征,如教育性、创新性、复杂性、互动性、开放性、自组织性等,以及自学习性、自适应性、自相似性等。

C市高职教育园区在国内数十个高职教育园区中具有代表性与典型性,是全国第一个以高职教育为显著特色的科教园区,是国家首批"高职教育改革发展综合实验区",是目前国内唯一的省级示范性高职教育园区,创造了"政府主导、产教融合、协同育人"区域高职教育发展的C市模式,成为全国职业教育资源共享、合作创新的典范。2015年,园区管委会与园区内6所高校联合申报的《政府主导、产教融合、协同育人——区域高职教育C市模式的创新实践》获得国家教学成果一等奖。教学成果奖评审委员会认为,该成果得到了社会各界的广泛认同,处于国际领先水平,已在全国得到了推广应用,在国内外产生了重大影响。成果的成功实践对我国职业教育发展、人才培养模式创新具有重要的理论指导意义和推广应用价值,同时对各级政府部门整合优质资源、推进教育现代化等方面具有直接而重要的参考价值。

C市高职教育园区是一个典型的复合式教育网络组织,高职教育园区同时也是科技创新园区,又是产业发展园区。针对职业教育地方政府缺位、资源集聚共享难、产学研协同育人难三大问题,园区以"政府主导、产教融合、协同育人"为核心理念,政府统筹规划、政策引领、资金扶持、省市共建,融高职园区、科技园区、产业园区三位一体,5所高职院、31家科研院所、1000余家企业、数十家服务机构组成的综合性高端技能型人才培养基地。产教融合,集聚整合校所企优质资源,建成集约育人共享平台,首创资源跨界"共建、共管、共享"新机制和"校·所·企"全方位协同育人新路径,探索了一条具有中国特色、地方特点、时代特征的技术技能型人才培养与产业互融的创新之路,形成了具有全国影响力的高职教育发展C市模式。

高职教育园区是一个整体性的教育网络组织系统。C市高职教育园区是一个典型的嵌套式教育网络组织,在园区内部还存在一些从属性的教育网络组织,如国家大学科技园、高职教育改革发展综合实验区、信息产业园以及各学院联合政府部门、行业机构、企业成立的多元化产教园区、技术服务平台与中介服务机构。本书在选择具体实践案例时,既把高职教育园区作为整体性合作创新案例,又选取园区内部的一些从属性教育网络组织作为具体的合作创新案例,同时将各学院开展校企合作与国际合作的创新实践作为补充性合作创新案例。

二、C市高职教育园区的形成与发展

(一)C市高职教育园区的概况

C市高等职业教育园区始建于 2002 年,翌年投入使用,占地 5 平方公里,分为高教园区、科技园区和产业园区三部分,由省教育厅、科技厅与 C 市人民政府共同建设。作为 C 市域创新之核,园区秉持"经科教联动、产学研结合、校所企共赢"的发展理念,集聚创新资源、孵化创新企业、引育创新人才、汇聚创新资本、优化创新环境,打造研发创新、人才集聚、成果转化和新兴产业的高地。在知名杂志《创业邦》组织的 2013 年、2014 年、2015 年"中国最佳创业园区"评选中,园区连续三年位列第二名。

园区先后建成国家级两化深度融合试验区、国家大学科技园、中德创新园区、国家海外高层次人才创新创业基地、国家级留学生创业园、国家高职教育综合改革试验区、全国青年创业示范园区、国家火炬计划软件产业基地、国家级创新人才培养示范基地、江苏省科技服务示范区、江苏省创业投资集聚发展示范区和江苏省知识产权试点园区等。截至 2021 年,园区科技人才总数超过 2 万人,平均每天转化 1 项科技成果,新增 4 件授权专利,创立 2 家科技企业,累计入驻创新型科技企业近 3000 家,年营业收入超 150 亿元。

作为教育园区,园区现有 1 所本科大学与 5 所高职学院(其中,X 学院是国家示范性高职学院、中国特色高水平高职学校建设单位,J 学院是国家骨干高职学院、中国特色高水平高职学校建设单位,G 学院是中国特色高水平高职学校建设单位,F 学院与 Q 学院是江苏省高水平高职学校建设单位),拥有专职教师 3000 余名,在校大学生近 10 万名。高职毕业生就业率连续 9 年达 98.5%。园区突出"共建共享、产学融合、协同育人"的理念,形成了培育应用型技术人才的高职教育 C 市模式。与省内 7 所本科大学开展了 10 个班的 3＋2 高职专科和本科一体化培养试点；与德国巴符州和德国商会联合开展了"双元制"人才培养；与南大苏富特公司签约共建"智雅在线教育云平台"；依托园区内高校、科研院所发展研究生教育，在读研究生规模超过 4500 人，基本形成了高职—本科—硕士—博士的"全流程教育链"。

作为科技园区，园区是《苏南国家自主创新示范区发展规划纲要》中明确的创新核心区。中科院 C 市研究中心在园区内建立了先进所、光电所、数控所、化学所等 6 个实体研究所和 16 个研发中心，院省共建成立了江苏省中科院智能科学技术应用研究院；江苏省在园区成立了智能装备产业技术创新中心；机械总院江苏分院、湖南大学 C 市研究院、大连理工大学 C 市研究院、西南交大 C 市研究院等 20 多个公共研发平台不断壮大。中科院先进所、北京化工大学 C 市研究院、南京大学 C 市研究院被列入江苏省产业技术研究院专业研究所，占全省 1/4。中德创新园区被列入"中国-欧盟城镇化伙伴合作计划"。

作为产业园区，园区坚持众创空间激发新活力、智能创造引领新产业、创新生态育成新经济的发展路径，以"智能、设计、信息"为先导方向，大力实施"333"工程和"358"计划，建设 1 个高端公共研发平台，引育 10 个规模以上科技型企业，孵化 100 个创新型企业；以单位面积产出密度为标尺，对科技型、创新型企业实施分类指导和考核激励。在智能方向，成功引育纳恩博机器人、遨博智能、铭赛科技、天正工业、天崎科技、英诺激光、高尔登等 250 多家高科技公司。在设计方向，引进世界顶级工业设计大师路易吉·克拉尼，成立江南克拉尼设计院；美森环保、绿尚节能、3D 动力、加减品牌、罗盘星检测、苏文电能等 60 多家新兴公司快速发展。在信息方向，依托省互联网产业园，成功培育出青之峰、鑫软图、亚信医疗等 300 多家产业互联网公司。

园区积极构建创新创业生态体系，大力发展研发设计、成果转化、科技金融、知识产权、高端培训、检验检测等新兴业态，促进创新要素与生产要素双向融合，促进新业态集聚、新模式创制、新产业育成。在科技金融方面，突出抓好挂牌上市、股权投资和科技贷款三大工作：园区现入驻各类创投机构 100 余家，资金规模超 80 亿元；与江苏银行联合开发"苏科贷"金融产品；朗恩斯、铭赛、泰瑞斯特等 3 家企业在新三板挂牌。同时，园区持续深入开展金融"天使下午茶"、营销"安琪下午茶"和服务"半月下午茶"三个知名品牌活动，努力创建国家级科技服务业集聚区。依托 C 市"龙城英才计划"和园区"金凤凰计划",为优秀人才提供创业场地、创业资金、购房补贴、生活津贴等一系列支持,不断优化人才成长和创业环境。

展望未来,园区将坚持创新发展、协调发展、绿色发展、开放发展、共享发展新理念,弘扬"科技长征"精神,做到创新更加注重效用,着力培育新的经济增长点;科技更加注重效益,发展轻资产、高科技、高成长、高效益企业集群;平台更加注重效率,致力提升研究和产业深度融合与产出的能力;生态更加注重效能,全力保障和引领"大众创业,万众创新"。"十四五"期间,园区坚持系统化思维、高质量发展和协同性创新,大力推进工业化与信息化深度融合、实体经济与研发经济深度融合、前沿科技与现代金融深度融合。

园区建设多年以来,园区自身、园内高校及其师生获得了各级各类荣誉数千项,其中园区获得的主要荣誉如表 4.1 所示:

表 4.1　C 市高职教育园区获得荣誉

年份	获得荣誉
2005	被江苏省建设厅授予"江苏省园林式单位"
2007	被江苏省发改委认定为江苏省"现代服务业集聚区(科技服务业)"
2008	被科技部国际合作司认定为"国际科技合作基地"; 被科技部认定为"国家可再生能源基地"; 三期项目被江苏省人民政府列为江苏省"2008 年重点项目"; 被江苏省教育厅、财政厅认定为唯一的"示范性高职教育园区"建设单位; 被江苏省科技厅、教育厅认定为"江苏省大学科技园"; 被江苏省对外贸易经济合作厅认定为"江苏省国际服务外包人才培训基地"; 中科院研究中心被科技部授予"国家技术转移示范机构"
2009	被科技部、教育部认定为"国家大学科技园"; 被江苏省商务厅认定为"江苏省国际服务外包示范区"; 被江苏省科技厅认定为"江苏省大学生科技创业见习基地"; 中科院研究中心被科技部授予"实施国家科技计划(火炬计划)先进服务单位"; 中科院研究中心获科技部国家首届"产学研合作促进奖"

年份	获得荣誉
2010	被全国绿化委员会评为"全国绿化模范单位"； C市被科技部批准试点建设"国家创新型科技园区"，形成了"一核八园"发展战略，并将园区确立为"一核八园"之"核"； 被教育部认定为国家首批"高职教育改革发展综合实验区"； 被江苏省科技厅确认为首批"省级科技企业加速器"； 被江苏省人力资源与社会保障厅认定为"江苏省留学人员创业园"； 被江苏省发展和改革委员会认定为"江苏省新能源汽车特色产业基地"； 被中国科学技术协会认定为"海外智力为国服务行动计划工作站"
2011	被中央人才工作协调小组定为"国家海外高层次人才创新创业基地"； 被江苏省经信委授予"江苏省信息化和工业化融合服务产业示范园"称号
2012	被国务院办公厅认定为国家高职教育改革发展综合试验区； 被江苏省知识产权局认定为江苏省知识产权试点区； 被江苏省政府认定为江苏省创投集聚区和江苏省科技金融合作创新示范区
2013	中德创新园区入列中国欧盟城镇化伙伴关系计划； 被人力资源和社会保障部认定为国家级留学人员创业园
2014	三期项目国际创新基地被科技部认定为国家级科技企业孵化器； 被工信部认定为国家级两化深度融合试验区； 被共青团中央认定为全国青年创业示范园区； 被江苏省科技厅认定为江苏省科技服务示范区； "中国科技大学研究生培养基地"成为全国首批示范性基地之一
2015	被科技部认定为国家火炬计划软件产业基地； 被江苏省经信委认定为江苏省互联网产业园
2015	被《创业邦》杂志评选为最佳创业园区
2016	被科技部认定为创新人才培养示范基地 被国家发展和改革委员会、欧盟委员会认定为中欧城镇化伙伴关系示范区
2017	连续四年名列中国最佳创业园区第2名 获评"苏南国家自主创新示范区优秀科技园区" 创成"江苏省知识产权服务业集聚发展区" 上榜省"华侨华人创新创业服务中心园区"名单

续表

年份	获得荣誉
2018	连续 5 年荣膺"中国最佳创业园区"第 2 名 被省委、省政府授予"为江苏改革开放做出突出贡献的先进集体"荣誉称号
2019 年	荣膺中国创新园区 TOP10 第一名 2020 年 获评国家高等学校科技成果转化和技术转移基地 获评江苏省生产性服务业集聚示范区 获评全国卓越创新创业园区

(二)C 市高职教育园区合作创新的发展阶段及影响

概括来说,园区自建立以来,其合作创新走过了三个发展阶段。

第一,起步发展阶段(2002—2006 年)。

C 市委、市政府根据经济社会发展的需要,结合 C 市教育的实际情况和江苏省教育的统筹规划,在发展高等职业教育的过程中选择差别化竞争、错位式发展的道路,集中规划、建设高职教育园区。自园区投入使用以来,园区合作创新从无到有,园区内单位逐渐意识到合作创新的重要性,树立了资源共享、集约发展的合作创新理念。在起步发展阶段,园区合作创新主要在创新理念、创新制度、创新模式与创新机制等方面实现了充分的积累,为之后的快速创新发展奠定了坚实的基础。在一次园区建设表彰大会上,园区某领导认为:园区的发展,是高职教育的创举,是大学园区建设的创新,堪称抢抓机遇、开拓创新的典范;是攻坚克难、勇创大业的典范;是差别竞争、错位发展的典范;是集约发展、和谐共赢的典范;是集中力量办大事、敢为人先争一流的典范。C 市某领导要求打造具有中国特色和世界一流水准的高职教育园区,必须按照市场需求、企业需求、社会需求、政府需求,用好园区实训平台、实验平台、创新平台、知识产权交易平台,培养更多知识型创新创业人才,真正使毕业生人人能动手,人人能创新,人人能创业。时任教育厅厅长高度评价了园区的建设成效:园区坚持走加快发展、科学发展、创新发展之路,其规划设计是一流的,建筑质量是一流的,教育教学设施是一流的,园区运行和管理水平是一流的,人才培养质量也将是一流的。

第二,快速发展阶段(2007—2011年)。

从2006年起,园区着力构建创新平台,引进集聚科技人才,推进技术研发中心、技术转移中心、科技创业中心建设。2006年11月,中国科学院与C市人民政府签约共建中国科学院C市先进制造技术研发与产业化中心。迄今为止,中科院C市中心已引进中科院20多个研究院所来C市设立分支机构或与企业开展项目合作。2008年启动三期工程——国际产业创新基地建设,规划总面积1900亩,总投资50亿元;首期开工建设投资3亿元、总建筑面积5万平方米的"中俄国际节能科技园"和投资1亿元、总建筑面积6万平方米的"携手科技园"。经过几年的快速发展阶段,园区被江苏省教育厅、财政厅认定为唯一的"示范性高职教育园区"建设单位,被江苏省科技厅、教育厅认定为"江苏省大学科技园",被科技部、教育部认定为"国家大学科技园";科技部批准试点建设"国家创新型科技园区",被教育部认定为国家首批"高职教育改革发展综合实验区",被中央人才工作协调小组定为"国家海外高层次人才创新创业基地",被江苏省经信委授予"江苏省信息化和工业化融合服务产业示范园"称号。园区合作创新取得了显著的成绩,在国内外的影响迅速扩大。园区某领导总结园区的建设成就:园区集聚优质科教资源,建设研发平台,打造创新"核心引擎",从而实现园区打造"六个一流"的目标,即世界一流的高等职业教育园区、一所国内一流的教学科研型大学、一批国内一流的科研机构、一批一流的高科技企业、一流的特色产业、一流的园区环境。

为满足合作创新的需求,园区创建若干合作联盟,围绕园区内高校和企业的需求组建研发合作联盟、技术标准联盟、产业链联盟、市场联盟和中小企业联盟等。通过契约关系建立共同投入、联合开发、利益共享、风险共担的机制来形成合力。园区建立了创新互动机制,形成非线性的、多元的、动态的与网络型的产学研合作系统。营造产学研互动的环境,采取开放、灵活、互动的方式,让科技人员进得来、出得去,不要长期固定在一个地方,以至于知识老化、信息闭塞而落伍。许多教师经常到合作企业承接课题,形成"你中有我,我中有你"的紧密互动机制。同时,企业也派人走进高校与科研院所进行知识、技术、生产的交互和交融,产学研合作的步伐走得更快。

园区努力拓展"合作、共建、共享、共赢"范畴,提升示范作用。将合作、共建、共享贯穿于目标制定、五大工程和建设任务的实施中,深度推进教学资源开发、专业建设与课程开发、队伍建设与教学团队建设、信息化合作、校企合作、招生就业、园区文化建设等方面的合作、共建、共享,形成C市高职教育园区的核心竞争力和整体优势；进一步整合园区师资、实训基地、实验实训设备和装置、科研和技术服务等资源，发挥各校能动作用，提高核心竞争力和示范作用。教育厅某领导视察后认为：深化校企合作是高职教育园区发挥示范辐射作用的关键，只有校企合作，才能把高职教育园区的教育优势、人才优势、智力优势转化为区域经济的发展优势。园区提出的"经科教联动、产学研结合、校企所共赢"发展理念非常适用，校企合作、产学研结合成为园区改革创新的突破口和重要的示范点。

第三，全面发展阶段（2012 年至今）。

2012 年，园区被国务院办公厅认定为国家高职教育改革发展综合试验区，开启了园区合作创新的全面发展时期。C 市制定的《地方政府促进高等职业教育发展综合改革试点实施方案》中提出，以科学发展观为指导，以改革创新为动力，结合 C 市经济社会发展"十二五"规划，按照"科教结合、产学对接、集约发展、合作共享、多元立交"的思路，创新高职发展方式，突破体制机制制约，改革人才培养模式，激发院校办学活力，促进院校内涵建设和特色发展，提高人才培养水平，提升高等职业教育服务经济社会发展能力与国际竞争力。

在新的发展时期，园区提出了新的发展目标：以高职教育园区为试验区，健全"政府主导、行业指导、学校主体、企业参与"办学体制，完善园区公共服务平台建设，加快资源开放共享，形成多校共育人才机制；建立高等职业教育办学规模、专业结构与区域经济社会发展需求对接机制，实行校企合作、工学结合、顶岗实习人才培养模式；推进高职与中职、高职与本科的沟通与衔接，构建人才成长"立交桥"；建立园区教育资源面向社会开放机制，促进终身教育体系建设。到 2015 年，建成国内一流、国际先进的高职教育园区，为国内高等职业教育改革发展创造新经验，为中国高职教育园区建设发展树立新典范。

按照国家高职教育改革发展综合实验区的建设方案，经过几年建设，2015年，园区管委会联合园区内六所高校申报的《政府主导、产教融合、协同育人——区域高职教育 C 市模式的创新实践》荣获国家教学成果一等奖。在全面发展时期，园区被江苏省政府认定为江苏省创投集聚区和江苏省科技金融合作创新示范；国际创新基地被科技部认定为国家级科技企业孵化器，被工信部认定为国家级两化深度融合试验区，被共青团中央认定为全国青年创业示范园区，被江苏省科技厅认定为江苏省科技服务示范区，被科技部认定为国家火炬计划软件产业基地，被江苏省经信委认定为江苏省互联网产业园。随着园区合作创新获得的荣誉越来越多，园区的国内外影响力也越来越大。

园区积极推行"双元制"、现代学徒制和企业新型学徒制，实现校企育人"双重主体"，学生学徒"双重身份"。实施"350"高层次人才互聘计划，协同推进园区科研机构、高科技企业与院校在专业建设、人才培养、技术开发、技术咨询、技术服务、技术转让和队伍建设等方面的深度对接合作，实现协同育人、协同创新、协同生态的发展新格局。依托国家级中德创新园区，深化中德"双元制"职业教育合作，聚焦巴符州教育部开展新一轮职业教育合作谈判和协议签署，积极引进德国应用技术大学开展合作办学。

按照"面向未来，发挥优势，有限目标，重点跨越"的思路，坚持以应用研发与市场集成为基点，将科技创新与产业创新有效对接。突出公共研发平台高端化，积极发展平台型科技服务，在更高层次上为产学研用协同创新注入动力。园区创成该市首个省属科研机构——江苏中科院智能科学技术应用研究院，中科院先进所、南京大学研究院、北京化工大学研究院入列省产业技术研究院，机械总院江苏分院、大连理工大学研究院、LED半导体照明研究院、湖南大学研究院等10个单位先后创成省产学研联合重大创新载体；全国首个知识产权保护中心——中国机器人及智能硬件知识产权保护中心正式批复运行；联想控股联泓（江苏）新材料研究院快速发展；2018年江苏省新型研发机构奖的前11家机构中，C市占有6席均在该园区。截至2021年，园区共有省级众创空间8家、市级众创空间3家。

园区投入使用之初，有研究者认为，园区具有人才集聚优势、科研与技术应用优势、引入国内外优质教育资源和人才资源的优势、产学研集合的优势，并且园区可以为本地制造业培养大批应用型人才，提升支持本地经济文化发展的智力水平，提升文化品位与改善投资环境。[①] 一位曾经担任过教育部副部长的副省长说得意味深长："你们为江苏教育事业、为国家教育事业做了一件很有意义的工作。C市高职教育园区的意义，今天来估价它还为时过早，再过一段时间看，意义会更大。"经过多年的努力建设，园区获得显著的成绩，形成的高职教育C市模式在高职教育领域产生了较大的影响。

第一，园区内高校的实力显著增强。先后建成国家示范、骨干高职院校各1所，中国特色高水平高职学校3所，成为省级示范性高职园区；组建国家教学团队、省优秀教学团队20余个；建设国家级教学资源库、国家级实训基地20

---

① 常州纺织服装了职业技术学校课题组.常州大学城与常州制造业发展[J].职教通讯,2004(4):10-13.

余个;生均享用教学设备超过 6 万元。

第二,园区的人才培养质量大幅提高。园区内高校累计获得全国大赛一等奖近 1000 项;毕业生中级及以上职业资格证书获取率达 92%;职业资格证书与专业的对口率达 99%;就业率持续 98%以上,用人单位满意率 95%以上,涌现了一批新时期的"知识工人"。

第三,园区取得了丰硕的教学成果。园区内高校累计建成国家、省精品课程 100 多门;国家、省精品教材 100 多部,国家规划教材 200 多部;省教学成果特等奖、一等奖 10 余项,国家级教学成果一等奖、二等奖 10 余项。

第四,园区的社会服务能力明显提升。园区内高校、科研机构、高新企业每年联合申报科研项目约 1500 项、授权专利近 400 项;每年开展"四技"服务活动 800 多次、培训企业员工 3 万多人次、"四技"服务收入超亿元。园区企业产值增加 4 倍多,研究院所科研项目增加 3 倍多,科研到账经费增加 11 倍多。

第五,园区发挥了良好的示范作用。国内 30 个省市近 2000 批次、国外100 余批次教育代表团前来参观学习;对口支援省内外中高职院校 20 多所,每年举办全国高职骨干师资培训 30 批次、1500 人以上;举办了全国职教现场会、APEC 智慧城市与产业科技合作论坛、国际职教论坛等重要活动 30 余次。成果被天津海河教育园区、浙江宁波高教园区、湖南洙州职教园区、山东章丘高职教育基地、湖南常德、上海市宝山区、云南安宁职教园区、广西等 20 多地借鉴和应用。

第二节　C市高职教育园区合作
创新的具体实践案例

作为高职学院的集群形态,高职教育园区在本质上是一种教育网络组织形式。为了实现资源共享、集约发展,园区必须实行各组织单元之间的联动、统筹、协调,形成既竞争又合作的组织关系,形成一种"协作共生、协同发展"的社会和文化生态。本书以 C 市高职教育园区作为整体性案例,同时选择园区内的部分合作创新活动作为具体的实践案例。

一、国家大学科技园的合作创新

2009 年,园区被科技部、教育部认定为"国家大学科技园",是全国唯一以高等职业教育为特色的国家大学科技园。园区管委会联合园区内 6 所高校与中科院 C 市先进制造技术与产业化中心、南京大学 C 市高新技术研究院、东南大学 C 市研究院、C 市其他三所高校、W 区高新技术开发区管委会共同合作、共同建设大学科技园。园区坚持"经科教联动、产学研合作、校所企共赢"的发展理念,集聚创新资源,转化科技成果。大学科技园采取"政府引导、多方合作、整体规划、分步实施、企业化运作、滚动式发展"的建设模式,充分挖掘和利用高校、科研院所的智力资源,把人才优势和科技优势转化为产业优势和经济优势,推动区域经济和创新体系的持续发展,努力使大学科技园建设成为高校院所技术创新基地、高新技术企业孵化基地、创新创业人才聚集基地、高新科技成果转化基地。

(一)大学科技园的地理格局

大学科技园建立"一园两区"的发展格局,在创新创业环境的建设上充分积聚创业优势和产业优势,实现联动双赢发展。"创业孵化区"设在高职教育园区,占地 5500 亩,完成建筑面积 198 万平方米,其中科研研发及配套用房约 20 万平方米,在建工程近 10 万平方米。建成远宇科技研发大楼、科研 2 号楼、汽车实训楼及体育馆等建筑面积 14 万平方米,建设科研 3 号楼、专家公寓 4 号楼、国际交流中心大楼近 10 万平方米,初步建成了环境优美、各项设施基本配套的教育园区和部分现代科技服务业集聚区。同时规划建设二期建筑面积为 23 万平方米的创新企业孵化基地和三期 80 万平方米的国际创新基地。"产业拓展区"设在 W 区高新技术产业开发区。高新区是 C 市"一体两翼"发展的南翼,总规划面积 100 平方千米,已开始实施 66 平方千米区域的开发建设。园区整体规划以科学、人性为主旨。功能布局合理,园区规划有电子科技板块、机械装备板块、物流仓储板块、中心商贸板块以及居住休闲板块,道路规划科学,客货分流,路网层次分明。按照城市功能配套各类设施,高新区内设有中央商贸区,并在 800 米和 2000 米半径内分别设立便利中心和邻里中心,提供以人为本的功能服务,充分保证生活的舒适性和便利性。围绕科技园在孵企业需求,高新区还制定了扶持政策,规划了在孵企业毕业后的产业化基地,进一步推动大学科技园科技成果与高新区产业的嫁接,促进高新区高新技术主导产业的发展。

(二)大学科技园的日常管理

大学科技园的日常运行管理机构"大学科技园管理中心"已注册完成,中心为自收自支型事业单位,注册资本 300 万元,编制 20 人。中心坚持以"Yes, we can!"为运营发展理念,重点围绕 C 市五大高新技术产业发展,以市场化机制承担科技园招商引资、招科引智、项目开发、成果转化、风险投资等工作,探索建立工作联动机制。中心下设招商部、项目部、服务部、信息中心、办公室等五个职能部门,努力打造一支年龄轻,学历高,知识结构合理,精通成果孵化、科技管理、招商引资、资本运作的人才队伍。中心制定了《大学科技园管理中心员工管理手册》,以规范日常管理及运作。

(三)大学科技园的合作平台与人才储备

大学科技园已建成技术研发平台、科技创业平台与国际科技合作平台。大学科技园引进中国科学院、清华大学、北京大学、南京大学、东南大学、哈尔滨工业大学等在园内设立了十多家公共研发机构;建立现代设计与制造中心等公共技术共享平台,引进 DIXI 的四轴卧式加工中心、MIKRON 超高速五轴联动立式加工中心等五台世界顶级的高速精密加工设备;拥有各类研究所、实验室、工程技术研究中心达 50 多家,在装备制造、自动化、机器人、电动汽车、高分子材料、精细化工等领域,具备较强的研发力量。大学科技园内具有高级职称或博士学位 2400 余人,国家级高层次人才 60 余人,硕士 2000 余人,本科生 10 万余人,为科技园及区域科技创新提供了丰富的、各个层次的人才。大学科技园积极吸引海外归国人才、大学大院大所的科技人员以及本地人才到此创业,签约园区的海归创业团队 200 多个。围绕江苏省重点科技平台项目——国际化先进制造技术创新基地,大学科技园与俄罗斯、法国、以色列、美国、加拿大、英国等国家的高校、科研院所、企业开展合作,已经建有与俄罗斯新西伯利亚科学城合作的中俄生物技术研究所等国际合作研发机构。

二、高职教育改革发展综合实验区的合作创新

2010 年,园区被教育部认定为国家首批"高职教育改革发展综合实验区",综合改革坚持"以社会需求为导向,以开放共享为核心,以内涵建设为抓手,以机制创新为保障",强调优质资源的开放共享,促进高职教育支撑经济社会发展能力的提升,搭建政、产、学、研、用、资、介于一体的协同创新平台。

(一)高职教育改革发展综合实验区的合作共建

以服务区域产业结构调整、经济发展方式转型为导向,进一步加强高职教育自身能力建设。按照"扬优、扶新、集群、集成"的思路,促进园区专业群与区域产业群的紧密结合,调整专业结构,加强专业建设的区域性、适应性与前瞻性,重点建设先进装备制造、信息技术、新能源、新材料和现代服务业等五大专业群。园区专业群建设专家委员会由国内外专家、高新技术规模企业技术总监与园区院校相关人员联合组成,合作指导园区的专业群建设。园区统筹协调五所高职院校相关专业的名师力量,组成专业群建设协作组,为重点建设的专业群制订建设计划并加强实施与监督。专业群建设协作组集中指导园区内部相同或相似的专业建设,突出优势互补与错位发展,形成既有集群效应又有院校特色的专业群建设模式;地方政府与高职院校共同制订导向性政策、设立专项资金、设定重要项目和岗位面向海内外招聘教学名师,鼓励高职院校的教学名师带动名师工程建设,组建创新型的优质教学团队;园区组建教育质量工程建设协作组,从高职教育人才培养规律出发,对工学结合人才培养模式下的专业课程、教学质量、创新创业等建立标准与开展评价,以满足地方经济社会发展的实际需求。推进园区专业课程教学标准建设、人才培养质量保障体系建设、园区教学质量评价体系建设、校际学分互认、创新创业教育体系建设、园区职业能力训练体系建设。组织园区师生开展各类技能大赛与创新创业大赛,形成以赛促教、以赛促学、以赛促改的良好园区氛围;把握转变经济发展方式对人才要素提出的新要求,以产业需求为指向确定专业群建设标准、以工作任务的典型化需求为目标训练适应多岗位的专业技能、以校企合作中规模企业的订单需求为依据开发专业课程,完善学历文凭加多种资格证书制度,注重提高人才培养的社会适应性与职业迁移能力;推进中高职及应用型本科教育

的有效衔接,构建高端技能型人才成长的立交桥。

(二)高职教育改革发展综合实验区的资源共享

拓展优化高职教育公共资源平台,进一步推动优质资源的开放共享。充分发挥园区集聚发展、资源共享、优势互补的有利条件,高等职业教育综合改革试点的全过程坚持开放共享的原则。为奠定开放共享的基础,园区完善公共服务平台建设,建立学生生产性实训基地、创业教育基地与就业服务基地;为拓展开放共享的广度、挖掘开放共享的深度,在专业、课程、教材、师资、学分互认、公共服务等领域寻求新突破,建立合作共享新机制。在现代工业中心已完成7万平方米建筑面积、总资金投入2.5亿元,建成了数控技术、模具技术、焊接技术、计算机网络技术、动漫等16个实训基地的基础上,启动现代工业中心二期项目建设,通过生产性(型)实训、创新创业实践、园(校)企联合学院等多种形式,构建政、产、学、研结合,园、校、企深度融合的新模式,积极探索创新创业教育与国际化合作育人模式;有效整合园区院校、科研机构以及高科技企业的"数字资源",建设高速、安全、共享的园区城域网以及一卡通收费系统、课程互选系统。推进园区数字图书馆与江苏省高校数字图书馆等园外数字资源的无缝对接,建成园区内外立体化、一体化的信息高速公路。在城域网共享的基础上建设网络课程资源库、精品课程资源库、专业教学资源库、优秀学生作品库、校企合作课程库等。

(三)高职教育改革发展综合实验区的机制创新

探索机制创新,开辟有效途径,进一步实现产学研的深度融合。按照"经科教联动、产学研结合、校所企共赢"的发展理念,园区已引进一大批研发机构、高科技企业开展产学研合作,进一步加强人才培养、科技研发与社会服务等功能建设,形成内外整合、产教融合的产学研合作创新模式。联合引进的科研机构、先进制造业与现代服务业企业建立"大学生实践训练和创新创业基地",为学生专业实践训练和创新创业提供平台;鼓励研发机构与高科技企业的科研人员担任高职院校的兼职教师,以改善高职院校的师资队伍结构,提升高职院校的专业建设水平;推动园区院校与研发机构、高科技企业组成科技创新团队,积极申报各级各类科研项目、重大技术攻关项目与产学研合作项目,为区域内企业提供形式多样的"四技"服务;积极引进国际一流的教育机构(如印度 NIIT 学院)和高科技企业(如美国国际参数公司)的培训资源进入园区联合办学,提高国际服务业外包人才培养水平;积极引进区域内规模型企业共建联合学院(如中天钢铁学院、天合光能学院),有效探索"厂中校""校中厂"模式,与企业联合开展高中起点的成人专科学历教育试点,实现学院与企业的互利共赢;进一步扩大和加强高职教育园区与省内外、国内外院校和企业的协作,从集聚效应释放出更具影响力的放大效应、溢出效应与辐射效应。

三、信息产业园的合作创新

信息产业园位于高职教育园区,占地面积 150 亩,建筑总面积 7 万多平方米。园区先后被江苏省经济与信息化委员会、C 市科技局和 C 市经济与信息化委员会分别授予"江苏省软件和信息服务产业园""C 市科技产业园"和 C 市"两化融合"示范单位。信息产业园是 X 学院的校企合作办学平台,该平台由 X 学院与弘扬集团控股有限公司、津通集团联合建设,遵循市场化机制、企业化运作的原则,按国际化标准,联手共建一座融招商、研发、生产、教学、实训和服务为一体的信息产业园。信息产业园采用"官助民营、市场化运作"的管理方式,成立由学院法人代表、职能部门负责人和企业代表组成的董事会,在董事会下设立江苏津通弘扬信息科技发展有限公司,代表董事会作为信息产业园经营与管理的主体,负责整个园区的基础建设、环境规划、招商引资、人才培训、产业服务以及配套管理。

(一)信息产业园的发展目标与思路

信息产业园以骨干企业为龙头,以人才引进与培养为基础,以招商引资为抓手,大力发展信息家电、嵌入式软件和服务外包,将信息产业园建设成为国家一流的、与国际接轨的信息产业研究、开发、服务及人才培养的产业高地;打造技术水平高、服务能力强的信息产业公共服务平台,建设辐射全市、走向全国的可持续发展的信息产业公共服务体系。通过 2 至 3 年的努力,创造国内电子信息产业服务第一品牌,成为江苏省乃至全国极具品牌影响力的一流的信息产业基地。信息产业园作为 C 市"两化融合"示范园区,积极研究各项政策,搭建公共服务平台,确保投入,加强宣传,大力推进"两化"融合。对外塑造C 市电子信息产业的整体形象,对内充当政府、企业与市场之间的纽带和桥梁。以"两化融合"为契机,进一步优化和完善C市电子信息产业发展环境,引导社会资源向电子信息产业集聚,对于推动信息化与工业化"两化融合"的发展,加快新型工业化步伐,推动区域经济社会又好又快发展将发挥重要作用。

(二)信息产业园的管理运营模式

信息产业园实施"官助民办"和"官办民营"的园区创新管理运营模式。"官助民办",即政府作为支持、引导和基础设施投入的主体,在政策支持、规划设计、资金投入、外商引入、综合协调、宏观指导及园区服务体系建设上,发挥重要的扶持作用。为信息产业园营造投资、创业和发展的良好环境。政府相关部门要形成合力,给信息产业园的建设以强大有力的支持。"官办民营",即以X学院、津通集团为主体,在产业园成立江苏津通弘扬信息科技有限公司,作为产业园开发经营主体企业,负责整个园区的基础建设、环境规划、招商引资、人才培训、产业服务以及配套管理职能,完成政府提出的信息产业发展与招商等目标要求。"官办民营"园区,是一种产权明晰的体制,又是一种明确政府与企业责任、保证产业园健康运行的机制。它找到了在当前特定经济发展条件下政府和企业在经济发展中的最佳定位,遵循市场导向,加速信息产业快速增量的形成。园区体制创新可以极大地调动企业积极性,实现政府快速发展信息产业和企业迅速发展壮大的双赢。园区着力围绕五大产业形成特色信息产业区域,通过促进打造信息产业的产业链和服务链的完善等内涵的提升,创建能吸引跨国公司及国际知名信息产业企业集聚的、具有鲜明的产业及管理特色的信息产业发展基地。

(三)信息产业园的合作创新平台

目前,信息产业园拥有公共技术支撑平台、中小企业共性公共服务平台、人才培养服务平台、企业协作平台、知识产权保护平台和融资保障平台等六大公共服务平台。SaaS(Software-as-a-Service,在线软件即服务)是一种通过互联网提供软件服务的模式。用户不用购买软件,而是向运营商租用基于互联网的软件服务,以在线的形式来完成管理、经营活动。用户无需对软件进行维护,运营商提供软件的维护与升级。信息产业园SaaS公共服务平台由W区经信局、高新区管委会与江苏津通弘扬信息科技有限公司合作共建,并充分依托江苏软件产业公共服务平台资源,旨在帮助软件企业实现从传统软件产品模式向 SaaS 模式转变,促进 C 市 SaaS 软件产业的发展,大力推动信息化进程。

　　嵌入式软件公共服务平台围绕 C 市装备制造业发展实际,服务平台面向 C 市嵌入式软件产业发展的共性需求,建立以主流嵌入式硬件平台、国产嵌入式操作系统和主流的嵌入式操作系统为核心的嵌入式系统平台。嵌入式软件公共服务平台的建立将整合 C 市集成电路产业、软件产业、电子与装备制造产业等领域的研发力量,发挥信息产业园的优势,建设成为以企业为主题、产学研用互动、基于区域产业集群的行业联合研发体系平台。为提升电子和装备制造业的自主创新能力,完善产业链,引入国内外行业顶尖企业,营造嵌入式生态环境,带动 C 市电子与整体制造行业的发展。平台的建设加快了 C 市乃至江苏的输变电、轨道交通、环保设备等产业集群的技术创新;推动 C 市的装备产业升级和产业结构调整,提供 C 市装备产品附加值以及市场竞争力。同时平台打造的嵌入式培训基地,大量培养嵌入式系统研发和应用技术人才。

　　信息产业园全方位加强"两化融合"人才队伍建设,建立多层次的信息化人才培训体系,培养综合性人才。加强评估工作、标准制定和人才队伍建设。完善评估指标体系,扩大评估工作的范围,并建立支撑"两化融合"的相关标准体系。实施"工学结合"人才培养模式,依托 X 学院等高校,创新了"工学交替、两轮顶岗""职业情境、项目主导""产品导向、项目递进""OPC(行业订单、项目递进、三证结合)""分层递进、工学交替""分布式工学交替"等人才培养模式;园区引导企业合作,实现校企人才培养双赢。同时,信息产业园与企业合作设立"访问工程师"制度,教师到设计、生产第一线兼职,担任企业技术顾问或技术骨干,在完成生产性实训教学任务的同时,丰富专业实践知识,积累工程实践经验,提高"双师型"教师的实践能力。企业技术人员参与学院专业建设,共同制订教学计划,确定教学内容、课程定位及标准,协助组织生产性实训教学,成为学校兼职教师、"双栖"型工程师。

　　企业协作平台围绕 SaaS 信息技术,面向各地区行业集聚区,重点针对装备制造业产业提升,实现应用于精密机械、纺织加工、装备机械等企业领域,提供企业集群生产资料共享、生产资源互联互动、市场竞争互补的行业协作信息化公共服务平台。平台重点解决与各类企业 ERP 系统对接的关键技术,提取生产资料、生产资源等关键数据,并形成 SaaS 处理模式;重点解决行业内企业数据关联度数学模型的建立技术;重点解决协作过程的信息"推送"技术,集成移动通信技术,将协作信息由常规的被动检索转变成主动推送。平台面向行业运行过程中的采、产、销整体流程各环节,通过 SaaS 信息化处理手段,着重盘活行业产业链互动、生产资源互补。在经营模式上,实现构建行业"虚拟集团"的技术支撑与突破。

知识产权保护平台立足服务园区企业、依托专业化优质服务资源,与中国(C市)知识产权维权援助中心合作建立园区知识产权保护平台,确立知识产权维权援助工作机制,明确援助范围与援助方式;引入由专利代理人、律师、大学教授组成的援助专家队伍;依托 C 市知识产权服务中心,开展部分维权援助工作,如法律咨询、受理投诉等;建立专利预警机制,针对专利纠纷高发的态势,借助 C 市知识产权服务中心的院校背景和资源,主动为园区企业等进行会诊,出台相关行业预警分析报告,指导企业规避风险。平台开展的主要工作有接受知识产权投诉举报,提供知识产权各类咨询服务;为园区企事业单位及跟个人提供知识产权保护服务;开展行业、企业知识产权预警、战略分析等专业服务等,并通过全国统一的"12330"知识产权维权援助与投诉举报热线电话展开业务。

投融资平台定期收集入驻企业投融资项目,向投融资公司分门别类发布信息,对接孵化项目与投融资项目。在市产权交易中心建立技术产权机构,为入驻企业的技术产权提供融资服务。定期为创业人员提供商业运作与中小企业上市的知识培训,园区积极开展与金融部门、投融资机构的合作沟通,为入驻企业吸引民营资本提供便利条件,利用多种形式的融资渠道协助创业企业开辟业务。平台已与江苏新城创业投资有限公司、江苏津通创业投资有限公司、常州力合创业投资有限公司等多家创投公司,以及江苏津通力合创业投资管理有限公司、常州力合投资管理有限公司等创投管理公司建立了合作关系。

四、现代工业中心的合作创新

园区管委会联合园区内 5 所高职学院,围绕高素质技能型人才的培养要求,针对长三角地区对现代制造业、生产性服务业、创意产业紧缺人才的需要,集中建设设备先进、规模较大、专业覆盖面广、共享程度高、富有特色的现代工业中心(共享实训中心),是一个集公益性、社会化、产学研结合于一体的教育训练、科技与社会服务平台。

(一)现代工业中心的建设现状

工业中心一期已建成了机械加工技术、数控技术、模具技术、焊接技术、汽车技术、新型材料与建筑技术、楼宇智能化技术、家用电器测试与维修技术、电子信息技术、自动化技术、印刷技术、计算机网络技术、现代物流、数字化设计与制造、艺术与服装设计、动漫等 16 个实训基地。年均完成园区内外学生实训和社会培训 6 万多人次；承担了 C 市、江苏省和全国各类技能大赛；有效开展了实训教学、教师培训、企业员工培训、产品研制开发与检测等各类综合性服务。通过生产性实训、创新创业实践、园(校)企联合学院等多种形式,构建政、产、学、研、用、资、介结合,园、校、企深度融合的创新模式,是实现高素质技能型人才培养,促进产学研合作,推进大学生创业和国际合作的有效载体。

(二)现代工业中心的管理制度

公共实训基地形成了"工业中心理事会、工业中心管理团队、各实训基地项目部"三级管理体系,制定现代工业中心《实训教学工作流程》《生产性实训基地管理实施办法》《实训联合督查管理办法》等 35 项管理制度。5 所高职学院每校每年向工业中心缴纳 200 万元日常运行经费,管委会每年配套 500 万元运行经费,工业中心服务创收 400 余万元,保证公共实训基地可持续发展。省教育厅和 C 市政府共同确定了现代工业中心建设管理体制:联合共建、统筹管理、内外开放、充分共享。中心面向国内外各种教育机构、科技机构、行业企业、社会组织全面开放,实现园区院校、C 市其他高校和中等职业学校的资源共享;实现教育、科技、企业、社会的共建共享,通过产学研合作推动与地方经济发展的良性互动,最大限度地提高公共教育资源的利用率。

(三)现代工业中心的合作共建

第一,联合共建。省、市、院校与相关参建单位联合共同建设,教育部、省委省政府、省教育厅及有关部门给予政策支持,C 市委、市政府筹集 1 亿元财政专项资金用于共享基地建设,同时,政府垫付建设资金 2000 多万元缓解实训基地在基本建设过程中的资金紧张。5 所高职院校积极自筹资金投入建设,并鼓励社会资金参与投入与吸纳社会捐赠等。自中心建立以来,5 所高职学院每校每年缴纳实训费 200 万元作为基本运行费,学生在中心实习实训仅收取材料费。

第二,统筹管理。高职教育园区管委会与园区院校及相关单位联合组成理事会,委托现代工业中心统一管理各实训基地。中心理事会由高职教育园区管委会分管主任、5 所高职学院分管领导及有关部门负责人组成,作为中心的决策机构。理事会下设管理中心,组建精干管理团队负责日常经营管理。管理中心主任、副主任由管委会面向高职教育园区内部或社会公开聘任;管理中心下设若干项目部,项目部由管理团队组成,项目部主任由管理中心聘任与管理。中心制定系统的考核指标体系,考核指标包括实训覆盖率、设备使用率、设备完好率、产业和服务性收入等。各专业实训项目管理团队由管委会面向高职学院和社会招标确定,团队的经营管理与承建单位分开,团队由管理中心负责管理、考核、评估及奖惩。

第三,师资共享。师资水平是高职教育培养高端技能型人才最关键的因素。为加强教师的专业实践能力,园区管委会定期举办实训教师培训班,组织 5 所高职学院专业教师分批参加,累计培训实训教师 1000 余人次。同时,利用市政府的引导资金设立专项经费组织教师到香港培训。将经过培训与考核获得现代工业中心实训教师聘用证书的教师纳入中心师资库,统筹安排各院校和有关单位随时聘用。制订《高职教育园区现代工业中心实训指导教师工作职责》,加强实训指导教师的日常检查与考核,考核结果纳入学院的工作考核体系。5 所高职学院根据各自的教学需求编制实训计划,管委会教育培训处汇总协调后统筹安排,由管理中心具体执行指令性计划。

第四,内外开放。现代工业中心既面向园区内单位开放,也面向园区外的学校、科研机构、企事业单位开放。鼓励市场化运作,积极开展教育培训、科技合作等社会服务;为其他学校或社会培训机构提供实习实训与社会服务。充分利用各实训基地在实训教学、技能培训、技术服务、职业技能鉴定、职业技能竞赛、产品设计与制造、工艺性分析等方面的有利条件,为其他社会组织提供使用便利,以发挥中心资源的最大效益。如数控技术实训基地、计算机网络技术实训基地等已多次成功承办了全国、省、市技能大赛。同时,接纳省内市内其他高校的实训指导教师及相关专业学生的培训、实训、考核、技能等级鉴定工作。此外,数控技术、机械加工技术、焊接技术、动漫、模具技术、汽车技术等实训基地开展外协零件加工与产学研合作研发项目。

五、政校企所合作培养人才

园区建立政校企所共建专业、课程、师资、教学运行等五大协作组,整合专业设置,引导错位发展,共同制定专业标准,统一人才培养规格。通过设立专项经费、实行项目对接等措施,引导科研院所和高科技企业承担教学工厂、创新创业实践的育人功能。科研院所、企业参与学校专业建设,每年共同设计人才培养方案,为学校提供兼职教师 3000 余名,共同制定专业和课程标准,共同开发项目化课程、实训讲义与企业案例,为学生提供专业实践、顶岗实习、创新创业训练场所,共同指导实训实习、评价学业;教师跨界参与科研、企业群的项目开发、技术攻关和技术服务,每年联合申报科研项目约 1500 项,有效提升教师育人能力。同时,5 所高职学院与园区外 2000 余家企业开展校企合作,共建产教园、工程中心、技术服务平台与校外实训基地,实现了校所企协同育人。园区管委会某领导表示,园区不断拓展校企合作的深度和广度,校企双方通过资源、需求对接,共同确定专业设置、课程安排、教学计划等,联合培养学生。

X 学院与中软国际集团共建中软国际软件学院,基础课程教学由学院教师承担,专业实践课程由中软国际集团承担;与中国移动、中国联通共建信息化人才培养基地,联合培养"4G"网络信息人才;与中天科技集团联合举办双主体的中天科技学院,为企业员工提供专业培训,共同探索校企合作的新模式。J 学院与久保田农业机械(苏州)有限公司校企深度融合共建厂中校,共同实施人才共育、人员互聘和科技协作服务;推动政校企共同投资建设江南装备制造技术产教园,建立校企合作体制机制改革的试验田;与政府科技管理部门、欧姆龙自动化(中国)有限公司、科技部制造业信息化培训中心、上海复斯管理咨询有限公司合作建设机器人及智能装备应用技术研究中心,开展技术研究、科研成果推广与转化、培养和集聚技术创新团队,探索独具特色的政校企合作模式。G 学院与美商群龙企业咨询(上海)有限公司合作开展企业技术创新咨询、培训、认证等相关业务,建立社会服务创新平台;与佳尔科药业集团合作共建企业工作站,在课程、教材及药物研究等方面合作开发;与苏州大森塑胶工业有限公司联合共建现代物流单元化集装器具的模具设计与制造工程中心。F 学院与新加坡莱佛士教育集团联合成立常纺-莱佛士国际学院并实行双语教学和双文凭制度;与江苏海岩工程材料仪器有限公司合作研发"软土地基下降测试仪",首次采用 MCGS 触摸屏技术,填补了国内现有电磁式沉降仪的技术空白。Q 学院与江苏恒立公司、江苏常发实业集团、常州富都酒店投资管理有限公司、常州恐龙园股份有限公司合作开设特色订单培养班,推进工学结合人才培养模式创新、校企合作互助发展;牵头成立 C 市照明电器协会 LED 专业委员会,合作建设江苏省 LED 应用工程技术研究开发中心。园区管委会某领导说:通过深化校企合作,我们不仅提高了学生培养质量,也打造出一支高素质的教师队伍。园区一方面把企业技术骨干请进课堂,担任实训教师;另一方面让学校老师到企业一线岗位了解、掌握最前沿的专业技术。

六、积极开展国际合作

强化国际教育交流与合作,推进高职教育国际化进程。中德职业教育合作项目全面推进,成果丰硕。目前,园区已与美国等 40 多个国家和地区的 60 余所高校和科研机构开展了多种层面和形式的合作。

X 学院与韩国明知专门大学互派学生开展为期 1 年的交流学习,与美国恰达河齐技术学院开展合作办学,与英国米尔顿凯恩斯学院合作招生并联合进行师资培训,在学生培养与教师培训两方面积极开展国际化合作办学。F 学院与日本九州外国语学院、神户电子专门学校开展交流合作,与坦桑尼亚合作开展来华留学生项目,有效拓宽了学院的办学空间和培养领域;实施"中国-意大利马可波罗"国际合作项目,推动中意双方各 6 所院校形成了合作办学,实现教师互派访问;形成留学生教育项目 1 个,实现高职教育园区高职教育留学生办学零的突破,学院被江苏省教育厅确定为 3 所扩大留学生规模试点高职院校之一。G 学院与加拿大哈克文理学院联合开设中加合作班,与台湾明新科技大学联合开展创新教育培训,积极引入国外的创新教育资源。Q 学院与美国罗切斯特理工学院联合开展海外直通车项目,与朝鲜平壤韩德秀轻工业大学开展合作交流,在国际招生、教学管理、项目管理等方面取得了良好的效果。J 学院与美国华盛顿湖理工学院合作办学,在合作专业上实现了由轻型专业向重型专业的转变,在参观学习、实训课观摩、中美联谊会、素质拓展教学、文化体验等方面开展多方位的合作交流。

第三节　C市高职教育园区合作
创新的案例评析

C市高职教育园区建设十余年以来,其合作创新取得了显著的成效,在国内外高职教育领域产生了广泛影响与示范效应,但是在发展中依然存在一些问题需要进一步研究解决,本书从合作创新的理念、制度、组织、模式与机制等方面对C市高职教育园区合作创新予以综合评价。

一、C市高职教育园区合作创新的成效评价

第一,形成了合作、共建、共享、共赢的合作创新理念。C市高职教育园区投入使用以来,为园区内各类组织机构提供了资源共享、优势互补、合作创新的良好机遇与发展平台,尤其是2012年教育部启动实施"高等学校创新能力提升计划"以来,产学研合作创新已成为大力推进高校与高校、科研院所、行业企业、地方政府以及国外科研机构开展深度合作的优选途径,园区内高校、科研院所、高新企业更加明确了产学研合作创新对于人才培养、科学研究及建设创新型国家的重要意义。园区内各类组织机构达成了合作创新的共识,形成了"合作、共建、共享、共赢"的发展理念,在推进示范性高职教育园区建设中积极探索"合作、共建、共享、共赢"的发展机制与途径;形成一个多元发展、互利共赢的教育网络组织,在初步形成集聚发展、资源共享、优势互补的基础上,加快建设、创新机制、形成特色,努力建设国内外高职教育园区的成功范例。

第二,确立了政、校、企、所协同发展的合作创新制度。园区经过十多年的努力建设,累计出台了《校企合作培养高技能人才项目实施办法》《加强职业教育校企合作办学的指导意见》《"双栖"教师管理办法》等23项合作创新的文件与规定,确立了政、校、企、所协同发展的合作创新制度。园区设立了产学研合作促进奖等奖项,引领行业企业、科研院所、科技人员投身职业教育,实现育人主体从一元转向双元、多元。园区积极推动政校企所合作共建专业(群)、课程、基地、研发中心等,整合专业设置,引导错位发展;共同制定人才培养质量

标准,统一人才培养规格。实施中职、高职与本科一体化人才培养,推行跨校选课、教师互聘、学分互认,实现校际协同育人;政校企所合作共建专业,合作设计人才培养方案,合作开发课程和教材,合作实施理论与实践教学,合作开展人才培养评价,实现产学研协同育人;合作开展技能比武,合作开设国际化课程,合作创设科教学堂等,实现服务育人。

第三,建立了产学研深度融合的合作创新组织。园区成立了高职教育园区管委会,市委常委担任专职书记。管委会代表地方政府对园区建设与发展过程中的重大发展事项及活动,履行组织、协调、监督、服务职能,规划与统领园区战略发展。管委会内设教育、科技、经济等业务处室,具体负责园区内合作创新活动的组织与开展,对产学研协同育人实行协调服务。管委会主导、统筹推进国家"开展地方政府促进高等职业教育发展综合改革试点"、省高职教育实验区改革、省示范性高职教育园区建设、省现代职业教育体系建设试点、中德职业教育合作等项目,提升高职教育整体发展水平。

园区内高校都成立了产学研合作办公室或校企合作办公室,具体负责各校的合作创新发展事宜,包括产学研合作创新的制度建设、团队组织、经费管理、日常联系等。科研院所、高新企业等组织也设立了合作创新的相关工作机构,负责与高校或其他科研院所、高新企业的合作创新业务联系。

第四,构建了多元竞合的合作创新模式。园区在开展合作创新的实践活动中,逐渐形成了多元参与、竞争与合作并存的产学研合作创新模式。产学研合作创新的多元竞合模式主要是指高职教育园区内部成员之间、内部成员与外部相关主体之间通过各种形式的合作与竞争关系,协同开展创新理论研究与实践活动的一系列管理理念、管理内容、管理工具、管理程序、管理制度和管理方法论体系。[①] 根据产学研合作创新参与者之间不同的合作竞争关系,多元竞合模式主要分为内部合作模式与对外合作模式、内部竞争模式与对外竞争模式、内部合作—对外竞争模式、内部竞争—对外合作模式、内部合作—对外合作模式、内部竞争—对外竞争模式等。上述各种模式仅仅从理论上总结而来,在合作创新的具体实践中更加复杂、多样,为国内其他高职教育园区的合作创新发展提供了良好的示范效应与参照作用。

第五,形成了政、产、学、研、用、资、介合作发展的运行机制。园区合作创

---

① 曹叔亮.科教园区协同创新:优势分析、模式比较与发展路径[J].高校教育管理,2014(2):54-60.

新已形成可持续发展的管理体制与运行机制,包括强有力的决策协调机制、有序的竞争机制、灵活的开放办学机制、多元的经费保障机制、有效的激励约束机制、系统的济困助学机制,以及校际合作机制和教学协作机制。园区积极构建以市场为导向、以企业为主体、以政府创新为推手的政、产、学、研、用、资、介结合的产学研合作创新体系,推动建立能够引领产业创新的区域创新体系,不断探索产学研结合的"C市模式",建立和完善决策机制、动力机制、利益机制、组织机制、创新要素的融合机制和永续发展机制,打造集区域技术转移、技术研发、技术检测、科技创业、科技金融、人才集聚、国际科技合作、现代服务业等八大中心于一体的"科技都市",支撑传统产业转型升级,引领战略性新兴产业和现代服务业的培育,富有区域特色的创新服务体系日趋成熟。园区某负责人认为:促进技术与市场、人才与资本、创新与创业更加紧密融合,加快科技成果产业化,加快新兴产业培育,加快形成政、产、学、研、用、资、介结合的区域创新体系,是园区创新体制机制的重中之重。

二、C市高职教育园区合作创新的问题分析

第一,合作创新理念存在目的性差异、自我保护倾向。园区虽然已经确立了产学研合作创新的理念,但是,由于园区内各类组织机构在类型、层次方面存在差异,导致合作创新的目的不同。高校主要为了人才培养、教师发展、科研成果等方面的提升而开展合作创新,而且在合作创新的实践中主要以科研项目合作为主;科研机构主要为了科研成果的奖励及其产业化而开展合作创新,对人才培养的重视程度不足;而科技企业主要为了吸引人才、利用高科技成果的转化获得更多的经营利润而开展合作创新。

另外,园区内各类组织机构出于保护知识产权及由此产生的优质资源而限制了合作创新的广度与深度,因为合作创新的各方参与者之间不仅存在合作的关系,而且在相同或相似领域存在竞争的关系,这种合作与竞争共存的态势决定了合作创新的各方参与者一方面积极寻求合作创新,另一方面还要顾及竞争对手的排挤和抢占机遇,从而影响了合作创新的可持续发展。

第二,合作创新制度较为零散、尚未形成体系。园区管委会及其内部各类组织机构已经制定了多样化、多层次的管理制度,为合作创新的有效开展提供了良好的制度保障,但是,由于合作创新的开展时间较短、合作目的不同、合作

领域较为复杂等因素的影响,合作创新制度仍然较为零散,没有形成系统化的制度体系。一位高校科研管理部门的负责人认为,有些制度名义上是为合作创新而制定的,但在实践中操作起来比较困难,基本上成为摆设,并没有真正发挥出作用。而且,各校之间的合作创新制度及科研成果奖励制度并不相同,有时反而阻碍了合作创新的深入开展。因此,园区内各类组织机构合作创新制度的统一化、体系化是今后园区合作创新体制机制改革必须重视的一个突出问题。

第三,合作创新组织形式较少、功能不足。目前,园区合作创新的组织形式主要分为三种:一是园区管委会牵头组织的重大合作创新项目,如联合申报国家级高职教育综合改革试验区、国家大学科技园等;二是由各类组织机构自行组织多种形式、多个领域的合作创新项目,如校企合作建设实验实训基地、高新技术研发中心等;三是个人之间出于自发的兴趣与共同的利益而合作开展项目研究,如合作申报各级各类科研项目、精品课程等。合作形式仍然需要多样化,以便促进园区合作创新的深入发展。

在组织机构设置方面,园区管委会下设教育培训处、科技管理处等机构负责合作创新的具体业务工作,缺乏统一的合作创新管理机构。由于各部门工作职能的交叉与工作衔接的疏漏,增加了园区合作创新的管理成本,降低了合作创新的成果产出效率。园区内高校、科研院所、高新企业虽然设置了产学研合作办公室、校企合作办公室、科技管理机构,但是,上述机构仅限于科研项目的合作创新管理,并未覆盖人才培养、社会服务等方面合作创新的管理职能。

第四,合作创新模式需要深化完善。从理论上来看,园区合作创新已经初步形成了多元竞合模式,对园区内各类组织机构的合作创新提供了理论指导与实践参考,但是,各种合作创新模式依然存在缺陷,在实践中需要进一步检验。某高校技术研发中心的一位教授认为,理论上可以总结出很多合作创新模式,每一种模式都有各自的优点和缺点,但是实际上合作创新是一个比较复杂的事情,涉及参与人员、利益分配、校际交流等很多方面,这些模式究竟有没有效果、能不能起到示范作用,还需要实践检验才能全面评价。因此,园区现有的多元竞合模式需要在未来的实践中继续深化完善,方能对国内外其他高职教育园区起到示范效应与推广价值。

第五,合作创新机制需要继续优化。园区合作创新已经形成政、产、学、研、用、资合作发展的运行机制,充分发挥政府、高校、科研院所、高新企业的主体作用,为园区合作创新的可持续发展起到了助推剂的作用,但是,由于园区内合作创新主体的类型复杂、目的不同、利益诉求存在差异,因此在合作创新机制方面存在一些短期内难以克服的问题。例如,园区内高校确立了"专业共建、教师互聘、课程互选、学分互认"的合作育人制度与相应的工作机制,但是,园区内 5 所高职学院共同设置的专业有数十个,彼此之间在招生就业、教师发展、项目申报等方面竞争激烈;各学院的教师岗位及工资待遇存在差异,给教师互聘带来一定的阻碍;跨校选课的管理难度比较大,课堂教学成本比较高,有的教师不愿意接收外校学生选课。而且,在园区合作创新的决策机制中存在单方面决策的问题,在利益分配机制中如何解决分配不均衡的问题,在竞争机制中如何避免恶性竞争的问题,协调机制中如何确定话语权的问题等,这些问题都有待于进一步协商解决。

综合来看,C 市高职教育园区经过十多年的建设,其合作创新取得了显著的成效,得到了国家领导人、教育部、地方政府及社会各界的高度评价,发挥了良好的示范效应与积极影响。但是,合作创新不可避免地存在一些问题,尤其在体制机制改革方面还有一些迫切需要协商解决的难题有待突破。展望未来,C 市高职教育园区合作创新的发展势头良好,有望在未来几年率先建成国内一流、国际先进的高职教育园区,为国内高等职业教育改革发展创造新经验,为中国高职教育园区建设发展树立新典范。

第五章　高职教育网络组织合作创新的实践模式

　　实践模式是高职教育网络组织合作创新的核心组成部分,关系到高职教育网络组织合作创新的全面、协调、可持续发展。本章主要从不同主体范围、组织方式、构建形式与目的指向等方面分析总结高职教育网络组织合作创新的实践模式。

　　合作创新是网络组织的优势所在,也是网络组织产生与发展的主要推动力量,同时也是结点成员加入网络组织的初始目标。合作创新的实践模式是高职教育网络组织可持续发展的核心因素,科学、合理、有效的合作创新模式能够促进高职教育网络组织的迅速发展并产生良好的示范与辐射效应,对于高职教育网络组织提高产学研合作的效率与效益具有重要意义,因此,高职教育网络组织合作创新的实践模式受到结点成员及教育网络组织研究者的密切关注。

　　产学研合作是以企业、高校和科研机构为核心,在政府、科技中介服务机构、金融机构等的大力支持下,各主体为了实现各自目标,在主体之间、主体内部和主体外部之间合作开展技术研究开发和应用、人才培养、仪器设备共享、信息获取等活动的过程。① 高职教育网络组织合作创新主要以产学研合作为方式和路径构建实践模式,高职学院、行业企业、科研院所、政府部门与中介机构等合作主体以多元交叉组合的方式开展合作创新活动,由于合作创新的主体范围、组织方式、构建形式与目的指向的不同,从而在实践中形成多种类型的具体合作创新模式。

---

　　① 仲伟俊,梅姝娥,谢园园.产学研合作技术创新模式分析[J].中国软科学,2009(8):174-180.

第一节　不同主体范围的合作创新模式

在实践中,高职教育网络组织合作创新涉及网络内部与外部的各种类型合作主体,不同范围合作主体的合作创新产生不同的合作创新模式。有研究者基于产业链的特点将产学研合作创新模式分为横向产学研合作创新模式、纵向产学研合作创新模式、混合型产学研合作创新模式。[①] 根据不同的合作主体范围,高职教育网络组织合作创新模式分为网内合作创新模式、网际合作创新模式与网内外双重合作创新模式。

一、网内合作创新模式

网内合作创新模式是指高职教育网络组织内部成员之间基于共同的合作目标或兴趣而开展的各种形式的合作创新活动,包括网络组织内部的校际合作、校企合作、产学研合作等多种交叉形式的合作创新。按照不同的标准,内部合作可以分为单项合作与全面合作、个体合作与团队合作、初步合作与深度合作、短期合作与长期合作等不同的类别。高职教育网络组织内部合作创新模式能够充分发挥合作创新优势,提高合作创新能力。C市高职教育园区内部高职学院合作开设专业课程,共享师资,学分互认,合作创新教学方式;5所高职学院合作共建现代工业中心,共同出资、共同建设、共同管理、共同利用实习实训基地提高高职学生的专业实践能力;各高职学院与园区内高新企业合作申报重大科技项目,联合攻关,共享研究成果并实现成果转化的一体化。

高职教育网络组织必须把内部合作提升到实现创新发展的战略高度,逐步实现网络组织专业与产业结构的良性调整与优化发展,加速提升网络组织的创新能力与核心竞争力;实现内部资源的优化配置和优势互补,在市场竞争中取得最大利益,并达成整体创新发展的目标;加强内部成员之间的业务联

---

① 李征,冯荣凯,王伟光.基于产业链的产学研合作创新模式研究[J].科技与经济,2008(1):22-25.

系,互相学习,共同提高,增强网络组织的凝聚力和向心力。加强内部合作就是要增强合力,创造共赢的和谐局面;其实质就是着眼大局,通过密切协作,不断追求更高效率和更优业绩;具体工作中要相互信任,相互配合,同心同德,共同创新,追求卓越,从而赢得信誉和市场。①

网内合作创新模式具有以下基本特征:第一,合作创新的主体范围仅限于网络组织内部。合作创新主要在高职教育网络组织内部成员之间展开,高职学院、科研院所与行业企业之间在人才培养、科技研发与社会服务等方面进行多种目的、形式与内容的合作创新。C市高职教育园区内部5所高职学院、数十家科研院所、数百家高新企业及服务机构以"政府主导、产教融合、协同育人"为核心理念,共建融高职园区、科技园区、产业园区三位一体的综合性高端技能型人才培养基地。

第二,合作创新有较好的便利条件与信任关系。由于共处于同一个网络组织内部,合作创新拥有较为便利的物质基础与信息共享条件,同时,网络组织内部在长期的交流与互动中产生较为紧密的信任关系。C市高职教育园区内部各类组织共处于一个地理相对集中的园区内,在合作创新方面具有得天独厚的天然优势,"地理邻近与网络位置对组织创新具有联结效应"②。园区内部建有千兆级别的信息共享网络,为内部组织成员的信息共享提供了良好的技术支持。园区内部时常开展学术交流与经验分享的报告会与座谈会,在交流互动的过程中内部组织成员之间更加容易建立有利于合作创新的信任关系。

第三,合作创新伴随着内部竞争。一方面,高职教育网络组织内部成员出于各自的发展需求与利益目标开展合作创新,共同产出高水平的创新成果;另一方面,在相同或相近的业务领域不可避免地存在激烈竞争与利益纷争,有时会形成难以预见的严重内耗。C市高职教育园区内部高职学院的专业重复设置是普遍现象,据不完全统计,截至2021年底,设置频次达到4次或5次的专业分别有5个;设置频次达到3次和2次的专业有30余个,专业类同必然导

---

① 曹叔亮.科教园区协同创新:优势分析、模式比较与发展路径[J].高校教育管理,2014(2):54-60.

② Whittington K B, Owen-Smith J, Powell W W. Networks, propinquity, and innovation in knowledge-intensive industries[J]. Administrative Science Quarterly, 2009(54):90-122.

致教师招聘、招生就业、科研发展等方面的激烈竞争。在限额申报科技计划项目时,高职学院、科研院所、行业企业同样存在不可调和的激烈竞争。

第四,合作创新的形式更加多样化。由于合作创新的主体范围限定在高职教育网络组织内部,合作创新具有较好的便利条件与信任关系,以及相同或相近专业领域之间的经常性互动交流,为合作创新的形式多样化创造了充分的条件与基础。C市高职教育园区内部各类组织成员在人才培养、科技研发、社会服务、文化传承与创新等方面展开类型繁杂多样的合作创新,合作开发课程、教师经验交流、科研团队建设、共建实习基地、联合注册企业、产学研一体化等形式的合作创新全面铺开。

高职教育网络组织内部合作创新模式具有合作基础牢固、合作条件便利、合作形式多样、合作持久等优势,但也存在一些局限性,如合作创新仅限于内部创新资源的利用,无法有效利用外部的创新资源;合作创新面临内部竞争的损耗,有时会导致合作创新的夭折。

二、网际合作创新模式

网际合作创新模式是指高职教育网络组织内部成员单独或联合起来与外部成员基于共同的合作目标或兴趣而开展的各种形式的合作创新活动,合作创新的具体形式与网内合作创新模式类似。根据参与合作的主体数量不同,可以分为单对单合作、单对多合作、多对单合作和多对多合作等。单对单合作主要适用于具体人才培养或科技研发项目的合作创新,如高职教育园区内某个高职学院与外部行业企业的订单式人才培养合作、具体专业领域的科技项目合作以及数量众多的校企合作实习实训基地等。有时某一专业领域需要高职学院与多家外部成员开展单对多合作,如C市高职教育园区的信息产业园是由X学院与弘扬集团控股有限公司、津通集团合作共建的融招商、研发、生产、教学、实训和服务于一体的产业园区。在重大项目合作中,高职教育网络组织内部单一成员实力不足时,可以联合起来与外部多个成员开展合作创新,如C市高职教育园区内6所高校与中科院C市先进制造技术与产业化中心、南京大学C市高新技术研究院、东南大学C市研究院、C市其他3所高校、W区高新区管委会共同合作、共同建设国家大学科技园。

网际合作创新要求体制机制改革的有效协同,通过体制机制改革,消除阻碍合作创新的制度壁垒,打破封闭、分散、低效的格局,理顺管理制度层面的合作创新关系,推动优势创新资源共享,构建人才培养、科技研发与社会服务的合作创新平台,促进创新要素的有机融合和全面共享。围绕具有战略意义的重大项目开展合作创新,实现基础研究、应用研究、技术开发和产业化的有机结合,进一步探索和实践产学研用合作共赢的无缝衔接模式。依靠高校优势学科比较雄厚的基础,以新兴前沿的工程科技科研项目为主体,以培养战略性新兴产业和培养传统产业为重点,建立产学研合作的新层次和新领域。以服务地方经济、社会发展为导向,以打造协同创新的平台为依托,以先期介入重大项目为抓手,逐步形成全方位国内合作的工作体系和多层次的社会服务战略布局。①

网际合作创新模式具有以下基本特征:第一,合作创新的主体范围不限于网络组织内部,已扩展到网络组织外部。与网内合作创新模式不同的是,网际合作创新邀请网络外部的相关成员加入合作创新的群体中。C市高职教育园区建立政校企所共建专业、课程、师资、教学、运行等五大协作组,共同制定专业标准,统一人才培养规格;科研院所、行业企业参与学校专业建设,共同设计人才培养方案,共同制定专业和课程标准,共同开发项目化课程、实训讲义与企业案例;教师跨界参与科研、企业群的项目开发、技术攻关和技术服务、联合申报科研项目;5所高职学院与园区外企业开展校企合作,共建校外实习实训基地。

第二,合作创新需要逐步建立信任关系。由于高职教育网络组织内部成员与外部成员在地理位置与人员交流方面存在必然的距离感与陌生感,在合作创新初期难以建立紧密型的合作伙伴关系,因此,必须在合作创新的形成期、发展期、成熟期等演化周期中逐渐建立开诚布公、互相依赖的信任关系。高职学院与相关行业企业的合作创新初期,同行竞争的传统观念必然引发彼此的防备心理,在核心创新资源与关键技术的交流共享方面难以实现深入合作,只有建立了稳固的合作伙伴关系之后,随着合作创新的发展与成熟,才能建立互信互谅的信任机制。

第三,合作创新的同业性较高。高职教育网络组织内部成员类型多样,在性质上分为同质性与异质性,同质性组织成员又分为同行业、同类型、同层次、

---

① 潘怡蒙,张莺.协同创新:相互作用中的共振和放大[N].中国教育报.2012-10-31.

同城市的组织成员等;异质性组织成员的分类更加多样。C市高职教育园区的5所高职学院带有明显的行业特点,分别属于信息、机电、化工、轻工、纺织等行业领域,属于行业异质性组织,在网际合作创新中通常选择相同或相近行业领域的企业开展合作创新,如X学院属于信息产业领域的高职学院,与中国移动公司、中国联通公司等通信信息类企业合作;F学院属于纺织服装产业领域的高职学院,与波司登集团等服装类企业合作。

第四,合作创新的形式受到限制。由于地理距离的限制、人员交流的不便及合作成本较高等因素的影响,高职教育网络组织开展网际合作创新的形式受到客观条件的制约,往往只能在某个专业或领域开展合作创新,而无法实现全面合作创新。C市高职教育园区的5所高职学院在办学类型与层次方面属于同质性组织,共同在一个地理集中的园区内办学,自然地理优势、教师交流便捷及相对较低的合作成本等因素促进网内合作创新的形式多样化,有利于开展全面的合作创新,但是网际合作创新则不具备这些优势,从而限制了合作创新的形式。

高职教育网络组织外部合作创新模式有利于充分利用网络组织外部的优势创新资源,有利于拓宽合作创新的范围与边界,有利于提高高职教育网络组织的办学影响力与吸引力。但是,也存在明显的局限性,如合作创新成本较高,影响合作创新成果的共享收益;创新资源的共享度较低,深入合作面临更大的难度。

三、双重合作创新模式

网内外双重合作创新模式是由网内合作创新模式与网际合作创新模式交叉重叠而来,兼有网内合作创新模式与网际合作创新模式的特点。一方面,高职教育网络组织内部成员之间已经具备了合作创新的基础,甚至已经组建了某些合作创新团队,开展了一些合作创新项目,合作创新的内部机制已经建立起来;另一方面,个别内部成员已经与相关领域的外部主体建立了合作关系,并充当双重合作的媒介,从而更加扩大了合作创新的范围,提升了合作创新的层次和水平。以高职教育网络组织内部成员为主体建立产学研合作联合体,网络组织内部的高职学院、科研院所与高新企业先期开展合作创新,在取得较好成绩的同时,势必寻求成果转化或扩大影响范围,此时可以联合相关行业领域的龙头企业、实力较强的研发机构组建更加强大的产学研联盟,于是,内部合作创新与外部合作创新交叉叠加的双重合作模式产生。[①] C市高职教育园区在建设国家高职教育改革发展综合实验区的过程中,不仅整合园区内5所高职学院的优势创新资源,而且联合了C市其他3所本科高校、政府机构、科研院所、高新企业、中介服务机构等外部组织成员,合作建设政、产、学、研、用、资、介于一体的协同创新平台。需要注意的是,双重合作必须考虑实力均衡,内部合作团体的创新实力与外部主体的创新能力应适当对等,才能更好地分配利益和分担风险,实现合作共赢,否则合作的持久性难以保证。

网内外双重合作创新模式具有以下基本特征:第一,充分利用网络组织内外部的优势创新资源。高职教育网络组织通过内部合作创新可以有效整合内部成员的优势创新资源,打破网络组织内部的创新壁垒,实现预期的合作创新目标;通过外部合作创新可以充分利用外部成员的优势创新资源,弥补内部成员优势创新资源不足的问题,同时为内外部合作成员带来创新收益。C市高职教育园区内部6所高校联合园区内的科研院所与高新企业,与C市的其他3所本科高校、政府科技管理部门联合共建国家大学科技园,坚持"经科教联动、产学研合作、校所企共赢"的发展理念,集聚创新资源,转化科技成果,把大学科技园建设成为高校院所技术创新基地、高新技术企业孵化基地、创新创业人才聚集和培养基地、科技成果转化基地。

第二,有效克服网内合作创新模式与网际合作创新的模式的缺陷。上文提到,高职教育网络组织内部合作创新仅限于内部创新资源的利用,无法有效利用外部的创新资源;而网际合作创新存在创新资源的共享度较低、深入合作难度较大等问题。网内外双重合作创新模式则可以充分发挥两种合作创新模式的优势,克服两种合作创新模式的劣势,以内部合作创新的优势弥补外部合作创新的劣势,反过来,外部合作创新的优势可以解决内部合作创新的不足。C市高职教育园区建设国家高职教育改革发展综合实验区的创新实践充分验证了双重合作创新模式的这一特点,园区积极邀请C市其他3所本科高校、政府机构、科研院所、高新企业、中介服务机构等外部组织成员参加综合实验区建设,弥补内部合作创新资源的不足,同时为外部合作成员提供学生实习实训基地、教师专业技能培训、科技项目研发平台、人才培育孵化基地等。

---

① 曹叔亮.科教园区协同创新的模式组合与机制改革——基于利益相关者的视角[J].现代教育管理,2014(6):38-43.

第三,有效提高高职教育网络组织合作创新的成果转化能力。无论网内合作创新模式还是网际合作创新模式,合作创新参与者的市场占有率和社会影响力都是有限的,而双重合作创新模式拥有更大的市场空间与更为广泛的社会影响力,为高职教育网络组织提高合作创新成果转化能力提供了更加有利的条件。国家大学科技园重点围绕 C 市五大高新技术产业发展,以市场化机制承担科技园招商引资、招科引智、项目开发、成果转化、风险投资等工作。园区内高校、科研机构、高新企业每年联合申报科研项目 1500 余项、授权专利350 余项;每年开展"四技"服务活动 800 多次、培训企业员工 3 万多人次、"四技"服务收入超亿元,园区的社会服务能力得到显著提升。

第四,在更大范围扩大高职教育网络组织合作创新的影响力。双重合作创新模式扩大了合作创新主体的范围,增加了优势创新资源,延伸了高职教育网络组织合作创新的边界,在人才培养、科技研发、社会服务、文化传承与创新等方面提高了合作创新的影响力与示范效应。C 市高职教育园区按照"科教结合、产学对接、集约发展、合作共享、多元立交"的思路,创新高职教育发展方式,改革技术技能型人才培养模式,突破管理体制机制制约,激发合作创新参与者的主动性、积极性与创造性,促进高职学院内涵建设与特色发展,提高人才培养质量与水平,提升高等职业教育服务经济社会发展能力和国际竞争力。

第二节　不同组织方式的合作创新模式

在实践中,高职教育网络组织合作创新的动力来源决定着合作创新的组织方式,不同组织方式的合作创新产生不同的合作创新模式。有研究者认为我国产学研合作创新模式主要有政府指令型模式、政府推动型模式、企业主导型模式、大学主导型模式、科研院所主导型模式、共建模式、虚拟模式等。[1] 根据科技创新活动的组织方式,科技创新模式可分为政府组织型、自组织型、联合组织型。[2] 根据不同的组织方式,高职教育网络组织合作创新模式

---

[1]　周静珍.我国产学研合作创新的模式探讨[D].南京:南京工业大学,2004.

[2]　陈宝国.福建省科技合作创新模式探析[J].科技管理研究,2007(3):187-189.

分为政府指导型合作创新模式、市场主导型合作创新模式、院校自主型合作创新模式等。

一、政府指导型合作创新模式

政府指导型合作创新模式是指高职教育网络组织在政府相关职能部门的业务指导下开展符合区域经济社会发展需求的多种形式的合作创新活动。一般来说,在政府职能部门指导下开展的合作创新活动类型与政府职能部门的业务领域相关,如教育管理部门指导下的合作创新通常在人才培养模式、课程教学改革、管理体制机制改革等领域,科技管理部门指导下的合作创新通常在科技项目合作、科研平台建设、科技成果转化等方面。C市高职教育园区是C市委、市政府根据经济社会发展的需要,结合C市高等教育的实践发展与江苏省高等教育的统筹规划,集中高职教育资源建设的具有高职教育特色的科教园区,高职教育园区建设本身就是合作创新的结果。2015年,园区管委会联合园区内6所高校申报的《政府主导、产教融合、协同育人——区域高职教育C市模式的创新实践》荣获国家教学成果一等奖,申报材料中详细阐明了地方政府在园区建设及合作创新过程中的指导作用。

政府指导型合作创新模式具有以下基本特征:第一,充分利用政府部门的行政权力。政府指导型合作创新模式可以充分发挥政府部门的行政职能,在高职教育网络组织的形成与发展及其合作创新的每一个环节提供行政程序的便利,必要时可以利用行政手段强制推行符合地方政府决策意愿的合作创新活动。C市高职教育园区在列入地方政府经济社会发展规划之后,成为政府工作计划中的重点推进项目,5所高职学院在政府相关职能部门的鼓励与支持下迁址办学,集中起来合作建设高职教育园区,政府部门在发展规划、土地使用、经费投入、人才引进等方面给予行政优先权与政策倾斜。在具体的合作创新活动中,政府部门能够提供有效的扶持措施与行政服务。

第二,政府部门运用财政投入促进合作创新。政府指导型合作创新模式可以使用公共财政经费加大高职教育网络组织合作创新的经费支持力度,为高职教育网络组织合作创新缓解经济压力提供切实保障,较为宽裕的经费投入可以提高合作创新成果产出的质量与数量。J学院与政府科技管理部门、高新区管委会签约共建机器人及智能装备应用技术研究中心,与欧姆龙自动化

（中国）有限公司、科技部制造业信息化培训中心、全国三维数字化创新设计大赛组委会、上海复斯管理咨询有限公司签订校企合作协议，面向机器人及智能装备产业发展需求，开展技术研究、科研成果推广和转化，培养和集聚技术创新团队。地方政府科技管理部门以科技计划项目的形式给予经费资助，科技部、财政部的科技型中小企业技术创新基金将研究中心立项为中小企业公共技术服务机构建设项目，给予无偿资助服务经费。

第三，政府部门为合作创新提供政策保障。政府指导型合作创新模式能够充分利用政府部门推动合作创新的政策供给优势，在政策扶持、税收优惠、人才引进、招生就业、土地使用等方面享有额外的政策优先权，鼓励与刺激合作创新的高效、快速发展。C市政府统筹高职教育园区的规划与建设，为入驻园区的高职学院提供价格优惠的教育科研用地作为新校区，为产学研成果转化提供税收优惠政策，为成立合作创新组织机构提供一条龙式的行政服务，制订"金凤凰高层次人才引进计划"，上述政策为高职教育园区开展合作创新提供了多方面的有利条件与充足保障。自教育部发布《关于实施高等学校创新能力提升计划的意见》及其实施方案以来，合作创新又上升到了一个新的政策支持高度。

第四，有利于合作创新的管理体制机制改革。政府指导型合作创新模式能够有效突破现行管理体制机制的限制，扫除阻碍合作创新的管理体制机制障碍，整合创新人才、创新投入、创新平台等创新要素，建立有利于合作创新的管理体制机制。C市高职教育园区被教育部认定为国家首批"高职教育改革发展综合实验区"，被江苏省教育厅、财政厅认定为唯一的"示范性高职教育园区"建设单位，被国务院办公厅认定为国家高职教育改革发展综合实验区，地方政府及国家有关部门的立项建设与成绩表彰为高职教育园区积极开展合作创新的管理体制机制改革提供了良好的契机与先行先试的条件，高职教育园区的合作创新理念、制度、模式与机制等逐渐得到更新与深化。

二、市场主导型合作创新模式

市场主导型合作创新模式是指高职教育网络组织基于市场需求以产教融合、校企合作为路径与行业企业开展多种形式的合作创新活动。由于高职学院与行业企业属于异质性组织，二者的发展需求与创新目的存在显著的差异，高职学院以培养高端技能型人才为己任,而企业主要以追求高额利润为根本目的,因此,市场主导型合作创新模式不仅要考虑高职教育网络组织中高职学院的合作需求,而且要更加顾及合作企业的合作目的。信息产业园是 X 学院的校企合作办学平台,该平台由 X 学院与弘扬集团控股有限公司、津通集团联合,遵循市场化机制、企业化运作的原则,按国际化标准,合作共建一座融招商、研发、生产、教学、实训和服务于一体的信息产业园。信息产业园围绕 C 市五大产业形成特色信息产业区域,通过促进打造信息产业的产业链和服务链的完善等内涵的提升,创建能吸引跨国公司及国际知名信息产业企业集聚的、具有鲜明的产业及管理特色的信息产业发展基地。

市场主导型合作创新模式具有以下基本特征:第一,合作创新以市场需求为主要依据。在市场主导型合作创新模式中,合作参与者根据区域经济社会发展的市场需求与未来趋势开展合作创新,合作创新的目标确定、具体形式、组织方式、管理制度等必须遵循市场规律,以市场化运作方式开展合作创新。X 学院的信息产业园瞄准区域市场需求的特色信息产业打造产学研合作一体化的产业链与服务链,与企业合作建设公共技术支撑平台、中小企业共性公共服务平台、人才培养服务平台、企业协作平台、知识产权保护平台与融资保障平台等六大公共服务平台。

第二,合作创新以行业企业为主导者。在市场主导型合作创新模式中,由于行业企业更加熟悉市场经济的基本规律,是合作创新活动的主角,在合作创新的整个进程中担任主导者,引领合作创新紧跟市场发展趋势,追踪创新成果的市场前沿。X 学院的信息产业园采用"官助民营、市场化运作"的管理方式,成立由学院法人代表、职能部门负责人和企业代表组成的董事会,在董事会下设立江苏津通弘扬信息科技发展有限公司,代表董事会作为信息产业园经营与管理的主体,负责整个园区的基础建设、环境规划、招商引资、人才培训、产业服务以及配套管理。信息产业园以公司化运作的形式开展合作创新活动,积极参与市场竞争。

第三,合作创新以追逐创新收益为直接目的。由于企业以创造利润为目的,在市场竞争中追求利润最大化,因此在市场主导型合作创新模式中,校企合作创新必然注重创新成果的市场收益,同时决定了合作创新的应用发展导向。信息产业园与企业合作建设投融资平台,定期收集入驻企业投融资项目,分门别类地向投融资公司发布信息,开展孵化项目和投融资项目的对接活动;定期组织创业人员开展商业运作和中小企业上市知识培训,加强园区与金融部门、投融资机构的合作沟通，吸引民营资本向入驻企业投资，协助创业企业开辟多种形式的融资渠道。创新收益是市场主导型合作创新的直接动力，能有效激发校企合作创新的迅速发展。

第四，合作创新重视创新成果的转化与推广。校企合作创新与产学研一体化可以促进合作创新成果迅速转化为生产力，为合作各方带来经济效益的同时进一步深化合作创新的广度与深度，因此在市场主导型合作创新模式中，合作各方尤其重视创新成果的实践推广与应用。信息产业园与企业共建嵌入式软件公共服务平台，围绕 C 市装备制造业发展实际，服务平台面向区域嵌入式软件产业发展的共性需求，建立以主流嵌入式硬件平台、国产嵌入式操作系统和主流的嵌入式操作系统为核心的嵌入式系统平台。嵌入式软件公共服务平台为园区合作创新成果的市场化提供了良好的组织载体，有效推动了合作创新成果的转化与推广。

三、院校自主型合作创新模式

院校自主型合作创新模式是指高职教育网络组织根据高职学院的自身发展需求自主联合起来开展多种形式的合作创新活动。由于参与者主要以高职学院为主，高职学院之间存在同质性的特点，有利于在人才培养、科技研发与社会服务等方面开展多种形式的合作创新活动，因此，相对于政府指导型合作创新模式与市场主导型合作创新模式，在院校自主型合作创新模式中，高职学院拥有更大的自主性。C 市高职教育园区管委会联合园区内 5 所高职学院，合作建设设备先进、规模较大、专业覆盖面广、共享程度高、富有特色的现代工业中心（共享实训中心），是一个集公益性、社会化、产学研结合于一体的教育训练、科技与社会服务平台。5 所高职学院每校每年向工业中心缴纳 200 万元日常运行经费，管委会每年配套 500 万元运行经费，工业中心服务创收 400 余万元，保证公共实训基地可持续发展。现代工业中心确立了"联合共建、统筹管理、内外开放、充分共享"的管理体制，形成了"工业中心理事会、工业中心管理团队、各实训基地项目部"三级管理体系。

院校自主型合作创新模式具有以下基本特征：第一，合作创新由参与合作的高职学院自主协商。在院校自主型合作创新模式中，参与合作创新的高职学院是主导者，以自主协商的方式共同确定合作创新的资金投入、合作形式、利益分配、绩效考核等事项,合作创新充分体现高职学院的自主意愿。现代工业中心由高职教育园区管委会与园区院校及相关单位组成理事会,统一管理中心的所有实训基地。理事会由高职教育园区管委会分管主任、5 所高职学院分管领导及有关部门负责人组成,作为中心的决策机构,中心内部有关合作创新的一切事务皆由理事会协商决定,每一所高职学院的意见或建议都会经过充分讨论后进行集体表决。

第二,合作创新以人才培养为根本目的。高职学院的基本职能之一是培养高端技能型人才,以高职学院为主导者的院校自主型合作创新必然以人才培养为根本目的。人才培养不仅提高在校学生的专业实践能力,而且加强教师的实践动手能力。现代工业中心通过生产性实训、创新创业实践、园(校)企联合学院等多种形式,构建园、校、企深度融合的创新模式,是实现高素质技能型人才培养,促进产学研合作,推进大学生创业和国际合作的有效载体。为加强教师的实践动手能力,中心定期组织 5 所高职学院专业教师参加实训教师培训班,对经过培训、考核获得实训教师聘用证书的教师,纳入中心师资库,供各院校和有关单位急需时随时聘用。

第三,合作创新满足高职学院的自身发展需求。在院校自主型合作创新模式中,参与合作创新的高职学院在自主协商的基础上实现人才培养质量提高的根本目的,因此在合作创新活动中必须尊重参与各方的合作意愿,满足参与各方的利益诉求,高职学院的自身发展需求是合作创新的最终动力。现代工业中心围绕高素质技能型人才的培养要求,针对长三角地区对现代制造业、生产性服务业、创意产业紧缺人才的需要,是一个集公益性、社会化、产学研结合于一体的教育训练、科技与社会服务平台。从根本上说,现代工业中心满足了参与高职学院培养高端技能型人才专业实践能力、提高办学质量与水平的发展需求。

第四,合作创新的同质性较高。作为院校自主型合作创新模式的主导者,高职学院具有同类型、同层次或同行业的共同特点,上述特点决定了院校自主型合作创新的同质性较高,通常在合作各方共同感兴趣的专业领域或培养环节开展合作创新。现代工业中心的功能主要在于提高学生的实践能力;园区内高职学院确立"专业共建、教师互聘、课程互选、学分互认"的合作创新制度主要在于提高专业建设水平与教学质量;高职学院联合申报重大科研项目主要在于提高教师的科研能力与彼此的科研成果质量和数量。

第三节　不同构建形式的合作创新模式

在实践中,高职教育网络组织合作创新需要合适的组织载体或发展平台,不同的组织载体或发展平台产生不同的合作创新模式。有研究者认为适合高新技术创新网络内构建合作创新联系的模式主要有合同创新模式、项目合伙创新模式、基地合作创新模式、基金合作创新模式、研究公司合作创新模式。[①]有研究者从不同主体间产学研合作的紧密程度的角度,将产学研合作创新模式分为技术转让、委托研究、联合攻关、内部一体化、共建基地、共建实体六种模式。[②] 也有研究者根据组建方式将产学研合作模式分为大学科技园模式、企业孵化器模式、合作研究中心模式、契约合作研究模式、咨询协议模式与技术入股模式等。[③] 根据不同的构建形式,高职教育网络组织合作创新模式可分为合同合作创新模式、项目合作创新模式、基地合作创新模式等。需要说明的是,上述模式只是从理论上予以区分,在实践中并没有严格的区别,有时还会出现交叉或重叠,如科研基地以合同为依据开展项目合作便包含了上述三种合作创新模式。

一、合同合作创新模式

合同合作创新模式是指高职教育网络组织的合作参与者以依法订立的合作合同为依据开展合作创新活动,合作合同按照法律规定的形式确定合作各方的权利、责任与义务,合作各方必须在合作合同限定的范围内开展合作创新活动并共同享有合作创新的成果与收益。在合同合作创新模式中,通常由合

---

①　吕波.高新技术企业网络化合作创新模式与运行机制研究[D].青岛:中国海洋大学,2008.

②　鲁若愚,张鹏,张红琪.产学研合作创新模式研究[J].科学学研究,2012(2):186-193.

③　蓝晓霞.美国产学研协同创新机制研究[M].北京:北京交通大学出版社,2014:130-145.

作企业以法律合同的形式委托高职学院或科研院所从事人才培养、技术研发等,合作企业提供所需经费并协商确定合作目标,高职学院或科研院所提供工作人员、工作场地、工作设备并制定具体的实施方案及监管过程,实现合作创新的预期目标。

合同合作创新模式一般以高职学院或科研院所为主成立专项组织机构,以高职学院或科研院所的教师、科研人员与管理人员为主组建创新团队,必要时也可以由高职学院或科研院所聘请行业领域的知名专家加入。专项组织机构及创新团队的合作创新能力是影响合同合作创新成败的关键,合作企业通常派专人参加创新团队,主要负责与高职学院或科研院所的联系和协调,代表合作企业监督合同的执行情况并反馈相关信息。合作创新的整个过程主要由高职学院或科研院所负责,企业通常不参与具体的合作过程,也不分享合作创新过程的工作经验与技术信息,但在必要时可以要求高职学院或科研院所提供合作创新活动的进度报告。合同合作创新模式有利于高职学院或科研院所利用合作企业的资金优势提高人才培养质量或科技研发能力,有利于合作企业利用外部创新资源弥补自身创新资源与创新能力不足的缺陷,合作各方实现互利共赢的合作目标。

合同合作创新模式具有以下基本特征:第一,合作创新以法律合同为依据。在合同合作创新模式中,合作参与者必须订立符合法律要求并能够满足合作各方合作意愿的合同或协议,作为合作创新的主要依据贯彻在整个合作过程中,合作目标、工作任务、绩效考核等必须履行合作合同的规定条款。高职学院与合作企业开展订单式人才培养,为合作企业提供符合企业要求的高端技能型人才,人才培养目标与规格、专业设置与课程体系、培养方式与考核标准都在合作合同中有详细而明确的规定。Q学院与江苏恒立公司、江苏常发实业集团等合作开设特色订单培养班,推进工学结合人才培养模式创新、校企合作共同发展。

第二,合作创新预先明确合作参与者的权利、责任与义务。由于合作合同具有确定的法律效力,受相关法律法规的保护,因此,合作合同的订立意味着合作参与者在法律意义上明确了各自的权利、责任与义务,任何一方损害其他合作参与者的合法权益或没有履行合作合同规定的职责都必须承担法律责任。高职学院与国外高校开展国际化合作办学,必须签订国际化合作办学合同或协议,合同规定的权利、责任与义务不仅要符合合作参与者所在国家的法律规定,而且要符合相关国际法的规定,这是国际化合作办学的前提法律要件。

第三,合作创新通常采用委托合同的形式。在合同合作创新模式中,通常由合作企业委托高职学院或科研院所培养高端技能型人才或研发新产品、新技术,这种委托培养或委托研发以签订委托合同作为合作创新的开端,以验收委托合同作为合作创新的结束。行业企业委托高职学院开展订单式人才培养、委托科研院所开展应用科技研发、高职学院或科研院所为行业企业提供"四技"服务,都是以委托合同的形式开展合作创新。

二、项目合作创新模式

项目合作创新模式是指高职教育网络组织的合作参与者根据特定项目合作的预期目标与任务开展合作创新活动,项目合作按照项目要求的任务分配、责任承担与利益划分等制定项目实施方案,合作参与者必须在项目预期目标与任务的既定框架内开展合作创新活动,并履行各自的义务、承担各自的责任、分享各自的收益。在项目合作创新模式中,合作参与者能够实现创新资源的优势互补,合作企业与高职学院、科研院所根据合作各方的创新优势进行合理化的项目分工,通过发挥创新需求与资源结构的互补性,提高单一资源单独使用所无法产生的较高效率与效益,在项目合作的不同发展阶段更加合理地优化资源配置。合作创新的重点在于合作伙伴的选择、合作创新管理与合作创新成果分享等方面。合作参与者整合创新资源,有效扩大创新资源的投入规模,减少合作个体创新资源不足或资源结构不合理而引起的创新时滞,从而节约创新成本、缩短创新时间。合作参与者利用各自不同的创新优势共同参与创新过程,共享创新收益,有效规避创新风险。项目合作创新模式有利于优化特定项目所需的优势创新资源结构,有利于完成个体组织无法单独完成的重大攻关项目。

项目合作创新模式具有以下基本特征:第一,合作创新围绕特定合作项目开展。在项目合作创新模式中,合作参与者必须在特定合作项目的规定范围内开展合作创新,合作项目的既定目标、工作任务、责任承担及利益分配是整个项目运作期间的最高指南,是引导合作参与者开展合作创新的统一纲领。高职学院、科研院所与行业企业开展科技项目合作,合作参与者必须遵守科技项目的预期目标、任务分工、绩效评价等关键内容的要求,才能顺利开展合作创新。C市高职教育园区组织产学研活动 20 多场,对接企业 500 多家,新增产学研合作项目 300 多项,合同金额超过 2 亿元。

第二,合作创新预先明确项目要求的任务分配、责任承担与利益划分等。既然合作创新必须围绕特定合作项目,那么在项目合作创新之前就必须经过充分协商,确定合作参与者各自的工作任务、职责分配及利益划分等重要事项,以便在合作创新的整个过程中更加顺利地将分工与协作结合在一起。C市高职教育园区内的高职学院已与美国等 40 多个国家和地区的 60 余所高校和科研机构开展了多种层面和形式的合作办学,如 X 学院与英国米尔顿凯恩斯学院合作招生并联合进行师资培训,F 学院与坦桑尼亚合作开展来华留学生项目,Q 学院与美国罗切斯特理工学院联合开展海外直通车项目等,各种合作项目严格按照项目的既定要求执行,既有各自的分工也有双方的协作。

第三,合作创新通常采用项目合伙的形式。在项目合作创新模式中,通常采用项目合伙的形式,合作创新团队由行业企业、高职学院与科研院所共同派出人员组成。合作项目成为维系各方参与者合作伙伴关系的主要纽带,项目立项与结项是各方参与者合作创新的重要时间节点。行业企业、高职学院与科研院所共同参与产学研合作项目、人才培养合作项目、社会服务合作项目等大多以项目合伙的形式完成。另外,项目合作创新模式有时也会采用项目合同制的形式,与合同合作创新模式存在相似之处。

三、基地合作创新模式

基地合作创新模式是指高职教育网络组织的合作参与者根据共同的目标或兴趣协商共建多种类型的基地,以此为组织载体开展形式多样的合作创新活动,基地合作根据共建基地的职能来分配合作各方应该承担的职责与任务,并按照共建协议或建设方案完成各自的建设任务,共同享有基地建设的成果与收益。在基地合作创新模式中,通常由合作企业提供运行经费和工作场地,高职学院或科研院所提供工作人员及其所需专业技术技能。基地合作创新模式具有多种功能,既可以为培养高端技能型人才提供实习实训的平台,也可以满足各种要求的教师或技术人员培训,还可以通过产学研合作开展科技研发等。合作基地的创新团队由高职学院、科研院所或合作企业的高层次创新人才组成;基地管理由合作各方协商制定管理制度;合作基地具有开放式的特点,在符合进入条件的情况下允许其他愿意参与合作的同类企业、高职学院或科研院所加入；合作创新成果的所有权归属于基地所在企业或所有参与合作的组织共同所有，取得或使用合作创新成果需要根据协商条款付费；合作创新的风险由参与基地建设的企业、高职学院或科研院所共同承担，企业主要承担财务风险，高职学院或科研院所主要承担技术风险。基地合作创新模式有利于合作企业在创新能力与水平方面接近高职学院或科研院所积极探索的理论前沿，追踪行业发展的最新动态，获取技术进步的最新信息；有利于高职学院或科研院所利用人才优势与技术优势获取发展空间与发展资金，同时有效规避自我发展的财务风险。

基地合作创新模式具有以下基本特征：第一，合作创新以合作基地为依托。在基地合作创新模式中，合作参与者发挥各自的创新资源优势共同建设各种类型的创新基地，坚持"共建、共管、共享、共赢"的原则，打造人才培养、科技研发或技术服务的多功能创新平台。C市高职教育园区的5所高职学院为实现校企协同育人，与园区外2000余家企业开展校企合作，共建校外实训基地，政校所企共建产教园、工程中心、技术服务平台等，为提高人才培养质量、产出科技创新成果、服务中小企业提供了充足而良好的合作创新平台。

第二，合作创新基地有明确的职能或功能。由于合作创新基地的形式多样、目标迥异、功能不同，因此，合作参与者建设合作创新基地必须明确基地的职能或功能，有利于在人才培养、科技研发或社会服务等方面发挥主导作用。X学院与中国移动、中国联通共建信息化人才培养基地，联合培养"4G"网络信息人才；J学院与久保田农业机械(苏州)有限公司校企深度融合共建厂中校，共同实施人才共育、人员互聘和科技协作服务；G学院与佳尔科药业集团合作共建企业工作站，在课程、教材及药物研究等方面合作开发等。

第三，合作创新通常采用资源互补的形式。在基地合作创新模式中，合作参与者通常采用资源互补的形式开展合作创新，开放式的创新基地在符合进入条件的前提下邀请同类企业、高职学院或科研院所加入，充分利用多方创新资源优势，弥补单方创新资源不足，有利于建设多功能一体化的合作创新基地。C市高职教育园区的现代工业中心(共享实训中心)是一个集公益性、社会化、产学研结合于一体的教育训练、科技与社会服务平台，成为学生生产性实训基地、创业教育基地和就业服务基地。

第四节　不同目的指向的合作创新模式

在实践中,高职教育网络组织合作创新有不同的目的指向与利益诉求,不同的目的指向与利益诉求产生不同的合作创新模式。有研究者认为大学与公司合作创新的模式主要分为人才交流、联合培养、项目委托研究、项目联合研发、建立科技成果转化基地、建立联合研究中心、共建实验室、虚拟合作模式等。① 也有研究者认为产学研合作模式主要有全面合作、联合办学、共建研发基地、建设科技园区、联办企业、创办企业、合作研发、技术转让和技术服务、产学研沙龙等。② 根据不同的目的指向,高职教育网络组织合作创新模式可分为人才培养合作创新模式、科技研发合作创新模式、管理制度合作创新模式等。

一、人才培养合作创新模式

人才培养合作创新模式是指高职教育网络组织合作参与者以培养高端技能型人才为主要目标、以多种形式的理论与实践教学方式开展合作创新活动。在人才培养合作创新模式中,高职学院与合作各方共同制定人才培养方案,共同开设专业课程、合作开发教材,共同商定课程教学方式及其评价标准,共同享有人才培养的各种教育教学资源。高职学院为合作各方提供高素质的技术技能型人才,合作各方协助高职学院提高人才培养质量,合作各方实现互惠互利、各取所需。

C市高职教育园区促进园区专业群与区域产业群的紧密结合,加强专业建设的区域性、适应性与前瞻性。园区专业群建设专家委员会由国内外专家、高新技术规模企业技术总监与园区院校相关人员联合组成,联合指导园区的专业群建设。统筹协调5所高职学院相关专业的名师力量,组成专业群建设

---

① 陶蕴芳,员智凯.研究型大学与跨国公司的合作创新模式研究[J].西北工业大学学报(社会科学版),2012(2):94-98.

② 高智勇,高建民,卫军胡,等.陕西省产学研合作创新模式研究[J].西安交通大学学报(社会科学版),2009(3):92-97.

协作组,为重点建设专业群制订建设计划并加强实施与监督。专业群建设突出优势互补与错位发展,形成既有集群效应又有院校特色的专业群建设模式;地方政府与高职院校共同制定导向性政策,设立专项资金、设定重要项目和岗位面向海内外招聘教学名师,鼓励高职院校开展教学名师带动的名师工程建设,组建创新型的优质教学团队。园区组建教育质量工程建设协作组,尊重高职教育人才培养规律,对工学结合人才培养模式下的专业课程、教学质量、创新创业等建立标准与开展评价,以满足地方经济社会发展的实际需求。推进园区专业课程教学标准建设、人才培养质量保障体系建设、教学质量评价体系建设、创新创业教育体系建设、职业能力训练体系建设。把握转变经济发展方式对人才要素提出的新要求,以产业需求为指向确定专业群建设标准、以工作任务的典型化需求为目标训练适应多岗位的专业技能、以校企合作中规模企业的订单需求为依据开发专业课程,完善学历文凭加多种资格证书制度,注重提高人才培养的社会适应性与职业迁移能力;推进中高职及应用型本科教育的有效衔接,构建高端技能型人才成长的立交桥。

人才培养合作创新模式具有以下基本特征:第一,合作创新以培养高端技能型人才为主要目的。高职学院以培养高端技能型人才为首要职能,而区域经济社会发展与行业企业发展需要大量的适应生产、建设、管理与服务第一线的高素质技术技能型人才,因此,合作培养高端技能型人才能够满足合作各方的共同需求。C市高职教育园区建立政校企所共建专业、课程、师资、教学运行等五大协作组,共同制定专业标准,统一人才培养规格。通过设立专项经费、实行项目对接等措施,引导科研院所和高科技企业承担教学工厂、创新创业实践的育人功能。

第二,合作创新集中体现在教育教学活动中。培养高端技能型人才离不开专业化的教育教学活动,人才培养质量集中体现在具体的课程教学内容、教学方式与课程考核等方面,因此,合作开发课程、教材、案例等是提高人才培养质量的必要环节。高职学院邀请科研院所、行业企业参与专业建设,每年共同设计人才培养方案,为学校提供兼职教师3000余名,共同制定专业和课程标准,共同开发项目化课程、实训讲义、企业案例,为学生提供专业实践、顶岗实习、创新创业训练场所,共同指导实训实习、学业评价。

第三,合作创新以理论教学与实践教学相结合为主要形式。理论教学与实践教学是培养高端技能型人才的两个重要方面,二者相辅相成、缺一不可。高职学院在理论教学方面具有明显优势,而行业企业在实践教学方面拥有不可多得的教学资源，二者合作开展教学有利于高素质技术技能型人才的理论学习与实践学习相结合。C 市高职教育园区 5 所高职学院与园区外 2000 余家企业开展校企合作，共建校外实训基地 2000 余个，有效弥补了高职学院实践教学资源的不足，为提高高素质技术技能型人才的实践能力提供充分保障。

二、科技研发合作创新模式

科技研发合作创新模式是指高职教育网络组织合作参与者以产出高水平的科技创新成果为主要目标、以多种形式的理论与应用研究方式开展合作创新活动。在科技研发合作创新模式中，高职学院与合作各方共同组建高水平的科技创新团队，共同建设高层次的科技创新平台，共同攻关高级别的重大科技项目，共同分享高新科技创新成果及其收益。合作各方集聚高水平的科技研发人才，提供优质创新资源与研发平台，共同解决单一成员难以完成的科技创新难题，实现创新互动、合作共赢。

C 市国家大学科技园已建成技术研发平台、科技创业平台与国际科技合作平台。大学科技园已经引进中国科学院、清华大学、北京大学、南京大学、东南大学、哈尔滨工业大学等在园内设立了十多家公共研发机构；建立现代设计与制造中心等公共技术共享平台，引进 DIXI 的 4 轴卧式加工中心，MIKRON 超高速 5 轴联动立式加工中心等 5 台世界顶级的高速精密加工设备；拥有各类研究所、实验室、工程技术研究中心达 50 多家，在装备制造、自动化、机器人、电动汽车、高分子材料、精细化工等领域，具备较强的研发力量。大学科技园内具有高级职称或博士学位 2400 余人，国家级高层次人才 60 余人，硕士 2000 余人，本科生 10 万余人，为科技园及区域科技创新提供了丰富的、各个层次的人才。大学科技园积极吸引海外归国人才、大学大院大所的科技人员以及本地人才到此创业，签约园区的海归创业团队 200 多个。围绕江苏省重点科技平台项目——国际化先进制造技术创新基地，大学科技园与俄罗斯、法国、以色列、美国、加拿大、英国等国家的高校、科研机构、企业开展合作，已经建有与俄罗斯新西伯利亚科学城合作的中俄生物技术研究所等国际合作研发机构。

科技研发合作创新模式具有以下基本特征：第一，合作创新以产出高水平科研成果为主要目的。科技创新及其成果应用不仅是高职学院的重要职能，而且符合科研院所与行业企业的发展需求,产学研合作创新获得高水平科研成果是高职学院、科研院所与行业企业的共同目的。C市国家大学科技园采取"政府引导、多方合作、整体规划、分步实施、企业化运作、滚动式发展"的建设模式,充分挖掘与利用高等学校、科研院所与高新企业的智力资源,把人才优势与科技优势转化为产业优势与经济优势,推动区域经济与创新体系的持续发展,合作建设高校院所技术创新基地、高新技术企业孵化基地、创新创业人才聚集基地、高新科技成果转化基地。

第二,合作创新集中体现在科技研发活动中。高水平科研成果产生于具体的科技研发活动中,集中体现在科技研发的创新团队、创新制度、创新平台与创新绩效等方面,因此,合作产出高水平科研成果必须重视科技创新的每一个环节。C市国家大学科技园建立"一园两区"的发展格局,在创新创业环境的建设上充分积聚创业优势和产业优势,实现联动双赢发展;以市场化机制承担科技园招商引资、招科引智、项目开发、成果转化、风险投资等工作,探索建立工作联动机制;已建成技术研发平台、科技创业平台与国际科技合作平台。

第三,合作创新以产学研一体化为主要形式。高职学院、科研院所与行业企业是产学研一体化的三个增长极,三者合作创新有利于充分发挥各自的创新优势,有利于打造科技创新成果及其转化应用的产业链与服务链。C市高职教育园区被教育部认定为国家首批"高职教育改革发展综合实验区",坚持"以社会需求为导向,以开放共享为核心,以内涵建设为抓手,以机制创新为保障",强调优质资源的开放共享,促进高职教育支撑经济社会发展能力的提升,搭建政、产、学、研、用、资、介十一体的协同创新平台。在与园区已引进的一大批研发机构、高科技企业开展产学研合作的基础上,按照"经科教联动、产学研结合、校所企共赢"的发展理念,进一步加强人才培养、科技研发和社会服务三大功能建设,形成内有科教整合、外有产业合作的产学研合作新模式。

三、管理制度合作创新模式

管理制度合作创新模式是指高职教育网络组织合作参与者以推动管理体制机制改革为主要目标、以多种形式的管理制度与运行机制开展合作创新活动。在管理制度合作创新模式中,高职学院与合作各方协商管理体制机制改革的指导思想与顶层制度设计,共同探索管理制度改革的实践运行机制,共同整合管理体制机制改革的创新要素,共同打破阻碍创新的体制机制壁垒、激活创新的主动性与积极性。合作各方集思广益,通过管理体制机制改革激发合作创新精神,提升合作创新的原动力、凝聚力与向心力,共享管理制度改革带来的创新收益。

C市高职教育园区自创建以来,先后建成国家级两化深度融合试验区、国家大学科技园、中德创新园区、国家海外高层次人才创新创业基地、国家级留学生创业园、国家高职教育综合改革试验区、全国青年创业示范园区、国家级软件园、江苏省科技服务示范区、江苏省创业投资集聚发展示范区和江苏省知识产权试点园区等。作为教育园区,园区突出"共建共享、产学融合、协同育人"的理念,形成了培育应用型技术人才的高职教育C市模式;作为科技园区,园区是《苏南国家自主创新示范区发展规划纲要》中明确的创新核心区;作为产业园区,园区积极构建创新创业生态体系,大力发展研发设计、成果转化、科技金融、知识产权、高端培训、检验检测等新兴业态,促进创新要素与生产要素双向融合,促进新业态集聚、新模式创制、新产业育成。C市高职教育园区以"政府主导、产教融合、协同育人"为核心理念,坚持"经科教联动、产学研结合、校企所共赢"的发展理念,按照"科教结合、产学对接、集约发展、合作共享、多元立交"的发展思路,健全"政府主导、行业指导、学校主体、企业参与"的办学体制机制。

管理制度合作创新模式具有以下基本特征:第一,合作创新以管理体制机制改革为主要目的。管理体制机制是合作创新的制度保障,科学、合理、高效的管理体制机制有利于合作创新的顺利开展与创新成果的低成本、高产出与高收益,因此,管理体制机制改革伴随着合作创新的全过程,也是合作创新的主要目的之一。C市高职教育园区是全国第一个以高职教育为显著特色的科教区,是国家首批"高职教育改革发展综合实验区",是目前国内唯一的省级示范性高职教育园区,创造了"政府主导、产教融合、协同育人"区域高职教育发展的C市模式,成为全国职业教育资源共享的典范,为高职教育发展提供了管理体制机制改革的实践经验。

第二,合作创新集中体现在管理制度改革实践中。合作创新的管理体制机制改革重点在于先行先试、实践探索,具体体现在组织结构、管理制度与运行机制的改革尝试中,因此,创新组织机构、健全规章制度与完善运行机制成为合作创新管理体制机制改革的核心要素。C市高职教育园区作为教育改革试验区、示范区,必然需要在管理体制机制改革中开展实践探索,园区建设本身就是区域高职教育管理体制机制改革的重大成果。地方政府成立园区管委会作为协调管理机构,信息产业园实施"官助民办"和"官办民营"的创新管理运营模式。园区合作创新已形成可持续发展的管理体制与运行机制,包括强有力的决策协调机制、有序的竞争机制、灵活的开放办学机制、多元的经费保障机制、有效的激励约束机制、系统的济困助学机制,以及校际合作机制和教学协作机制。

第三,合作创新以试点改革为主要形式。高职教育网络组织合作创新的管理体制机制改革缺乏现有经验可供借鉴,往往以试点改革为主要形式开展积极探索,寻求更加科学有效的管理制度,意在通过管理制度改革降低合作创新的成本,提高合作创新的效益。C市高职教育园区之所以成为各种教育改革与科技发展的试验区、实验区、示范区与合作基地,其主要目的之一便是通过合作创新的试点改革探索更加符合高职教育发展的管理体制机制。C市高职教育园区的发展理念、发展战略、发展思路与发展路径是管理制度合作创新模式的典型实践案例。

第六章 高职教育网络组织合作创新的运行机制

　　运行机制是高职教育网络组织合作创新的核心组成部分,同样关系到高职教育网络组织合作创新的全面、协调、可持续发展。本章主要从动力机制、分工机制、信任机制、利益分配机制与沟通协调机制等方面阐释高职教育网络组织合作创新的运行机制。

　　高职教育网络组织合作创新涉及各类主体的多种形式活动,合作创新活动的顺利开展及能否取得预期的高质量创新成果有赖于运行机制的必要保障,科学、顺畅、高效的运行机制在高职教育网络组织合作创新过程中起着全局性作用。对运行机制的理解不同导致研究者对运行机制的内涵及分类不同,有研究者认为合作创新网络的运行机制包括信任机制、动力机制、组织机制、利益分配机制、快速反应机制与协调机制等。[①] 也有研究者认为,合作创新网络的运行机制由信任机制、学习机制、利益分配机制、激励机制与协调机制组成。[②] 本书重点探讨高职教育网络组织合作创新的动力机制、分工机制、信任机制、利益分配机制与沟通协调机制等。

---

　　① 刘文菁,王明舜.企业合作创新网络的对象选择与运行机制[J].济南大学学报,2004(5):39-42.

　　② 王文亮,刘岩.校企合作创新网络运行机制调查分析[J].技术经济,2011(8):32-38;刘岩.校企合作创新网络的结构模式和运行机制研究[D].郑州:河南农业大学,2011;骆建栋.产业集群合作创新网络的结构和运行机制研究[D].郑州:河南农业大学,2009.

第一节　高职教育网络组织合作创新的动力机制

高职教育网络组织合作创新的运行机制包含多个组成部分,其中动力机制是首要部分与前提性条件,是高职教育网络组织开展合作创新活动的原发动力。驱动机制作为促进和推动产学研各方实施创新合作的动力机能,是诱发、引导协同创新的关键环节,是产学研协同创新能够形成的首要条件,是处于整个协同创新"链条"最前端的影响因素,因此具有先导性、基础性作用。[①]有研究者认为产学研合作创新的动力来源包括外部动力与内部动力,其中外部动力要素包括市场供需状况和政府政策,内部动力要素包括交易成本、代理成本、规模效益、内部边际收益、非物质利益。[②]根据动力来源的不同范围,高职教育网络组织合作创新的动力机制分为外部动力机制与内部动力机制。

一、外部动力机制

外部动力是高职教育网络组织合作创新的重要影响因素,多种来源的外部动力叠加促使高职教育网络组织合作创新的加快发展与成果产出。高职教育网络组织合作创新的外部动力主要源于政府政策推动、市场需求拉动与高职教育发展的驱动。

第一,政策推动。近些年,高职教育网络组织的产生与发展以及合作创新活动的开展,政府教育发展规划与政策对其的推动作用比较明显而有效,尤其在高职教育网络组织产学研合作创新的外部环境方面,政府的制度设计与政策支持起着非常重要的促进作用。一般来说,政府的政策推动力主要体现在通过宏观教育与科技政策,运用行政与经济的调控手段,对高职教育网络组织合作创新进行资助,或者间接通过出台知识产权保护、成果转化等法律法规,为高职教育网络合作创新提供良好的制度环境、政策优惠与便利条件等,大力

[①]　蓝晓霞.美国产学研协同创新机制研究[M].北京:北京交通大学出版社,2014:53.

[②]　祖廷勋,张云虎,陈天仁,等.产学研合作创新的动力机制——基于新制度经济学层面的分析[J].河西学院学报,2006(1):24-27.

支持合作创新与产学研一体化发展。国务院及教育部出台的职业教育政策如《国务院关于大力发展职业教育的决定》(国发〔2005〕35号)、《教育部关于加快推进职业教育集团化办学的若干意见》(教职成〔2009〕9号)、《教育部关于推进中等和高等职业教育协调发展的指导意见》(教职成〔2011〕9号)、《国务院关于加快发展现代职业教育的决定》(国发〔2014〕19号)等对高职教育网络组织合作创新起到了极大的推动作用,国务院办公厅认定国家高职教育改革发展综合试验区、教育部认定国家首批"高职教育改革发展综合实验区"、科技部与教育部认定"国家大学科技园"、江苏省教育厅与财政厅认定"示范性高职教育园区"等建设项目与政策措施有力地促进了C市高职教育园区产学研合作创新活动的快速发展。

第二,市场需求。在市场经济条件下,高职教育网络组织合作创新无论在人才培养与科技研发,还是在社会服务与文化传承等方面,都必须面向市场,紧跟市场需求的引导方向。市场既通过需求拉动为高职教育网络组织合作创新提供合作起点,也是高职教育网络组织合作创新成果转化为生产力的终点,因此,来自市场需求的推动是高职教育网络组织产学研合作创新的最直接动力。C市高职教育园区自建设以来,立足市场需求、企业需求、社会需求、政府需求,用好园区实训平台、实验平台、创新平台、知识产权交易平台,培养更多知识型创新创业人才;C市国家大学科技园以市场化机制承担招商引资、招科引智、项目开发、成果转化、风险投资等工作,探索建立工作联动机制;信息产业园遵循市场化机制、企业化运作的原则,按国际化标准,合作共建融招商、研发、生产、教学、实训和服务于一体的信息产业园。C市高职教育园区积极构建以市场为导向、以企业为主体、以政府创新为推手的政、产、学、研、用、资、介结合的产学研合作创新体系,推动建立能够引领产业创新的区域创新体系。持续旺盛的市场需求极大地拉动了C市高职教育园区产学研合作创新活动的快速发展,成为C市高职教育园区提高人才培养质量、促进科技创新与提供高质量社会服务的主要动力。

第三,教育发展。20世纪90年代末以来,高职教育的快速发展催生了高职教育网络组织的形成与发展,同时也加快了高职教育网络组织开展合作创新的步伐,教育发展形势的剧烈变化为高职教育网络组织及其合作创新的迅速发展带来了机遇,也带来了如何处理合作与竞争关系的现实挑战。为抓住新形势下的良好机遇、迎接前所未有的挑战,由高职学院、科研院所与行业企业等组织机构合作建立的高职教育网络组织必须主动、积极地开展合作创新,在政府政策的指导下迎合市场需求,在加快自身发展的同时为组织内部成员带来更大的发展空间。C市委、市政府根据区域经济社会发展和高职教育发展的需要,结合国内大学城四处兴起的发展形势,选择差别化竞争、错位式发展的道路,集中规划、建设突出高职教育特色的高教园区,以合作创新为路径为区域高职教育发展争得发展机会,在接下来的高职教育园区发展中显示出具有全国影响的区域高职教育办学特色。由于高职教育竞争的日趋激烈、人才培养质量要求的不断提高、科技创新的日新月异以及高职学院创新资源的固有不足,高职教育园区只有充分发挥其合作创新的优势以提高自身的综合竞争力,才能获得更多的合作创新成果,保持在区域教育市场中的优势地位。

二、内部动力机制

内因是事物发展的决定性因素,内部动力是高职教育网络组织开展合作创新的根本性因素。内部驱动是合作主观能动性的重要体现,其中经济利益驱动和自我发展需要对大学和企业产生协同创新的意愿具有根本性、基础性作用,某种程度上是决定协同创新活动能否有效实现的核心因素,比外部驱动更关键。[①] 高职教育网络组织合作创新的内部动力主要源于经济利益与自我发展两个方面。

第一,经济利益。任何社会组织的发展都需要一定的经济基础作为有效支持,高职教育网络组织亦不例外,网络组织内部的高职学院、科研院所与行业企业等结点组织都必须把经济利益作为生存与发展的主要目标之一,否则便无法谈及全面、协调、可持续发展。经济利益因素是促进高职教育网络组织产学研合作创新的根本驱动力,作为高职教育网络组织产学研合作创新参与者共同追求的目标,经济利益在合作创新的产生与发展过程中发挥着重要的驱动源泉作用。从根本上来说,高职学院、科研院所与行业企业等结点组织之间的合作创新,其动力来源于合作创新参与者共同领域内的总目标与根本利益的一致性。企业以追求利润最大化为主要目标,诱发企业参与合作创新的根本动力在于获得超额利润与市场竞争优势。企业参与合作创新,一方面可以获得创新资源与研发成果,降低自身研发风险,解决内部创新资源与创新能

---

① 蓝晓霞.美国产学研协同创新机制研究[M].北京:北京交通大学出版社,2014:86.

力不足的问题,提高市场竞争能力;另一方面通过与高职学院、科研院所的合作,可以定向培养企业急需的高素质技术技能型人才,为今后发展储备人才资源的同时共享知识创造、传播与应用的收益。高职学院与科研院所参与合作创新,利用人才优势与研发优势,促进科技创新成果转化,获取更多的发展经费,增加内部人员的经济收入,改善教学科研等发展条件,提高人才培养、科学研究与服务社会的整体竞争力。

第二,自我发展。除了经济利益之外,高职教育网络组织及其内部成员自我发展的内在需求同样是合作创新的内部动力。高职教育网络组织的产生与发展需要合作创新活动的广泛存在,否则便失去了存在的意义与价值,从组织功能的视角来看,合作创新是高职教育网络组织的基本职能与主要功能,既是高职教育网络组织的形成目的,也是高职教育网络组织的发展宗旨。作为高职教育网络组织的内部成员,高职学院、科研院所与行业企业等组织是独立存在的社会组织,生存与发展是其基本需求,因此,寻求自我发展、追求组织进步是高职教育网络组织合作创新形成与发展的重要内在驱动力。对于企业来说,市场竞争能力依托核心技术,核心技术的研发对于企业的核心竞争力具有不言而喻的重要意义。但是,单一企业的创新资源始终是有限的,无法覆盖所有的研发领域,也无法承担所有的核心技术研发环节,而且自主研发必须面对技术与财务风险,因此,出于自身发展的核心利益诉求,企业具有与高职学院、科研院所开展合作创新的强烈意愿。对于高职学院与科研院所而言,面对高素质人才培养、高层次科技创新成果、高质量社会服务的发展压力,提高核心竞争力需要更多的社会资源以弥补自身发展条件的不足,与企业合作可以有效满足提高核心竞争力的内在需求。高职学院、科研院所与企业的合作创新可以提高教师、学生与科研人员的实践能力、创新能力与知识应用能力,同时可以提高他们的职业迁移能力、社会适应能力与社会服务能力。

第二节 高职教育网络组织合作创新的分工机制

网络组织作为一种介于市场组织与科层组织之间的新型组织形态,对社会分工的促进作用及对经济发展的推动作用,已经越来越多地在现实经济中得到印证。① 这种组织形式既能够保证分工与专业化的效率机制，又能够将这种分工与专业化深化下去，使得分工与合作的关系得以在更大范围内扩大和加深，反过来促进网络组织的进一步发展。高职教育网络组织合作创新在知识共享一体化的基础上，采用专业化分工的工作方式，根本上体现了知识经济的新型社会分工与合作。知识流动与整合带动高职教育网络组织合作创新的分工整合，每个组织成员都以核心创新要素参与合作创新的专业化分工，进而提升高职教育网络组织及其成员的竞争优势。专业化分工的合作竞争机制是高职教育网络组织合作创新的主要竞争优势来源②，组织成员之间的专业化分工能够充分利用成员自身拥有的专业化优势，对于提高成员自身的合作创新效率以及整个网络组织的创新效率都具有重要意义。根据专业化分工的不同基础，高职教育网络组织合作创新的分工机制主要分为基于组织类型的分工机制、基于创新目的的分工机制与基于创新资源的分工机制等。

一、基于组织类型的分工机制

高职教育网络组织由不同类型的组织成员联合构成，其中以高职学院、科研院所与行业企业为主，不同类型的组织成员具有不同的社会功能。从知识发展的视角来看，不同类型组织的发展建立在不同知识来源与结构的基础上，知识来源与结构决定着不同类型组织的知识创造、传播与应用，进而决定不同类型组织基于知识发展的专业化分工，因此，知识发展赋予高职教育网络组织成员的功能决定组织成员的类型定位，组织类型定位决定高职教育网络组织成员的专业化分工，专业化分工反过来加剧高职教育网络组织成员的类型分化。高职教育网络组织正是建立在上述组织类型分化的基础上，以专业化分工协作的形式开展合作创新活动。

作为高层次的教学与科研组织，高职学院与科研院所具有知识创造与传播的社会功能，在高职教育网络组织合作创新的过程中承担更多的知识创造与传播职能，在与企业的专业化分工协作中主要负责高端技能型人才培养与

---

① 魏明亮，冯涛.网络组织对分工水平的影响——基于新兴古典经济学的视角[J].西安财经学院学报，2014(2):38-43.

② 林孔团.网络组织竞争优势产生机制的探析[J].云南财经大学学报，2009(6):94-97.

科技研发的任务；企业具有天生的市场敏锐嗅觉，以市场需求为发展方向，注重知识产品与科学技术的转化与应用，在高职教育网络组织合作创新的过程中承担更多的知识应用职能，与高职学院、科研院所开展合作创新，主要负责培养高端技能型人才的实践能力与科技创新成果的应用推广。以高职学院、科研院所与行业企业为主的高职教育网络组织比传统的市场组织与科层组织具有更高的专业化分工水平与程度，使得网络组织成员能够将更多的精力集中于更为精细的专业化分工。

　　C市高职教育园区分为高教园区、科技园区和产业园区三部分，坚持"经科教联动、产学研结合、校所企共赢"的发展理念。作为教育园区，园区现有1所本科大学与5所高职学院；作为科技园区，园区已建成数十个研发中心与公共研发平台；作为产业园区，园区已吸引数百家高新企业入驻。园区拥有不同类型的组织成员，为合作创新的专业化分工提供了适切的前提条件，为知识创造、传播与应用的专业化分工奠定了必要的发展基础，为人才培养、科技研发与社会服务的产学研一体化创造了发展机遇。以专业化分工为核心的政校企所合作培养人才，充分发挥了园区的专业化分工协作优势，政校企所共建专业、课程、师资、教学运行等五大协作组，共同制定专业标准，统一人才培养规格；通过设立专项经费、实行项目对接等措施，引导科研院所与高新企业承担教学工厂、创新创业实践的育人功能；科研院所、企业参与学校专业建设，每年共同设计人才培养方案，共同制定专业和课程标准，共同开发项目化课程、实训讲义、企业案例，为学生提供了专业实践、顶岗实习、创新创业训练场所，共同指导实训实习、评价学业；教师跨界参与科研、企业群的项目开发、技术攻关与技术服务，联合申报科研项目。

二、基于创新目的的分工机制

　　由于高职教育网络组织成员的类型多样、结构复杂与功能差异，导致高职教育网络组织成员参与合作创新的利益诉求与预期目的有所区别。从利益相关者的视角来看，利益诉求始终是组织发展的原动力，不同的利益诉求决定着不同的组织发展目的，基于利益诉求的组织发展目的对组织参与合作创新具有决定性的影响作用，同时决定了组织在合作创新中专业化分工的角色定位，归根到底，专业化分工可以有效满足组织参与合作创新的利益诉求，实现组织的预期创新目的。在利益诉求基础上确立的合作创新目的决定了高职教育网络组织成员的专业化分工,专业化分工体现了高职教育网络组织成员的根本利益与合作创新目的,因此,高职教育网络组织必须建立在组织成员利益诉求的基础上,以专业化分工协作的形式开展合作创新活动。

　　根据不同的组织性质与功能,高职教育网络组织成员参与合作创新具有不同的利益诉求与创新目的,具体来说,高职学院始终以培养高端技能型人才为首要创新目的,科技研发与社会服务同样服务于人才培养的根本目的,因此,高职学院参与合作创新首先着眼于提高人才培养质量,教师能力提高、科技创新成果产出、社会服务效益等都是从属性目的,由此决定高职学院的专业化分工应定位于以人才培养为主。科研院所在重视人才培养的基础上更加突出科技研发成果的创新目的,参与合作创新有利于发挥自身的研发优势、产出更多的高水平科技创新成果,由此决定科研院所的专业化分工应定位于以科技研发为主。企业是市场的主体,以追求利润最大化为根本目的,在人才培养与科技研发方面并不具有先天优势,反而在人力资源开发与科技成果转化方面拥有高职学院与科研院所无法比拟的有利条件,由此决定企业的专业化分工应定位于以人才资源与科技成果的应用为主。上述三者的有效结合促使高职教育网络组织以专业化分工协作为核心的产学研一体化向纵深发展,形成高职教育网络组织合作创新"分工协作、共生发展"的创新环境与文化生态。

　　2010年,C市高职教育园区被教育部认定为国家首批"高职教育改革发展综合实验区",综合改革坚持"以社会需求为导向,以开放共享为核心,以内涵建设为抓手,以机制创新为保障",探索机制创新,开辟有效途径,实现产学研的深度融合。按照"经科教联动、产学研结合、校所企共赢"的发展理念,进一步加强人才培养、科技研发与社会服务等功能建设,形成内外整合、产教融合的产学研合作创新模式。联合科研机构、先进制造业与现代服务业企业建立"大学生实践训练和创新创业基地",为学生专业实践训练和创新创业提供发展平台;鼓励科研机构与高科技企业的科研人员担任高职院校的兼职教师,以改善高职院校的师资队伍结构,提升高职院校的专业建设水平;推动园区院校与科研机构、高科技企业组成科技创新团队,积极申报各级各类科研项目、重大技术攻关项目与产学研合作项目,为区域内企业提供形式多样的"四技"服务;引进国际一流的教育机构(如印度NIIT学院)和高科技企业(如美国国际参数公司)的培训资源进入园区联合办学,提高国际服务业外包人才培养水平;积极引进区域内规模型企业共建联合学院(如中天钢铁学院、天合光能学院），有效探索"厂中校""校中厂"模式，与企业联合开展高中起点的成人专科学历教育试点，实现学院与企业的互利共赢。

三、基于创新资源的分工机制

高职教育网络组织由不同性质的组织成员构成，其中有同质性组织与异质性组织，异质性组织的创新资源存在明显差异，从而影响组织成员参与合作创新的专业化分工；同质性组织虽然拥有类似的创新资源，但在核心创新资源方面依然存在不同侧重的优势，同样影响组织成员参与合作创新的专业化分工。从资源禀赋的视角来看，创新资源是组织开展创新活动依赖的基础，不同的创新资源决定着组织创新的方向，基于创新资源的组织发展方向对组织参与合作创新具有重要影响，进一步决定组织在合作创新中的专业化分工态势，因此，专业化分工必须以创新资源为先决条件，科学合理地整合创新资源有利于高职教育网络组织成员充分发挥优势资源，才能更好地实现合作创新目的。高职教育网络组织必须建立在组织成员优势创新资源的基础上，以专业化分工协作的形式开展合作创新活动。

仍然以高职教育网络组织中的高职学院、科研院所与行业企业为例，探讨基于创新资源的分工机制。一般来说，高职学院以人才培养为主要职能，在教学资源、人才资源、科研平台、文化创新等方面拥有创新资源优势，分属于不同行业领域的高职学院拥有较为明显的行业性创新资源优势，参与合作创新能够利用专业化分工协作带来的创新资源弥补自身的人才培养资源不足。科研院所以科技研发为主要职能，在科研人才、科研平台、研究经费等方面拥有创新资源优势，大多数科研院所有明确的学科领域与专业范围，参与合作创新能够通过专业化分工协作拓宽研究领域，吸引高层次人才，提高创新成果的转化率。行业企业以产品开发与技术应用为主要职能，在人才资源利用、创新成果转化、市场推广等方面拥有显著优势，类型多样、形式不同的行业企业拥有独具特色的核心创新资源，参与合作创新能够利用专业化分工协作弥补企业内部技术资源不足或者技术资源的结构性缺陷。高职教育网络组织实现创新资源的优势互补，根据合作各方的优势创新资源进行合理的专业化分工，创新资源结构的互补性能够产生比单一资源更高的效益。

信息产业园实施"官助民办"和"官办民营"的创新管理运营模式，通过合作各方创新资源的有效整合利用与专业化分工,着力围绕五大产业形成特色信息产业区域,打造信息产业的产业链与服务链,创建能吸引跨国公司及国际知名信息产业企业集聚的、具有鲜明的产业及管理特色的信息产业发展基地。政府作为支持、引导和基础设施投入的主体,在政策支持、规划设计、资金投入、外商引入、综合协调、宏观指导及服务体系建设方面,发挥重要的扶持作用,为信息产业园营造投资、创业和发展的良好环境。以 X 学院、津通集团为主体成立江苏津通弘扬信息科技有限公司,作为产业园开发经营主体企业,负责整个园区的基础建设、环境规划、招商引资、人才培训、产业服务以及配套管理职能,完成政府提出的信息产业发展与招商等目标要求。"官助民办"和"官办民营",是一种产权明晰的体制,又是一种明确政府部门、高职学院与行业企业责任,保证产业园健康运行的分工机制。在合作建设产业园的过程中政府部门、高职学院与行业企业充分利用各自优势资源,明确经济发展中的最佳定位,遵循市场导向,加速信息产业快速增量的形成。体制机制创新极大地调动了企业积极性,通过专业化分工协作实现政府快速发展信息产业、高职学院培养信息人才与企业迅速发展壮大的共赢目标。

第三节　高职教育网络组织合作创新的信任机制

网络组织出若干具有平等地位的独立组织所构成,因此,内部成员之间的组织间关系是网络组织得以生存与发展的基础性条件。Tomkins 在研究组织关系时认为,所有关系依赖于一定程度上的信任。[①] 信任是一种预期对方不会利用自己脆弱性的信心,这意味着信任一方在有能力监控或控制另一方的情况下,宁愿放弃这种能力而使自己处于暴露弱点、利益可能受到对方侵害的一种状态。[②] 高职教育网络组织合作创新的演化周期分为形成期、发展期、成熟期与退出期,在不同的发展阶段信任关系的程度不同,随着合作创新的持续深

---

① Tomkins C. Interdependencies, trust and information in relationships, alliances and networks[J]. Accounting, Organizations and Society, 2001(26):161-191.

② Kumar N. The power of trust in manufacturer-retailer relationships[J]. Harvard Business Review, 1996(11):92-106.

入,成员之间的信任程度逐渐增加。信任是知识网络组织成员伙伴之间彼此沟通与有效合作的基础和前提,信任机制是知识网络组织的基本运行机制和主要治理机制。① 建立互相依赖、开放包容的信任机制有利于高职教育网络组织降低合作创新成本,提高合作创新效益。建立网络组织的信任机制可以防范机会主义行为,可以有效地降低网络组织的交易成本,能够降低经营风险,可以促进成员的合作,可以提高网络组织的运行效率。② 有研究者认为产学研合作创新的信任机制包括信任的产生机制、信任的运行机制与信任的保障机制。③ Lewicki 与 Bunker 根据信任发展的过程提出信任关系发展的三阶段模式理论,将信任关系分为谋算型信任(Calculus-Based Trust)、理解型信任(Knowledge-Based Trust)与认同型信任(Identification-Based Trust)。④ 高职教育网络组织合作创新信任机制的产生、运行与保障同样经历上述三个阶段的发展历程。

一、谋算型信任机制

在高职教育网络组织合作创新的发展初期,合作参与者之间的熟悉程度有限,在合作创新的理念、制度、模式与机制等方面还没有形成完全一致的心理预期,参与合作创新主要基于成本、收益与风险的计算与权衡以及彼此之间的创新利益期望。因此,合作参与者之间的信任水平较低,有时难免产生一些矛盾与冲突,如果不能有效解决信任关系中的裂痕,往往在合作创新中付出巨大的代价,甚至可能导致合作创新的流产。在谋算型信任阶段,合作参与者之间的诚信、能力、态度与价值观存在较大的不确定性,由此导致参与合作创新的凝聚力与忠诚度较低,合作创新的交易成本较高,创新成果的数量与质量不

---

① 雷志柱.知识网络组织构建与管理研究[M].北京:北京理工大学出版社,2012:62.

② 任银荣.网络组织成员间信任机制的实证研究[D].天津:天津财经大学,2010.

③ 毛加强,肖丽丽,杨伟娜.企业与大学合作创新的信任机制[J].统计与决策,2008(8):178-180;周汐.E-innovation环境下产学研合作创新信任机制构建研究[D].南京:南京理工大学,2014.

④ Lewicki R J,Bunker B B. Trust in relationships:A model of trust development and decline[C]//Bunker B B,Rubin J Z. Conflict,Cooperation and Justice. San Francisco:Jossey-Bass,1995:133-173.

尽如人意。合作参与者应该开展各种形式的沟通与交流,增进相互之间的了解与信任,发现问题及时协商解决,以包容的态度彼此理解与支持;根据合作创新活动的实际需要制定权责利相统一的管理制度约束合作参与者的行为,在制度上保障合作创新的顺利开展。

C市高职教育园区在创建初期仅有6所高校入驻,虽然6所高校都来自本市,入驻之前彼此之间有大概的了解,但由于所属行业领域不同,因此在合作创新方面仅限于个人之间,在学校组织层面的合作创新较少。进入园区之后,逐渐意识到创新发展与合作创新的重要性,彼此在现有基础上尝试性地开展合作,大多是通过教师之间的私人关系进行个别项目的互助式合作,学校层面的合作创新由于种种顾虑进展缓慢,在合作创新的理念、制度、模式与机制等方面没有统一的认识与基础,互相之间的信任水平处于较低的状态,甚至在公共实训基地的使用与维护方面还时常出现争议。这一时期,园区处于起步发展阶段,合作创新成果的数量较少、质量较低,没有发挥出园区建设的预期效果,园区仅获得江苏省建设厅授予的"江苏省园林式单位"荣誉。为此,园区管委会采取一些相关措施鼓励各校开展合作创新,如不定期开展公共学术活动,方便高校间的学术交流;联合各校共同建设现代工业中心,合作提高教师与学生的专业实践能力;联合各校设立高职教育园区科研基金项目,鼓励跨学校、跨学科、跨领域联合开展自然科学与人文社会科学研究等。

二、理解型信任机制

随着高职教育网络组织合作创新的深入发展,合作参与者在充分了解彼此的情况之后,在合作创新的理念、制度、模式与机制等方面逐渐形成统一的认识,能够在合作创新过程中采取一致行动,参与合作创新的利益诉求与成本收益期望值能够得到彼此的理解与尊重。因此,合作参与者之间的信任水平逐渐增加,一般不会产生重大的矛盾与冲突,即使合作关系中有一些利益摩擦,也能够在友好协商的心理状态下得到顺利解决。在理解型信任阶段,经过彼此的充分了解,合作参与者之间的诚信、能力、态度与价值观在很大程度上已经取得一致性的认可,参与合作创新的凝聚力与忠诚度随着信任水平的增加而逐渐增加,合作创新的交易成本进一步降低,创新成果的数量与质量逐步提高。合作参与者应该创造更多合作机会,展示自己的创新意愿与创新能力,鼓励参与者更多地加入创新设计与决策中,增强合作参与者的忠诚度与信任感;根据合作创新活动的实际需要采取民主管理与参与式管理方式,激发合作参与者的主动性、积极性与创造性,有助于合作创新信任关系的深入发展。

经过数年的积极建设,C市高职教育园区在原有教育园区的基础上新建了科技园区与产业园区,引进了国内数十家知名大学的研发机构与数百家行业高新企业。6所高校之间的熟悉程度显著增加,加上园区管委会对合作创新的努力推动,园区内高校、科研院所与高新企业之间逐渐成为彼此充分了解的邻居,在合作创新的理念、制度、模式与机制方面已经有了一定的基础与积累,能够取得较为广泛的共识与理解,彼此之间的信任关系逐渐趋于稳定。个体层面的合作创新已经得到充分的发展,高校、科研院所与高新企业之间组织层面的合作创新越来越频繁且多样,合作创新已经成为园区内成员一致认可的创新发展路径。这一时期,园区进入快速发展阶段,取得了许多较为显著的成绩,如被科技部认定为"国际科技合作基地",被江苏省教育厅、财政厅认定为唯一的"示范性高职教育园区"建设单位,被江苏省科技厅、教育厅认定为"江苏省大学科技园",被科技部、教育部认定为"国家大学科技园",被教育部认定为国家首批"高职教育改革发展综合实验区",被中央人才工作协调小组认定为"国家海外高层次人才创新创业基地"等。

三、认同型信任机制

在高职教育网络组织合作创新的发展成熟期,合作参与者之间已经有了较为全面的了解,在合作创新的理念、制度、模式与机制等方面已经形成一致的认同,能够在合作创新过程中采取彼此默契的共同行动,合作创新建立在合作参与者的共同利益之上,合作参与者在合作创新的成本、收益与风险方面不再过度计算,能够站在其他合作参与者的立场考虑问题,形成合作创新的共同偏好与价值观,并内化为各自的利益诉求,合作参与者之间可以完全信任与依赖,甚至可以彼此代表对方的核心利益。因此,合作参与者之间的信任程度较高,较少出现合作利益矛盾与冲突,协商解决问题的良好机制已经形成,在心理状态方面达成高度的一致认同。在认同型信任阶段,合作参与者之间的诚信、能力、态度与价值观趋于稳定与和谐,合作创新的凝聚力与忠诚度达到前所未有的高度,合作创新的交易成本较低,创新成果的数量与质量日益增加。合作参与者应该加大情感投资与信任投资的力度,建立开放、共享、包容、合作的良好工作氛围,尊重彼此的利益诉求,维护共同的利益边界,形成有利于合作创新的网络组织文化与更深层次的信任关系。

C 市高职教育园区经过十年的快速发展,已经在国内高职教育领域产生了较为重要的影响,园区内高校、科研院所与高新企业对合作创新的理念认同已经深入人心,彼此之间互相理解、共享资源、和谐共处,在"经科教联动、产学研结合、校企所共赢"的发展理念指导下积极开展合作创新活动。在合作创新的理念、制度、模式与机制方面已经有了高度一致的认可与较为成熟的经验积累,能够在合作创新偏好与价值观方面形成默契,彼此之间的信任关系已经到达稳固的状态。这一时期,园区进入全面发展阶段,取得了许多具有重大影响的显著成绩,如被国务院办公厅认定为"国家高职教育改革发展综合试验区",被江苏省政府认定为"江苏省创投集聚区"和"江苏省科技金融合作创新示范区",中德创新园区入列"中国欧盟城镇化伙伴关系计划",被人力资源和社会保障部认定为"国家级留学人员创业园",被工信部认定为"国家级两化深度融合试验区",被共青团中央认定为"全国青年创业示范园区",被科技部认定为"国家火炬计划软件产业基地"等。

第四节　高职教育网络组织合作创新的利益分配机制

利益是高职教育网络组织开展合作创新的根本动力,是合作创新能否可持续发展的决定性因素,因此,利益分配机制是高职教育网络组织合作创新运行机制的核心组成部分。公平合理的利益分配机制是网络组织正常运作的重要保证,也是激发成员组织积极性的关键所在。[①] 在高职教育网络组织合作创新过程中,不同成员所履行的任务与角色不同,所投入的资源多寡不同,所承

---

① 雷志柱.知识网络组织构建与管理研究[M].北京:北京理工大学出版社,2012:61.

担的风险高低不同,根据权责利相统一原则,利益分配自然应有明确的区别。分配机制对网络组织来说十分关键,如何协调双边或多边的经济利益关系,在合作者之间合理分割网络整体利益,是网络组织运作中不可回避的关键问题之一。[①] 高职教育网络组织在开展合作创新活动之前,必须确定成员组织协商认可的利益分配原则,尽可能满足所有合作参与者的利益诉求,才能顺利开展合作创新活动。Goldman 等人提出共享利益的网络原则:任何成员做了一件更好的工作,全部组织成员可获益;所有对网络组织有贡献的成员都处于团体之中并可以共享利益;利益分割的基础是团体成员持有的单据数量,单据分配是在它所贡献的价值基础上算出的;网络中每个组织团体建立时,都要以内部工作协议的形式确定详细的分配比例和角色分工。[②] 根据不同的利益关注点,实践中的利益相关者管理分为组织关注式的利益相关者管理与问题关注式的利益相关者管理。[③] 根据不同的合作创新广度与深度,合作创新分为战略紧密型合作创新与外围松散型合作创新。[④] 根据不同的利益分配依据,合作创新的利益分配方式分为固定分成、按股分成与绩效分成等。无论哪一种利益相关者管理模式,还是何种形式的合作创新类型,其利益分配方式皆有所差别,此处重点探讨固定分成、按股分成与绩效分成等三种利益分配机制。

一、固定分成的利益分配机制

固定分成是指高职教育网络组织成员在合作创新初期根据一定的分配标准预先确定收益分成方式及固定数额或比例,合作创新成果的既得收益一次性支付给合作参与者,与合作创新的总成本与总效益无直接关系。固定分成的利益分配方式具有以下特点:第一,合作创新收益的分成数额或比例是预先确定的,与合作参与者的创新任务和作用、创新成本和收益及创新成果的数量

---

① 李维安.网络组织:组织发展的新趋势[M].北京:经济科学出版社,2003:246.

② 史蒂文.L.戈德曼.灵捷竞争者与虚拟企业[M].杨开峰,等译.沈阳:辽宁教育出版社,1998:223-224.

③ Roloff J. Learning from multi-stakeholder networks: Issue-focussed stakeholder management[J]. Journal of Business Ethics,2008(82):233-250.

④ 雷志柱.知识网络组织构建与管理研究[M].北京:北京理工大学出版社,2012:163.

和质量没有直接关系;第二,合作创新收益的分配方式主要以一次性分配为主,合作参与者一次性获得所有应得的创新收益,不再参与二次或多次利益分配;第三,合作创新收益分配在实践中操作简便,不容易产生利益纷争与产权争议。固定分成的利益分配方式适用于高职教育网络组织的政府财政资金投入、社会资本投入学校办学、各种基金项目的无偿捐赠等。固定分成的利益分配方式除了实践操作简便的优势,还可以避免合作参与者之间的不良竞争,诱导合作参与者在没有顾虑的情况下积极开展合作创新活动。但是,固定分成的利益分配方式存在一些局限性,如缺乏合作创新的利益激励容易导致"搭便车"行为发生,创新成本与效益之间缺乏直接相关性导致难以准确衡量创新效果的最终绩效等。

围绕示范性高职教育园区建设目标,园区高职学院大力推进专业集群、名师集聚、教学质量、共享平台、机制创新"五大工程"建设;形成资源开放共享、学历教育与职业技能教育紧密结合、师生创新创业能力强、园(校)企合作紧密的高职教育特色;5 所高职学院均以优秀等第顺利通过教育部人才培养工作水平评估。2012 年,C 市高职教育园区作为省级示范性高职教育园区顺利通过江苏省教育厅、财政厅组织的建设验收。2016 年,被科技部认定为创新人才培养示范基地;2020 年,获评国家高等学校科技成果转化和技术转移基地。

二、按股分成的利益分配机制

按股分成是指高职教育网络组织成员根据合作创新的资金、设备、场地、人力及无形资产等资源投入的份额确定收益分成方式及比例,合作创新成果的既得收益一次性或多次性支付给合作参与者,与合作创新的总成本具有直接对应关系。按股分成的利益分配方式具有以下特点:第一,合作创新收益的分成比例按照资源投入的比例相应确定,与合作创新的资源投入与任务分配有直接的对应关系;第二,合作创新收益的分配方式可以采用一次性分配或多次分配,合作参与者按照资源投入比例获得应得的创新收益;第三,合作创新收益分配在实践中比固定分成的利益分配方式略微复杂一些,在产生利益纷争与产权争议时可以重新协商资源投入与利益分配的相对比例。按股分成的利益分配方式适用于高职教育网络组织以产学研合作形式组建股份公司、共同投入联合建设产学研一体化研发基地、合作攻关重大科技研发及成果转化项目等。按股分成的利益分配方式以资源投入为标准确定收益分成方式有利于促使合作参与者加大合作创新的投入力度,有利于充分发挥合作参与者的优势创新资源。但是,按股分成的利益分配方式不利于创新资源处于弱势地位的合作参与者,导致这些组织参与合作创新的主动性与积极性降低。

信息产业园是 X 学院的校企合作办学平台,该平台由 X 学院与弘扬集团控股有限公司、津通集团联合建设,遵循市场化机制、企业化运作的原则,按国际化标准,联手共建一座融招商、研发、生产、教学、实训和服务于一体的信息产业园。信息产业园采用"官助民营、市场化运作"的管理方式,成立由学院法人代表、职能部门负责人和企业代表组成的董事会,下设江苏津通弘扬信息科技发展有限公司,代表董事会作为信息产业园经营与管理的主体,负责整个园区的基础建设、环境规划、人才培训、招商引资、产业服务以及配套管理。有限公司按照参与运营单位的资源投入比例分配创收利益,采用多次分配的形式分配创新收益,在具体项目的收益分配方面采取协商解决的方式确定收益分配比例及利润所得。目前,信息产业园拥有公共技术支撑平台、中小企业共性公共服务平台、人才培养服务平台、企业协作平台、知识产权保护平台和融资保障平台等六大公共服务平台。与江苏新城创业投资有限公司、江苏津通创业投资有限公司、常州力合创业投资有限公司等多家创投公司,以及江苏津通力合创业投资管理有限公司、常州力合投资管理有限公司等创投管理公司建立了合作关系。信息产业园先后被江苏省经济与信息化委员会、C 市科技局和经济与信息化委员会分别授予"江苏省软件和信息服务产业园""C 市科技产业园"和 C 市"两化融合"示范单位。

三、绩效分成的利益分配机制

绩效分成是指高职教育网络组织成员根据合作参与者各自的创新贡献及最终取得的创新绩效确定收益分成方式及比例,合作创新成果的既得收益一次性或多次性支付给合作参与者,与合作创新的个体组织贡献与总效益具有直接对应关系。绩效分成的利益分配方式具有以下特点:第一,合作创新收益的分成比例按照成果产出数量与质量的比例相应确定,与合作创新的个体组织贡献与总效益具有直接对应关系;第二,合作创新收益的分配方式可以采用一次性分配或多次分配,合作参与者按照创新贡献度获得应得的创新收益;第三,由于创新绩效衡量标准及评价体系的固有缺陷,合作创新收益分配在实践中比固定分成的利益分配方式与按股分成的利益分配方式更加复杂,更加容易产生利益矛盾与冲突。绩效分成的利益分配方式适用于高职教育网络组织中成果导向的合作项目、具有确定绩效目标的产学研合作项目、可以准确衡量绩效的科技研发项目等。绩效分成的利益分配方式以创新绩效为依据确定收益分成方式有利于合作参与者明确创新目标与树立创新标杆,促使所有合作参与者集中于共同的创新目标,注重创新成果产出的数量与质量,加大创新成果的推广与转化力度。但是,绩效分成的利益分配方式容易导致合作参与者忽视创新过程中的紧密合作,为了个体组织的根本利益出现"藏私"行为,损害合作创新的整体利益。

2008 年,C 市高职教育园区被江苏省科技厅、教育厅认定为"江苏省大学科技园",2009 年,被科技部、教育部认定为"国家大学科技园",是目前全国唯一以高等职业教育为特色的国家大学科技园。园区管委会联合园区内 6 所高校与中科院 C 市先进制造技术与产业化中心、南京大学 C 市高新技术研究院、东南大学 C 市研究院、C 市其他 3 所高校、W 区高新区管委会共同合作,共同建设大学科技园。大学科技园采取"政府引导、多方合作、整体规划、分步实施、企业化运作、滚动式发展"的建设模式,充分挖掘和利用高等学校、科研院所的智力资源,把人才优势和科技优势转化为产业优势和经济优势,推动区域经济和创新体系的持续发展,努力使大学科技园建设成为高校院所技术创新基地、高新技术企业孵化基地、创新创业人才聚集基地、高新科技成果转化基地。大学科技园重点围绕 C 市五大高新技术产业发展,以市场化机制承担科技园招商引资、招科引智、项目开发、成果转化、风险投资等工作,探索建立工作联动机制。大学科技园的参与建设者主要按照绩效分成的利益分配方式共享创新收益,即根据参与建设者的科技研发成果数量与质量及其转化率获得创新利益,具体合作科技项目的收益分配按照合作参与者的个体贡献度分别确定利益分配比例并采用一次性或多次性的分配方式。为了协调合作参与者之间的利益分配并提高合作创新管理效率,园区成立了日常运行管理机构——大学科技园管理中心,下设招商部、项目部、服务部、信息中心、办公室等 5 个职能部门,具体负责合作创新的各项管理事务。

第五节　高职教育网络组织合作
创新的沟通协调机制

　　高职教育网络组织由高职学院、科研院所与行业企业等多种类型的结点组织联合组建,结点组织的性质、创新需求与利益诉求等有所不同,因此需要在合作创新中积极沟通、多方协调。由于网络组织具有动态性、灵活性、多利益主体性,以及组织边界的模糊性与外界环境的复杂性,建立高效、顺畅的沟通协调机制成为高职教育网络组织运行管理的关键问题之一。高职教育网络组织成员虽然在合作创新方面有着类似的发展动力,但在合作创新中存在不同组织类型、创新目的与创新资源的专业化分工,需要有效的沟通协调机制提高分工协作的创新效率。高职教育网络组织成员在合作创新中必须建立相互信任、相互依赖的紧密型合作伙伴关系,才能减少合作创新成本与提高创新效益,需要有效的沟通协调机制逐步由谋算型信任阶段到理解型信任阶段再到认同型信任阶段。高职教育网络组织成员在合作创新中一方面拥有共同的创新利益追求,但另一方面由于利益分配的复杂性与多变性,难免出现利益矛盾与冲突,需要有效的沟通协调机制来解决各种利益分配方式中的组织间关系。网络组织中关系管理需要不同的协调模式:层级协调模式、市场协调模式、对等伙伴协调模式与代理协调模式等。[①] 从网络治理的视角也可以将协调模式分为水平型资源占用—双边协调的模式、水平型资源占用—三方协调的模式、垂直型资源占用—双边协调的模式、垂直型资源占用—三方协调的模式。[②] 高职教育网络组织合作创新在实践中同样存在上述类似的协调模式或沟通协调机制,为多种类型成员组织开展多种形式的合作创新活动提供良好的机制保障。根据不同的协调途径或手段,高职教育网络组织合作创新的沟通协调机

---

　　① 张千帆,张子刚,张毅.网络组织中的协调管理模式研究[J].企业活力,2004(6):48-49.

　　② 彭正银.网络治理:理论与模式研究[M].北京:经济科学出版社,2003:131-153.

制可以分为法律协调机制、管理协调机制与社会协调机制等。①

一、法律协调机制

高职教育网络组织在合作创新中运用法律途径或手段协调合作参与者之间的各种关系与利益，通常采用法律合同的形式规范合作参与者的合作创新活动，建立有利于合作创新的法律协调机制。通过法律协调，合作参与者根据相关的法律法规协商制定具有法律效力的合同文本，作为合作创新的法律依据严格执行。合作参与者的权利、责任与义务受法律法规的保护，一旦出现违背合同约定的行为或活动，必须承担相应的法律责任。法律协调具有明显的严肃性、规范性与强制性特征，合作参与者必须严格遵守相关法律规定与合同条款的约束，不得随意更改既定的权利、责任与义务的范围与边界。通常情况下，法律协调适用于合同合作创新模式中，合同的订立、更改、废除与结束必须按照严格的法律程序进行，违背合作参与者意愿的合作合同缺乏效力。法律协调可以保障高职教育网络组织合作创新的有效秩序，为高职教育网络组织合作创新提供执行框架并进入规范化、制度化的运行轨道。但是，法律的有限理性特征决定了法律不是万能的，无法指导高职教育网络组织合作创新中出现的所有问题，只能提供原则性指导；而且高职教育网络组织合作创新的公平与效益无法在法律层面完全体现出来，需要其他协调途径或手段予以补充。

随着我国法律体系的逐步健全完善，高职教育园区的合作创新活动日益强调法律法规的指导作用，在实践中经常性地采用法律合同的形式规范合作各方的权利、责任与义务。X学院与中软国际集团共建中软国际软件学院，与中国移动、中国联通共建信息化人才培养基地培养"4G"网络信息人才，与中天科技集团联合举办双主体的中天科技学院。J学院与久保田农业机械（苏州）有限公司校企深度融合共建厂中校，推动政校企共同投资建设江南装备制造技术产教园，与政府科技管理部门、欧姆龙自动化（中国）有限公司、科技部制造业信息化培训中心、上海复斯管理咨询有限公司合作建设机器人及智能装备应用技术研究中心。G学院与美商群龙企业咨询（上海）有限公司合作开展

---

① 胡平波.网络组织合作创新中知识共享及协调机制［M］.北京：中国经济出版社，2009：174-191.

企业技术创新咨询、培训、认证等相关业务,与佳尔科药业集团合作共建企业工作站,与苏州大森塑胶工业有限公司联合共建现代物流单元化集装器具的模具设计与制造工程中心。上述高职学院在与行业企业开展合作创新的过程中都签订了具有法律效力的合作合同,作为合作创新的法律依据指导与协调合作各方的具体创新活动,并逐渐建立了合作创新的法律协调机制。

二、管理协调机制

高职教育网络组织在合作创新中运用管理途径或手段协调合作参与者之间的各种关系与利益,通常以制定系列管理制度的形式约束合作参与者之间的合作创新活动,建立有利于合作创新的管理协调机制。通过管理协调,合作参与者根据协商确立的管理原则制定具有普遍约束力的管理文件,作为合作创新的制度依据严格执行。合作参与者的工作职责、任务分配与成果使用等受管理制度的约束,如果出现与管理制度相违背的行为或活动,必须承担相应的管理责任。管理协调具有明显的制度刚性与行为规范性特征,合作参与者必须严格遵守相关管理制度与文件条款的规定,不得随意改变管理制度中的职责规定与行为规范。通常情况下,管理协调的适用性较为广泛,普遍应用于各种形式的合作创新模式,管理制度的制定、修改与废除必须经过各方参与者的协商才能形成一致决议,擅自违反管理制度的合作参与者将会受到其他参与者的共同抵制甚至被排除在合作创新活动之外。管理协调可以保障高职教育网络组织合作创新的有效进行,为高职教育网络组织合作创新划定行为约束范围,促进合作创新的科学化、制度化与规范化。但是,管理制度毕竟是人为制定的协商规则,不可能考虑到所有的问题及未来出现的各种可能性,随着时间演化及合作创新的需求变化难免出现各种疏漏与不适应,需要不断修订与完善及其他协调途径或手段的补充。

C市高职教育园区创建之初,C市委、市政府成立管委会作为派出机构规划、指导与协调高职教育园区及其内部各类组织的建设与发展,在政策执行、党的建设、科技发展、项目申报、人才资源、基地建设、行政事务、园区文化、后勤保障等方面提供一条龙式的全方位管理与服务。大学科技园设立日常运行管理机构"大学科技园管理中心",中心为自收自支型事业单位,下设招商部、项目部、服务部、信息中心、办公室等5个职能部门,以市场化机制承担科技园招商引资、招科引智、项目开发、成果转化、风险投资等工作,探索建立工作联动机制,制定《大学科技园管理中心员工管理手册》,以规范日常管理及运作。现代工业中心形成"工业中心理事会、工业中心管理团队、各实训基地项目部"三级管理体系,制定《实训教学工作流程》《生产性实训基地管理实施办法》《实训联合督查管理办法》等 35 项管理制度,确定"联合共建、统筹管理、内外开放、充分共享"的建设管理体制。信息产业园采用"官助民营、市场化运作"的管理方式,成立由学院法人代表、职能部门负责人和企业代表组成的董事会,在董事会下设立江苏津通弘扬信息科技发展有限公司,代表董事会作为信息产业园经营与管理的主体,负责整个园区的基础建设、环境规划、招商引资、人才培训、产业服务以及配套管理。上述管理机构与管理制度的建立与完善为高职教育园区合作创新的顺利开展建立了有效的管理协调机制。

三、社会协调机制

高职教育网络组织在合作创新中运用社会途径或手段协调合作参与者之间的各种关系与利益,通常以社会关系资源介入的形式约束合作参与者之间的合作创新活动,建立有利于合作创新的社会协调机制。社会关系资源主要来自网络组织内部关系的结构嵌入,结构嵌入包含四个主要因素:限制性进入(Restricted access)、宏观文化(Macro culture)、集体惩罚(Collective sanction)与声誉(Reputation)。① 通过社会协调,合作参与者在社会关系资源的影响下确立合作伙伴关系,作为合作创新的关系准则协调具体的创新活动。合作参与者的进入条件、角色定位与专业分工等受社会关系资源的制约,如果出现不符合进入条件与宏观文化甚至影响集体声誉的行为与活动,必须接受集体惩罚的后果。社会协调具有灵活性、非正式性与低成本性特征,合作参与者自愿接受社会关系资源带来的限制性条件与宏观文化环境,自觉维护合作创新的集体声誉,同时面对集体惩罚机制的强制性约束。通常情况下,社会协调适用于合作参与者数量众多、类型复杂的合作创新,尤其对于复杂性网络组织的合作创新具有重要的实践指导意义。社会关系资源作为一种非正式的协调途径

---

① Powell W W. Neither market nor hierarchy:Network forms of organization[C]// Staw B,Cummings L L. Research in Organizational Behavior. Wiesbaden:JAI Press,1990: 295-336.

或手段,通过限制性进入、宏观文化、集体惩罚与声誉机制的综合作用同样可以发挥良好的协调功能。社会协调利用外部社会关系资源保障高职教育网络组织合作创新的顺利进行,形成高职教育网络组织合作创新的潜在约束力,促使合作参与者建立持续、稳定、高效的合作关系。但是,社会协调是一种非正式的协调途径或手段,协调的效力与约束力毕竟有限,在某些方面不能形成正式协调途径或手段的强制性约束效果,需要其他协调机制弥补其固有的缺陷。

随着合作创新深度与广度的逐渐增加,高职教育园区的社会关系资源持续介入并发挥着日益重要的影响作用,国家、省市政府及其相关职能部门、行业性学会协会研究会、各种社会团体、中介服务机构、国外大学与研究机构等社会组织逐步加入高职教育园区的合作创新活动中,发挥着社会协调的作用。2012 年,C 市高职教育园区被国务院办公厅认定为"国家高职教育改革发展综合试验区",《地方政府促进高等职业教育发展综合改革试点实施方案》提出,以高职教育园区为试验区,健全"政府主导、行业指导、学校主体、企业参与"办学体制,完善园区公共服务平台建设,加快资源开放共享,形成多校共育人才机制;建立高等职业教育办学规模、专业结构与区域经济社会发展需求对接机制,实行校企合作、工学结合、顶岗实习人才培养模式;推进高职与中职、高职与本科的沟通与衔接,构建人才成长"立交桥";建立园区教育资源面向社会开放机制,促进终身教育体系建设。到 2015 年,建成国内一流、国际先进的高职教育园区,为国内高等职业教育改革发展创造新经验,为中国高职教育园区建设发展树立新典范。在高职教育园区的试点建设中,社会关系资源发挥了重要的促进与协调作用,为高职教育园区合作创新的高效快速发展建立了有效的社会协调机制。近年来,园区依托科教城与 5 所高职学院,开展中德"双元制"人才培养,建设高技能应用型人才培训基地;现代商务区突出科技、商务、金融、信息服务等,合作建设现代服务业发展基地;生态宜居区突出文化建设、绿色生活、智慧城市,构建优美生态环境、交融文化氛围、和谐社区关系,打造中欧城镇化合作典范。

第七章　高职教育网络组织合作
创新的路径与建议

高职教育网络组织合作创新需要在实践中不断探索发展,科学合理的发展路径有利于高职教育网络组织合作创新的全面、协调与可持续发展。本章从内部合作、内部竞争、对外合作、对外竞争与体制机制等方面探讨高职教育网络组织合作创新的发展路径,从创新理念、创新组织、创新制度、创新模式与创新机制等方面提出高职教育网络组织合作创新的政策建议。

第一节　高职教育网络组织合作创新的发展路径

高职教育网络组织合作创新的实践模式根据不同主体范围、组织方式、构建形式与目的指向等分为若干类型,高职教育网络组织合作创新的运行机制包括动力机制、分工机制、信任机制、利益分配机制与沟通协调机制等方面。本书以上述实践模式与运行机制为基础,探讨高职教育网络组织合作创新的发展路径,探索高职教育网络组织合作创新的体制机制改革。在实践中,可以根据不同的模式类型与运行机制,科学、合理、有效地选择发展路径的单独应用或组合实施,以促进高职教育网络组织合作创新的持续深入发展。

一、加强内部紧密合作，实现创新资源共享

高职教育网络组织内部合作创新必须以优势创新资源共享为基础，重在建立可持续的长效工作机制，以超前性的战略规划与国际化的视野推动内部合作创新的科学化、规范化与制度化。首先，建立合作创新组织管理体系。按照组织网络化、参与多元化、联动多样化的组织方式，成立由高职教育网络组织日常管理部门与合作参与单位共同组成的内部合作创新管理机构，作为网络组织内部合作创新的管理协调部门，其功能主要定位于制定相关创新政策与管理措施，为内部合作创新提供合作平台、创造合作条件、促进沟通协调等，促进合作创新活动在相对独立、封闭的网络组织内部进行。其次，建立创新资源共享平台。高职教育网络组织定期发布内部合作创新的主要内容、工作进度与成果要报等信息，使网络组织内部成员了解合作参与单位的创新概况与发展方向及特点，为加强内部交流互动与合作创新提供信息资源。组织高水平、高层次的重大项目合作创新团队，积极为合作参与单位创造介入重大合作创新项目的机会与条件，在保证知识产权与商业秘密的前提下，定期向内部合作参与成员发布重大项目的跟踪信息，并由内部合作成员就跟踪的具体项目协商合作创新事宜。最后，组织多种形式的内部合作创新交流。利用各种会议加强内部沟通与业务探讨，增强彼此之间的信任度与凝聚力，组织有关内部合作创新的专题研讨会、经验交流会，对内部合作创新的具体实践模式、有效运行机制与未来发展前景等进行充分研讨与交流。分期分批组织合作参与成员的主管业务领导、职能部门领导、骨干技术人员等不同层次人员的互访互通与学术交流。建立成员单位之间的战略合作伙伴关系，形成高职教育网络组织统一协调下的众多业务联合体，增强综合竞争力与社会影响力。

二、促进内部协同竞争，通过创新引领发展

高职教育网络组织内部协同竞争是建立在合作基础上的竞争，不同于传统的竞争，而是以竞争推动创新、竞争促进发展为目标，建立良性的合作竞争发展机制，避免恶性竞争导致的内部损耗甚至损害合作单位利益的现象出现。

以高度专业化分工为基础的合作创新是高职教育网络组织的主要创新方式之一,高职教育网络组织如同一个创新群落,是一个相互作用、相互依存的有机联系的合作创新团体,以合作为基础的竞争促使高职教育网络组织内部成员始终保持足够的发展动力以及高度的警觉性与灵敏性,通过合作与竞争的交互作用逐渐发展壮大。网络组织的内部竞争并非你死我活的单纯竞争关系,而是一种专业化分工协作的相对竞争,竞争的对手并非站在利益对立面的敌人,而是相互信任、相互促进的合作伙伴。集群提升了竞争与合作两个方面……竞争与合作可以共存是因为它们发生在不同的范围以及不同的参与者之间。① 因此,网络组织内部的这种合作竞争关系既能够激活发展的动力,又能够避免过度竞争或恶性竞争,有利于促进网络组织内部成员的合作创新。竞争与合作既对立又统一,正是这种矛盾统一体推动着高职教育网络组织合作创新的持续深入发展。

高职教育网络组织在本质上是体制机制创新的产物,它的产生源于合作创新的原发动力,它的目的指向合作创新的共同发展,它的生存与发展也必须依赖合作创新功能的充分发挥,因此,从根本上说,高职教育网络组织是一个合作创新的联合体。与此相对应,高职教育网络组织成员自加入时起,就进入一个错综复杂的合作竞争关系网中,不可避免地面临内部协同竞争的局面,也决定了内部成员必须走合作创新与竞争创新的发展之路,否则就会陷于单兵作战、被动应付的不利境地。

三、积极开展对外合作,构建合作创新平台

高职教育网络组织开展对外合作必须以互惠互利、合作共赢为准则,吸纳组织外部优势创新资源共建合作创新平台,共同提高创新能力、综合竞争力与社会影响力。高职教育网络组织及其成员利用各自的优势创新资源,积极吸纳国内外的人才、科技、信息等优势创新资源,大力推进与国内外高等院校、科研院所、高新企业的深度合作,形成资源共享、人才流动、信息交换的合作创新平台,突破高职教育网络组织与其他创新主体间的固有壁垒,组建有利于充分

---

① 叶文忠.集群创新优势与区域国际竞争力[M].长沙:湖南师范大学出版社,2008:53-54.

释放人才、信息、技术活力的合作创新共同体,共同构建多元互动的合作创新体制机制。对于高职教育网络组织内部的高职学院,建设校企合作创新平台、校校合作创新平台、校所合作创新平台与校地合作创新平台等日益成为合作创新的主要组织形式。

产学研联盟、校所企协同是高职学院、科研院所与行业企业实现优势创新资源整合的一种有效方式,不仅可以共建重点实验室、重大科技研发项目与高端技能型人才的实习实训基地,而且可以共建高水平的"双师型"师资队伍及其合作创新团队,还可以合作培养企业发展急需的生产、建设、管理与服务的一线应用型人才。高职教育网络组织内外的合作参与者互动创新不仅可以弥补创新资源不足、增强合作竞争优势、提升人才培养水平与质量,而且可以建设科技研发基地、产学研一体化中心或面向前沿领域的协同创新中心,开展实质性的战略合作。高职学院、科研院所与行业企业以产教融合为途径开展深度合作,着力搭建符合区域产业发展高端需求和创新成果转化和推广需要的联合平台,为高职教育网络组织提升服务区域经济社会能力提供重要的组织载体。以高职教育网络组织合作创新为基础建立战略合作联盟,联合开展重大项目攻关,解决人才培养、科技研发、服务社会与传承地方文化等方面存在的难题,促进合作创新成果的推广应用与产业化。高职教育网络组织在服务区域经济社会发展过程中,与地方各级政府建立多方参与的合作关系,形成政产学研共同发力的战略性长效机制,以多元互动、协调发展推动合作创新发展。

四、创新驱动对外竞争,增强社会服务能力

高职教育网络组织开展对外竞争必须在合作创新的基础上,以提高自身创新能力、增强社会服务能力为目标,积极利用已有的创新优势,面向科学前沿、面向区域发展、面向行业产业、面向文化传承创新,培养更多高质量的应用型人才,创造更多高水平的研究成果,提供更多高效便捷的社会服务。面向理论与实践的科技前沿与国家战略发展的实际需求,深入实施人才培养与科技研发的创新工程,解决区域经济社会发展与科技发展中面临的重大理论与实践问题,提升基础研究与应用研究的创新能力与水平;组建创新型项目团队,培养与锻炼高水平的师资队伍与科技研发团队,建设一批

高层次的研发基地与协同创新中心,为区域经济社会可持续发展提供人才保障与智力支持;设立合作创新基金,鼓励青年创新人才冲击具有重大创新价值的研发项目,加大创新研究的经费资助力度。面向区域经济社会发展需求,开展多种形式的产学研合作创新,政校企所联合共建高新技术研究院、重点实验室、协同创新研究中心、软科学研究中心、技术转化与推广中心等合作平台;共建中小企业技术服务与促进中心,积极开展"四技"服务,促进科研创新成果的转化应用。面向行业产业与文化传承创新的发展需求,与地方政府、行业组织、文化机构、龙头企业共建区域经济发展研究中心、行业发展战略研究院、创意文化研究中心、传统文化与民间艺术研究基地等,开展行业企业发展与文化产业发展的研究与咨询,充分发挥高级智库的参谋与指导作用,积极开展技术指导服务与文化交流活动,为区域经济建设、政治建设、文化建设、社会建设以及生态文明建设服务。

五、建立合作创新机制,提高综合创新能力

高职教育网络组织开展合作创新,决定性的因素在于建立有利于合作创新的体制机制,从根本上打破原有体制机制的束缚,充分释放创新要素的活力。合作创新的深入开展,必须以体制机制改革为引领,突破网络组织内部与外部的体制机制壁垒,促进合作创新发展方式的重大转变。合作创新的动力机制、分工机制、信任机制、利益分配机制与沟通协调机制等是体制机制改革的核心组成部分。

首先,形成相互协作的意愿是高职教育网络组织开展合作创新的基础,寻求经济利益与满足自我发展需要是高职教育网络组织成员的共同意愿与目标,是推动合作创新的动力所在。高职教育网络组织的合作参与者原本处于复杂的合作竞争关系中,只有形成相互认同的合作意愿,确立宏大的合作创新目标,充分体现合作参与者的创新资源优势,实现各自的优势叠加或互补,才能最终实现合作创新的目标。其次,实现合作创新的可持续,需要以更加开放的发展理念为指引,构建可持续发展的运行机制。探索建立适应不同形式创新活动所需要的合作创新组织,重点建设大型综合实验室和跨学科创新中心,以更好地满足合作创新的实际需求。从组织结构上建立合作参与者之间创新资源的合理流动与调配机制,围绕合作创新目标的实现,在组织管理、人事制

度、人才培养、人员考评、科研模式、资源配置方式以及创新文化建设等方面构建切实可行的运行机制。[①] 最后,开展合作创新必须克服封闭、孤立、分散的惯性思维。高职教育网络组织合作创新参与者之间要建立顺畅的沟通协调机制,包括完善的信息披露制度、顺畅的沟通渠道、和谐的协商氛围。[②] 协商建立管理协调机构,综合运用法律协调、管理协调与社会协调的途径与手段调解互相冲突的各种力量、利益与诉求,转变竞争关系为协作关系,把合作参与者单方面的创新优势整合为集体创新优势,实现网络组织及其成员利益的最大化。

第二节 高职教育网络组织合作创新的政策建议

高职教育网络组织合作创新拥有无可比拟的人才集聚优势、知识密集优势、政策扶持优势、资源共享优势等;在产学研合作创新的实践模式方面有利于形成多元竞合的差序格局,合作模式、竞争模式及其交叉模式都有相关的实践案例可以佐证;在产学研合作创新的发展机制方面有利于建立合作创新的体制机制,打破原有体制机制的束缚,充分释放创新要素的活力;在产学研合作创新的发展路径方面,通过内部合作、内部竞争、对外合作与对外竞争等各种形式逐渐形成可持续发展的局面。高职教育网络组织应在理念创新、组织创新、制度创新、模式创新、机制创新等方面继续推动产学研合作创新工作的深入发展。

一、深化合作创新的发展理念

高职教育网络组织开展产学研合作创新,必须打破原有的单兵作战思维模式,树立合作创新、协同发展的新理念,高职学院、科研院所与行业企业必须密切合作,组成一个富于创新精神、具有创新能力的战略紧密型联合体,向国

---

①　马德秀.新时期高等教育以协同创新为契机[N].光明日报,2012-12-10.

②　朱鹏.协同创新中心组织管理体系构建研究——基于利益相关者视角[J].高教探索,2013(3):15-18.

际科学前沿、高新技术前沿迈进。总的发展理念可概括为：以人才、项目、基地为载体，全面深化政产学研用合作创新；以产业技术研究组织为依托，不断开拓校地区域合作创新；以学科交叉和创新资源共享为纽带，大力加强校校、校院合作创新；积极吸引国际一流的创新力量和创新资源，构建国际教学与科研合作的产学研合作创新平台。

进一步来说，高职教育网络组织合作创新应更加强调战略协同、多元互动、合作共赢与多边治理等理念。第一，战略协同理念。战略协同包涵价值观协同、愿景协同、风险和利益协同。[①] 充分认识高职教育网络组织合作创新参与者的不同价值取向，寻求文化的认同与包容及心理预期，形成战略性合作伙伴关系。在各自优势创新资源和利益焦点的基础上准确定位合作创新中的角色，建立共同愿景导向下的战略性信任机制。在风险共担和利益共享的基础上建立战略联盟，确保各方互惠共生的协作关系。第二，多元互动理念。高职教育网络组织合作创新是由政府部门、高职学院、科研院所、行业企业等共同参与实施的，必须吸收各方利益相关者参与管理，建立多元化的创新管理体系，实现管理方式由单一到多元、由封闭到开放、由各自为战到协同发展的转变。第三，合作共赢理念。高职教育网络组织合作创新必须推动高职学院、科研院所与行业企业等合作参与者的共同发展，在合作创新过程中应充分调动合作参与者的主动性与积极性，坚持质量优先、注重效益、利益共享，实现合作共赢。第四，多边治理理念。在内部治理方面，高职教育网络组织既有学术组织的特点，也有行政组织与市场组织的特点。因此，高职教育网络组织合作创新必须摒弃以往的单边治理模式，建立多边治理的网络化治理体系。

二、完善合作创新的组织结构

高职教育网络组织开展产学研合作创新，必须强化校企资源整合与基层合作组织建设。产学研合作创新成效的充分显现，既需要校企之间面上的广泛合作，更需要承接实施政府、行业、企业、高校各方资源汇聚的着力点，以常规合作为基础，通过充分协商与科学选择，以资产组合为纽带，共建共享若干

---

① 许霆. 论校企协同的机制创新[J]. 教育发展研究, 2012(17):64-69.

联通政府产业管理部门、区域行业同类企业、高职学院同类专业（群），集产、学、研、用等功能一体化的紧密型合作创新基地，是加快高职教育网络组织产学研合作创新的深入发展、推进高职教育网络组织综合竞争力快速提高的重要途径。尽快建立国家级、省级、市级产学研协同创新中心，为产学研合作创新提供适切的组织载体与创新平台。

具体来说，高职教育网络组织合作创新应持续完善适应合作创新需求的横向、纵向与网络化组织结构。第一，完善横向组织结构。高职教育网络组织合作创新涉及各种类型的合作参与者，以及多行业、多学科、多领域的业务范围，需要完善适应不同形式与类型合作创新的组织结构，在组织层面促进高职教育网络组织合作创新。第二，完善纵向组织结构。促进高职教育网络组织合作创新，不仅需要完善高职教育网络组织自身的组织结构，为合作参与者提供合作创新的公共创新平台，而且需要完善结点组织的组织结构，作为结点组织开展合作创新的基层组织载体。第三，完善网络化组织结构。高职教育网络组织是一种边界模糊的超组织模式，其组织结构具有显著的网络化特征，包含错综复杂的横向与纵向组织结构，形成蜂窝状的网络化组织形式，只有持续完善与变革才能满足合作创新的需要。

三、健全合作创新的政策制度

高职教育网络组织开展产学研合作创新，必须加强制度建设与体制创新。在国家与地方政府经济、科技、教育政策的大力支持下，集约化发展已成为高职教育网络组织未来改革与发展的总体趋势，并应出台区域层面的宏观引导与激励政策，结合产学研合作的实际情况，完善相关的配套政策制度，加强高职教育网络组织的主体地位，加大相应的政策支持力度，实施必要的政策优惠措施，以便营造良好的外部发展环境，促进高职教育网络组织的战略发展。高职教育网络组织产学研合作创新需要有广泛的沟通交流与民主协商，应充分运用现代信息技术手段，建立实时传递的信息交流平台及综合性媒体，以促进相互沟通交流，加强日常管理与监督评价，保障产学研合作规模拓展与层次提升。同时，应建立健全高职教育网络组织全体成员参加的理事会制度，完善组织章程，加快内部考核、成果奖励、退出机制等制度建设，推进民主决策和参与管理，以保障全体成员组织的共同利益和产学研合作积极性。

当前,高职教育网络组织合作创新应进一步从宏观、中观、微观上健全国家、地方政府与高职教育网络组织的政策制度。第一,健全国家层面的政策制度。为促进高职教育网络组织及其合作创新的快速发展,国家层面已经出台了一些宏观政策与指导意见,但还没有形成系统化的政策体系,今后需要继续制定系列政策制度,推动高职教育网络组织的全面建设及其合作创新的深入发展。第二,健全地方政府的政策制度。目前地方政府基本沿用国家出台的高职教育网络组织合作创新的相关政策制度,缺少突出地方特色与区域创新需求的差别化政策制度,今后需要加强政策指导与制度落实,以配合与补充国家层面的政策制度。第三,健全高职教育网络组织的政策制度。高职教育网络组织合作创新不仅需要国家与地方政府相关政策制度的指导与支持,而且需要结合自身的创新发展需求制定独具特色的创新政策制度,如此可形成合作创新的三级政策制度体系。

四、探索合作创新的实践模式

高职教育网络组织开展产学研合作创新,必须持续完善组合式的多元竞合模式,包括四种单一模式(内部合作模式、内部竞争模式、对外合作模式、对外竞争模式)与四种复合模式(内部合作—对外合作模式、内部合作—对外竞争模式、内部竞争—对外合作模式、内部竞争—对外竞争模式)。[①] 高职教育网络组织产学研合作创新,必须在内部紧密合作的基础上实现优势创新资源共享;通过良性的内部协同竞争引领整体创新发展;充分利用外部创新资源构建多元合作的创新平台;以合作竞争理念为指导增强社会服务能力、影响力与吸引力;促进合作创新的体制机制改革,提高高职教育网络组织及其结点组织的创新能力。创新合作创新的实践模式,为国内外高职教育网络组织发展提供良好示范。

在上述基础上,进一步在政产学研合作方面探索新的高职教育网络组织合作创新模式,发挥积极的示范效应与辐射效应。第一,在政校合作方面,探索建立政府服务外包、高职学院参与政策咨询的校地合作模式等。地方政府

---

① 曹叔亮.高职教育园区协同创新的模式组合与机制改革——基于利益相关者的视角[J].现代教育管理,2014(6):38-43.

积极推行购买服务制度,将政府不好做或做不好的事项外包给高职学院与科研院所;鼓励与支持高职学院与科研院所积极参与地方政府的决策咨询与政策制定,发挥高职学院与科研院所的高级智库功能。第二,在校企合作方面,探索建立企业培训基地、学校提供"四技"服务的产教融合模式等。以校企合作与工学结合为路径,高职学院与行业企业联合共建高端技能型人才的企业培训基地,在提高师生实践能力的同时为企业提供低成本的人力资源,推进实质性的产教融合。第三,在政企合作方面,探索建立政府指导、企业参与创新计划的政产互助模式等。地方政府制定税收优惠政策与科技创新计划等措施,鼓励行业企业参与办学,为培养区域经济社会发展需要的高端技能型人才互相帮扶、各得其利。

五、优化合作创新的体制机制

高职教育网络组织开展产学研合作创新,必须以体制机制改革为引领,突破现有体制机制的壁垒,促进发展方式的重大转变[1],在优化动力机制、分工机制、信任机制、利益分配机制与沟通协调机制等的基础上,继续在合作创新的决策机制、学习机制、品牌机制、知识转移机制与民主监督机制等方面进一步深入探索。完善高职教育网络组织内部治理结构,深化决策机制改革,构建重大问题决策的支撑体系,使决策建立在更加科学、民主、规范的基础上。优化权责利相统一的专业化分工协作机制,发挥高职教育网络组织内部结点组织与外部社会组织的独特作用,为高职教育网络组织合作创新的功能定位、职责分配、利益协调等奠定基础。和谐、顺畅的沟通协调机制有利于高职教育网络组织合作创新机制的改革与完善,有利于高职教育网络组织内部治理结构的变革调整,有利于高职教育网络组织职责功能的高效履行。利益分配机制改革必须兼顾既得利益者与未得利益者的利益诉求,客观、公正、多元化的绩效评价机制与科学、合理、有效的利益分配机制是高职教育网络组织合作创新机制的根本保障。推动建立高职教育网络组织合作创新的学习机制与知识转移

---

① 马德秀.新时期高等教育以协同创新为契机[N].光明日报,2012-12-10.

机制,提高合作参与者之间知识生产、转化与应用的"信息丰富度"①,促进产学研一体化的效率提升。高职教育网络组织内部治理体系的构建与完善,需要建立起一整套健全合理的运行机制,形成责权利明晰、有效实施的内部治理模式。高职教育网络组织应努力构建高职学院、科研院所与行业企业之间相互尊重、相互协作、相互依赖、相互监督的运行机制,避免合作创新中的抵触和排斥情绪,从而更好地理顺产学研合作关系,优化网络组织内部治理结构,为建设现代化的高职教育网络组织奠定坚实基础。

---

① Windsperger J,Gorovaia N. Knowledge attributes and the choice of knowledge transfer mechanism in networks:The case of franchising[J]. Journal of Management and Governance,2011(15):617-640.

结　语

作为教育领域的新生事物,高职教育网络组织适应近些年我国高职教育的发展形势而异军突起并在数量上迅速增加,成为高职教育发展不可或缺的组织形式,多样化的网络组织已成为我国高职教育组织发展的新趋势。经过十多年的快速发展,高职教育网络组织在实践中已形成类型多样的发展态势,为高职教育的合作创新提供了适切的组织载体与发展平台。高职教育网络组织是高职教育合作创新的必要前提,合作创新是高职教育网络组织发展的必由之路。高职教育网络组织及其合作创新的实践探索推动理论研究的深入,但是,相关研究成果的滞后还不能完全反映教育实践的全貌,因此,对高职教育网络组织及其合作创新的理论与实践研究显得尤为迫切而重要。

在理论上,教育网络组织是指由若干网络结点及其联结关系构成的、建立在协调机制基础上的、具有网络结构的教育组织系统;也可以表述为在教育领域内由若干地位平等、独立的结点组织为了共同的目标、兴趣或利益而组建的松散联合体。高职教育网络组织是网络组织在高职教育领域的具体表现形式或高职教育领域教育网络组织的特殊表现形式。高职教育网络组织具有以下几个方面的内在属性:由若干地位平等、独立的结点组织联合组成,是具有网络结构的整体系统,是介于传统科层制组织与市场组织的新的组织形态,是实现共同目标、兴趣或利益的制度安排,是超越传统高职教育组织形式的新型组织模式。类似于企业领域的网络组织,高职教育网络组织由共同的网络目标、独立平等的网络结点、相对稳定的网络结构、有机灵活的网络联结等要素构成。高职教育网络组织作为网络组织的特殊形态,除了具有网络组织的基本特征以外,还具有自身的特殊性,一般来说,高职教育网络组织具有教育性、创新性、复杂性、互动性、开放性、自组织性,以及自学习性、自适应性、自相似性等基本特征。

在实践中,我国高职教育网络组织呈现出鲜明的类型多样化与形式灵活的特点,根据生成方式、发展目的与主要特点来划分,目前我国高职教育网络组织大体分为以下三类:集团式高职教育网络组织(主要以行业性的高职教育集团为代表),集群式高职教育网络组织(主要以地理集中的高职教育园区为代表),联盟式高职教育网络组织(主要以功能性的高职教育联盟为代表)。上述三种类型既有高职教育网络组织的共同特点,也有各自的个性特征,在组织形式、生成方式、组织性质、核心特点、地理边界、成员性质、核心成员、组织协议、组织稳定性、业务关联性、合作紧密度、决策集中度与资源共享度等方面有着复杂的异同关系。类型多样的高职教育网络组织不仅具有集聚功能、扩散功能、合作功能、竞争功能与创新功能等,而且这些功能可以为高职教育网络组织成员带来积极影响,如规模经济、范围经济与联结经济效应,优势互补、资源共享,信息交换、创造机会,降低成本、增加效益,规避风险、共享收益等。

合作创新既是高职教育网络组织的目的,也是其功能,因此,高职教育网络组织的产生、发展、运行等过程都围绕合作创新展开。高职教育网络的基本特征决定了其合作创新有着与众不同的基本特征,如目标导向性、资源互补性、互利共赢性、合作周期性等。高职教育网络组织存在生命周期,经历从产生到消亡的生命历程;与此类似,高职教育网络组织合作创新存在阶段特征较为明显的演化周期(形成期、发展期、成熟期与退出期)。成功的高职教育网络组织合作创新受多种因素的影响,不同形式、不同目的、不同需求合作创新的影响因素不尽相同,但有一些共性因素对合作创新的影响较大,如合作创新意愿、合作创新能力、合作创新政策与制度、合作创新文化与环境等。高职教育网络组织在实践中产生了各种各样的合作创新形式,在理论上根据不同的标准可以总结出若干种模型或形式,但无论哪一种形式,高职教育网络组织都具有无可比拟的合作创新优势,具体体现在人才集聚、知识密集、政策扶持、资源共享等方面,对高职教育网络组织提高竞争能力、创新能力、服务能力与社会影响力等具有重要意义。

实践模式与运行机制是高职教育网络组织合作创新的核心组成部分,关系到高职教育网络组织合作创新的全面、协调、可持续发展。科学、合理、有效的合作创新模式能够促进高职教育网络组织的迅速发展并产生良好的示范与辐射效应,对于高职教育网络组织提高产学研合作的效率与效益具有重要意义。根据不同的合作主体范围,高职教育网络组织合作创新模式分为网内合作创新模式、网际合作创新模式与网内外双重合作创新模式；根据不同的组织方式，高职教育网络组织合作创新模式分为政府指导型合作创新模式、市场主导型合作创新模式与院校自主型合作创新模式等；根据不同的构建形式，高职教育网络组织合作创新模式可分为合同合作创新模式、项目合作创新模式与基地合作创新模式等；根据不同的目的指向，高职教育网络组织合作创新模式可分为人才培养合作创新模式、科技研发合作创新模式与管理制度合作创新模式等。高职教育网络组织合作创新主要以产学研合作为方式和路径构建实践模式，高职学院、行业企业、科研院所、政府部门与中介机构等各种合作主体以多元交叉组合的方式开展合作创新活动，在实践中还有其他类型的合作创新模式有待进一步研究总结。

高职教育网络组织合作创新涉及各类主体的多种形式活动，合作创新活动的顺利开展及能否取得预期的高质量创新成果有赖于运行机制的必要保障，科学、顺畅、高效的运行机制在高职教育网络组织合作创新过程中起着全局性作用。根据动力来源的不同范围，高职教育网络组织合作创新的动力机制分为外部动力机制与内部动力机制；根据专业化分工的不同基础，高职教育网络组织合作创新的分工机制主要分为基于组织类型的分工机制、基于创新目的的分工机制与基于创新资源的分工机制等；根据信任发展的不同阶段，高职教育网络组织合作创新的信任关系分为谋算型信任、理解型信任与认同型信任；根据不同的利益分配依据，高职教育网络组织合作创新的利益分配方式分为固定分成、按股分成与绩效分成等；根据不同的协调途径或手段，高职教育网络组织合作创新的沟通协调机制可以分为法律协调机制、管理协调机制与社会协调机制等。除了上述方面，高职教育网络组织合作创新的运行机制还包括学习机制、培育机制、声誉机制、人才机制、风险管理机制与知识转移机制等方面，有待后续研究。

本书旨在对高职教育网络组织及其合作创新开展探索性研究，尽管在理论上探讨了高职教育网络组织及其合作创新的若干基本问题，而且选取了C市高职教育园区作为典型实践案例进行全面分析，在理论与实践相结合的基础上从多方面分析总结高职教育网络组织合作创新的实践模式与运行机制，最后提出高职教育网络组织合作创新的发展路径与政策建议；但是，本书囿于新生事物的理论研究不足以及研究者的能力欠缺与案例资料的获取限制，对高职教育网络组织及其合作创新的理论研究仍然不够完善，尚待进一步深入探索，实践案例仅选取了三种高职教育网络组织类型之一，导致研究结论的普适性受到一定程度的局限。另外,本书中研究方法的使用尚未臻熟,也影响了本书的研究质量。

　　高职教育网络组织是高职教育领域教育网络组织的特殊表现形式,概念的内涵与外延源于教育网络组织,而教育网络组织是网络组织在教育领域的延伸与拓展,其中包括高等教育网络组织、职业教育网络组织与基础教育网络组织等子概念。因此,未来的研究可以在本书的基础上进一步开展回溯研究与拓展研究,针对教育网络组织及高等教育网络组织的基本理论问题与实践发展状况进行深入探索,以完善教育网络组织的理论框架与实践体系。

参考文献

著 作

[1]Barabási A L. Linked: The New Science of Network[M]. Cambridge: Perseus,2002.

[2]Camagni R. Innovation Networks: Spatial Perspectives[M]. London: Beelhaven-Pinter,1991.

[3]Chung C N,Mahmood I P,Mitchell W. The Janus Face of Intrafirm Ties: Group-Wide and Affiliate-Level Innovation by Multi-Business Firms in Taiwan[C]. Academy of Management Best Paper Proceedings,2005.

[4]Cilliers P. Understanding Complex Systems[M]//Sturmberg J P,Martin C. Handbook of Systems and Complexity in Health. Berlin: Springer Science & Business Media,2013:27-38.

[5]Lin R H,Fan J H,Zhang H J,et al. Collaborative Innovation and Adaptive Innovation Process of Network Organization: A Multi-Case Study[C]// Tianjin,China,The 8th International Conference on Service Systems and Service Management(ICSSSM11),2011.

[6]Luis M. Camarinha-Matos, Hamideh Afsarmanesh. Collaborative Networked Organizations: A Research Agenda for Emerging Business Models[M]. New York: Springer ,2004.

[7]OECD. Networks of Innovation: Towards New Models for Managing Schools and Systems[M]. Paris: Organisation for Economic Cooperation

and Development,2000.

[8]Pardo T A,Zhang J,Thompson F. Interorganizational Knowledge Sharing in Public Sector Innovations[C]. Academy of Management Proceedings,PNP：AI,2001.

[9]Powell W W,Giannella E. Collective Invention and Inventor Networks [M]// Hall B,Rosenberg N. Handbook of the Economics of Innovation. New York：Elsevier,2010.

[10]Powell W W. Neither Market nor Hierarchy：Network Forms of Organization [C]//Staw B,Cummings L L. Research in Organizational Behavior. Wiesbaden：JAI Press,1990：295-336.

[11]Lewicki R J,Bunker B B. Trust in relationships：A model of trust development and decline [C]//Bunker B B,Rubin J Z. Conflict, Cooperation and Justice. San Francisco：Jossey-Bass,1995：133-173.

[12]Pullens M W J M. Groei realiseren met de network organisatie[M]. Directie Zaken：Bocaal Business Press,1998：3.

[13]Tapscott D,Williams D A. Wikinomics. How Mass Collaboration Changes Everything[M]. New York：Penguin Group Inc,2006.

[14]Vanhaverbeke W,Beerkens B,Duysters G. Exploration and Exploitation in Technology-Based Alliance Networks [C]. Academy of Management Proceedings,2004.

[15]Watts D J. Six Degrees：The Science of a Connected Age[M]. New York：Norton & Co. ,2004.

[16][美]W. 理查德·斯科特,杰拉尔德·F. 戴维斯. 组织理论——理性、自然与开放系统的视角 [M]. 高俊山,译. 北京：中国人民大学出版社,2011：198.

[17][美]埃茨科威兹. 国家创新模式：大学、产业、政府"三螺旋"创新战略 [M]. 周春彦,译. 北京：东方出版社,2013.

[18][美]格兰多里. 企业网络：组织和产业竞争力[M]. 刘刚,等译. 北京：中国人民大学出版社,2005.

[19][美]斯科特,戴维斯. 组织理论：理性、自然与开放系统的视角[M]. 高俊山,译. 北京：中国人民大学出版社,2011.

[20]蔡兵. 创新与产学研合作[M]. 广州：广东省出版集团图书发行有限公

司,2010.

[21]陈浩,王学川.经验与创新:"政产学"协同培养人才机制研究[M].杭州:浙江工商大学出版社,2010.

[22]方德英.校企合作创新——博弈·演化与对策[M].北京:中国经济出版社,2007.

[23]傅家骥.技术创新学[M].北京:清华大学出版社,1998.

[24]葛笑春.协同网络——企业与非营利组织的跨部门联盟[M].杭州:浙江工商大学出版社,2010.

[25]郭斌.知识经济下产学合作的模式、机制与绩效评价[M].北京:科学出版社,2007.

[26]郭晓川.合作技术创新——大学与企业合作的理论和实证[M].北京:经济管理出版社,2001.

[27]胡平波.网络组织合作创新中知识共享及协调机制[M].北京:中国经济出版社,2009.

[28]经济合作与发展组织.创新网络:走向学校管理和教育管理的新模式[M].胡丽娟,译.北京:教育科学出版社,2008.

[29]经济合作与发展组织.创新系统的治理[M].杨庆峰,等译.上海:同济大学出版社,2011.

[30]孔凡柱.企业集成创新与合作创新契合机理研究——知识管理的视角[M].北京:经济管理出版社,2013.

[31]蓝晓霞.美国产学研协同创新机制研究[M].北京:北京交通大学出版社,2014.

[32]雷志柱.知识网络组织构建与管理研究[M].北京:北京理工大学出版社,2012.

[33]李维安.网络组织:组织发展新趋势[M].北京:经济科学出版社,2003.

[34]李新男.产学研合作创新组织模式比较研究[M].北京:知识产权出版社,2014.

[35]梁凌洁.高职院校校企合作办学创新研究[M].成都:西南交通大学出版社,2013.

[36]刘霞.网络、组织间学习与产业集群成长[M].北京:经济科学出版社,2012.

[37]毛文学.科技创新与产学研合作分析——以义乌为例[M].杭州:浙江大学出版社,2014.

[38]孟韬.网络视角下的产业集群组织研究[M].北京:中国社会科学出版社,2009.

[39]彭本红.模块化生产网络的形成机理及治理机制研究[M].北京:经济科学出版社,2011.

[40]彭正银,韩炜,韩敬稳,等.基于任务复杂性的企业网络组织协调行为研究[M].北京:经济科学出版社,2011.

[41]彭正银.网络治理:理论与模式研究[M].北京:经济科学出版社,2003.

[42]任荣.基于战略联盟生命周期的企业合作创新动态管理[M].北京:经济科学出版社,2009.

[43]阮国祥.突破性创新的网络组织模式及治理[M].西安:西安交通大学出版社,2012.

[44]苏竣.大学与产业合作关系——中国大学知识创新及科技产业研究[M].北京:中国人民大学出版社,2009.

[45]孙福全,王伟光,陈宝明,等.产学研合作创新:模式、机制与政策研究[M].北京:中国农业科学技术出版社,2008.

[46]孙福全.产学研合作创新:理论、实践与政策[M].北京:科技文献出版社,2013.

[47]王兰.VCE合作治理机制技术创新绩效关系研究[M].成都:西南财经大学出版社,2013.

[48]王文亮.校企合作创新网络的结构模式和运行机制研究[M].北京:科学出版社,2014.

[49]王晓科.区域教育公共服务支持组织间合作网络研究[M].上海:上海教育出版社,2014.

[50]王彦博.企业跨组织创新网络理论与应用研究[M].北京:经济科学出版社,2012.

[51]叶伟巍.中小企业与地方高校合作创新机制与激励政策研究[M].杭州:浙江大学出版社,2010.

[52]叶文忠.集群创新优势与区域国际竞争力[M].长沙:湖南师范大学出版社,2008.

[53]喻卫斌.不确定性和网络组织研究[M].北京:中国社会科学出版社,2007.

[54]张晓华.创新合作——大学科技园与跨国公司研发中心[M].天津:南开大学出版社,2014.

［55］张学文，陈劲.面向创新型国家的产学研协同创新：知识边界与路径研究［M］.北京：经济科学出版社，2014.

［56］郑逢波.合作创新激励研究［M］.北京：经济科学出版社，2008.

［57］朱凌.中国区域间的创新合作网络［M］.杭州：浙江大学出版社，2013.

［58］朱其忠.网络组织共生研究——基于专业化分形视角［M］.北京：社会科学文献出版社，2013.

期刊论文

［1］Hoflund B A. Designing a decision-making process for a network administrative organization：A case study of the national quality forum's consensus development process［J］. Public Organization Review，2013(13)：89-105.

［2］Barabási A-L，Jeong H，Neda Z，et al. Evolution of the social network of scientific collaborations［J］. Veterinary Surgery，2015,6(2)：66-70.

［3］Barabási A-L. Network theory—The emergence of the creative enterprise［J］. Science，2005(308)：639-641.

［4］Barabási A-L，Oltvai Z N. Network biology：Understanding the cell's functional organiztion［J］. Genetics，2004(5)：101-113.

［5］Lomi A. Markets with hierarchies and the network structure of organizational communities［J］. The Journal of Management and Governance，1997(1)：49-66.

［6］Clarke A，Fuller M. Collaborative strategic management：Strategy formulation and implementation by multi-organizational cross-sector social partnerships［J］. Journal of Business Ethics，2010(94)：85-101.

［7］Parkhe A，Wasserman S，Ralston A D. New frontiers in network theory development［J］. Academy of Management Review，2006,31(3)：560-568.

［8］Baudry B，Chassagnon V. The vertical network organization as a specific governance structure：What are the challenges for incomplete contracts theories and what are the theoretical implications for the boundaries of the (hub-)firm？［J］. Journal of Management and Governance，2012(16)：285-303.

［9］Uzzi B. A social network's changing statistical properties and the quality of human innovation［J］. Journal of Physics A：Mathematical and Theoretical，

2008,41(22):1-12.

[10]Uzzi B. Embeddedness in the making of financial capital: How social relations and networks benefit firms seeking financing[J]. American Sociological Review,1999(64):481-505.

[11]Uzzi B,Spiro J. Collaboration and creativity: The small world problem [J]. American Journal of Sociology,2004,101(S1):5200-5205.

[12]Uzzi B, Amaral A L, Reed-Tsochas F. Small-world networks and management science research: A review [J]. European Management Review,2007 (4):77-91.

[13]Uzzi B. Embeddedness in the making of financial capital: How social relations and networks benefit firms seeking financing[J]. American Sociological Review,1999(64):481-505.

[14]Uzzi B. The sources and consequences of embeddedness for the economic performance of organizations: The network effect [J]. American Sociological Review,1996,61(4):674-698.

[15]Freeman C. Networks of innovators: A synthesis of research issues[J]. Research Policy,1991(20):499-514.

[16]Candace J,William S H,Stephen P B. A general theory of network governance:Exchange conditions and social mechanism[J]. Academy of Management Review,1997,22(4):911-945.

[17]Carla C,Millar J M,Choi Ch J. Networks, social norms and knowledge sub-networks[J]. Journal of Business Ethics,2009(90):565-574.

[18]Dhanaraj Ch,Parkhe A. Orchestrating innovation networks[J]. Academy of Management Review,2006,31(3):659-669.

[19]Lechner Ch, Dowling M. The evolution of industrial districts and regional networks: The case of the biotechnology region Munich/Martinsried[J]. Journal of Management and Governance,1999(3):309-338.

[20]Boarl C, Lipparini A. Networks within industrial districts: Organising knowledge creation and transfer by means of moderate hierarchies[J]. Journal of Management and Governance,1999(3):339-360.

[21]Poncibò C. Networks to enforce european law: The case of the consumer protection cooperation network[J]. Journal of Consum Policy, 2012 (35):

175-195.

[22] Tomkins C. Interdependencies, trust and information in relationships, alliances and networks[J]. Accounting, Organizations and Society, 2001 (26):161-191.

[23] Brass J D, Galaskiewice J, Greve H, et al. Taking stoch of networks and organizations: A multilevel perspective[J]. Academy of Management Journal, 2004, 47(6):795-817.

[24] Cristofoli D, Markovic J, Meneguzzo M. Governance, management and performance in public networks: How to be successful in shared-governance networks[J]. Journal of Management and Governance, 2014(18):77-93.

[25] Robinson T D, Stuart E T. Network effects in the governance of biotech strategic alliances[J]. Journal of Law, 2004, 23(1):242-273.

[26] Zylbersztajn D, Elizabeth M M Q. Farina. Dynamics of network governance: A contribution to the study of complex forms[J]. Ssrn Electronic Journal, 2010(1):1-10.

[27] Cepiku D, Mussari R, Poggesi S, et al. Special issue on governance of networks: challenges and future issues from a public management perspective [J]. Journal of Management & Governance, 2014, 18(1):1-7.

[28] Mele D. The practice of networking: An ethical approach[J]. Journal of Business Ethics, 2009(90):487-503.

[29] Duncan J W, Sheridan D P, Newman M E J. Identity and search in social networks[J]. Science, 2002(296):1302-1305.

[30] Watts J D, Strogatz H S. Collective dynamics of "small-world" networks [J]. Nature, 1998(393):440-442.

[31] Watts J D. Networks, dynamics, and the small-world phenomenon[J]. American Journal of Sociology, 1999, 105(2):493-527.

[32] Duncan S. C, Newman M E J, Strogatz S H, et al. Network robustness and fragility: Percolation on random graphs[J]. Physical Review Letters, 2000, 85(25):5468-5471.

[33] Eccles R G. The quasifirm in the construction industry[J]. Journal of Economic Behavior and Organization, 1981(2):335-357.

[34] Garriga E. Cooperation in stakeholder networks: Firms' "Tertius iungens" role

[J]. Journal of Business Ethics,2009(90):623-637.

[35] Abrahamson E, Rosenkopf L. Social network effects on the extent of innovation diffusion: A computer simulation[J]. Organization Science, 1997,8(3):289-309.

[36] Tang F Ch. Knowledge transfer in intra-organization networks [J]. Systems Research and Behavioral Science,2011(28):270-282.

[37] Ahuja G. Collaboration networks, structural holes, and innovation: A longitudinal study [J]. Administrative Science Quarterly, 2000 (45): 425-455.

[38] Gerald F D. Agents without principles? The spread of the poison pill through the intercorporate network[J]. Administrative Science Quarterly, 1991,36(4):583-613.

[39] Lorenzoni G. Genesis of a research field: District, network, strategic network [J]. Journal of Management and Governance, 2010 (14): 221-239.

[40] Soda G, Usal A, Zaheer A. Network memory: The influence of past and current networks on performance[J]. Academy of Management Journal, 2004,47(6):893-906.

[41] Nyman S G. University-business-government collaboration: From institutes to platforms and ecosystems[J]. Triple Helix,2015(2):1-20.

[42] Kossinets G, Duncan J W. Empirical analysis of an evolving social network [J]. Science,2006(311):88-90.

[43] Gulati R, Nohria N, Zaheer A. Strategic networks [J]. Strategic Management Journal,2000(21):203-215.

[44] Jules D G, Sseidlou M S S. Holonic ontology and interaction protocol for manufacturing network organization[J]. IEEE Transactions on Systems, Man,and Cybernetics:Systems,2015,45(5):819-830.

[45] Hakansson H, Snehota I. No business is an island: The network concept of business strategy[J]. Scandinavian Journal of Management,2006(22): 256-270.

[46] Iain A D. Alliances and networks:Creating success in the UK fair trade market[J]. Journal of Business Ethics,2009(89):109-126.

[47] Westphal D J, Seidel L M D, Stewart J K. Second-order imitation: Uncovering latent effects of board network ties [J]. Administrative Science Quarterly,2001(46):717-747.

[48] Dyer H J, Singh H. The relational view: Cooperative strategy and sources of interorganizational competitive advantage[J]. Academy Management Review,1998,23(4):660-679.

[49] Baum C A J, Ingram D. Interorganizational learning and network organization: Toward a behavioral theory of the interfirm[J]. M Augier, 2002,9(1):20-30.

[50] Windsperger J, Gorovaia N. Knowledge attributes and the choice of knowledge transfer mechanism in networks: The case of franchising[J]. Journal of Management and Governance,2011(15):617-640.

[51] Roloff J. Learning from multi-stakeholder networks: Issue-focussed stakeholder management[J]. Journal of Business Ethics,2008(82):233-250.

[52] Whittington B K, Owen-Smith J, Powell W W. Networks, propinquity, and innovation in knowledge-intensive industries[J]. Administrative Science Quarterly,2009(54):90-122.

[53] Kumar N. The power of trust in manufacturer-retailer relationships[J]. Harvard Business Review,1996(11):92-106.

[54] Newman M E J, Watts D J. Scaling and percolation in the small-world network model [J]. Physical Review E, Statistical Physics Plasmas, Fluids, & Related Interdisciplinary Topics,1999,60(1):7332-7342.

[55] Newman M E J. Finding community structure in networks using the eigenvectors of matrices[J]. Physical Review E (Statistical, Nonlinear and Soft Matter Physics),2006,74(3):92-100.

[56] Newman M E J. The structure of scientific collaboration networks[J]. PNAS,2001,98(2):404-409.

[57] Ahuja K M, Carley M K. Network structure in virtual organizations[J]. JCMC,1998,3(4):1-32.

[58] Mizruchi M S, Stearns L B, Fleischer A. Getting a bonus: Performance, social networks, and reward among commercial bankers[J]. Organization Science,2011,22(1):42-59.

[59] Alstyne V M. The state of network organization: A survey in three frameworks [J]. Journal of Organizational Computing, 1997, 7 (3): 487-503.

[60] Gargiulo M, Ertug G, Galunic Ch. The two faces of control: Network closure and individual performance among knowledge workers [J]. Administrative Science Quarterly, 2009, 54(2): 299-333.

[61] Pirson M, Turnbull Sh. Toward a more humanistic governance model: Network governance structures [J]. Journal of Business Ethics, 2011 (99): 101-114.

[62] Miles R E, Snow C C. Organization: New concepts for new forms [J]. California Management Review, 1986(3): 62-73.

[63] Tichy N M, Tushman M L, Fombrun C. Social network analysis for organizations [J]. Academy of Management Review, 1979(4): 507-519.

[64] Hanaki N, Peterhansl A, Dodds P S. Cooperation in evolving social networks [J]. Management Science, 2007, 53(7): 1036-1050.

[65] Powell W W. Neither market nor hierarchy: Network form of organization [C]// Research in organizational behavior. Greenwich: JAI Press, 1990: 295-336.

[66] Balkundi P, Harrison A D. Ties, leaders, and time in teams: Strong inference about network structuer's effects on team viability and performance [J]. Academy of Management Journal, 2006, 49(1): 49-68.

[67] Ranjay G. Alliances and networks [J]. Strategic Management Journal, 1998 (19): 293-317.

[68] Gulati R., Nickerson A J. Interorganizational trust, governance choice, and exchange performance [J]. Organization Science, 2008, 19 (5): 688-708.

[69] Gulati R. Social structure and alliance formation patterns: A longitudinal analysis [J]. Administrative Science Quarterly, 1995, 40(4): 619-652.

[70] Reagans R, Zuckerman E, Bill McE B. How to make the team: Social networks vs. demography as criteria for designing effective projects [J]. Administrative Science Quarterly, 2004, 49(1): 101-133.

[71] Chung S, Singch H, Lee K. Complementarity, status similarity and social

capital as drivers of alliance formation［J］. Strategic Management Journal,2000(21):1-22.

［72］Fitjar D R, Gjelsvik M, Rodríguez-Pose A. Organizing product innovation: hierarchy, market or triple-helix networks? ［J］. Triple Helix, 2014, 1 (3):1-21.

［73］Seyed M R I, Bora K, Mark P V O. Call-center labor cross-training: It's a small world after all［J］. Management Science,2007,53(7):1102-1112.

［74］Sargent S. Modeling network management: An examination of internal and external strategies［J］. Public Organization Review, 2011 (11): 335-349.

［75］Cuganesan S, Lee R. Intra-organisational influences in procurement networks controls: The impacts of information technology ［J］. Management Accounting Research,2006(17):141-170.

［76］Khanna T, Gulati R, Nohria N. The dynamics of learning alliances: Competition, cooperation, and relative scope［J］. Strategic Management Journal,1998,19(3):193-210.

［77］Vaaland T I, Håkansson H. Exploring interorganizational conflict in complex projects［J］. Industrial Marketing Management, 2003, 32 (2): 127-138.

［78］Thorelli H B. Networks:Markets and hierarchies［J］. Strategic Management Journal,1986(7):37-51.

［79］Uzzi B. Social structure and competition in interfirm networks: The paradox of embeddedness［J］. Administrative Science Quarterly, 1997 (42):35-67.

［80］Uzzi B. The sources and consequences of embeddedness for the economic performance of organization:The network effect［J］. American Sociological Review,1996(61):674-698.

［81］Powell W W, White D R, Koput K W, et al. Network dynamics and field evolution: The growth of interorganizational collaboration in the life sciences［J］. American Journal of Sociology,2005,110(110):901-975.

［82］Powell W W, Koput K W, Smith-Doerr L. Interorganizational collaboration and the locus of innovation:Networks of learning in biotechnology［J］.

Strategic Management Journal,1996,41(1):116-145.

[83]Shan W,Walker G,Kogut B. Interfirm cooperation and startup innovation in the biotechnology industry[J]. Strategic Management Journal,1994(15):387-394.

[84]Tsai W D. Knowledge transfer in intraorganizational networks:Effects of network position and absorptive capacity on business unit innovation and performance[J]. The Academy of Management Journal,2001,44(5):996-1004.

[85]Lovejoy S M,Amitabh S A. Efficient structures for innovative social networks[J]. Management Science,2010(56):953-965.

[86]Williamson O E. Understanding the employment relations:The analysis of idiosyncratic exchange[J]. The Bell Journal of Economics,1975(6):978-1002.

[87]Vanhaverbeke W,Gilsing V,Beerkens B,et al. Exploration and exploitation in technology-based alliance networks[J]. Academy of Management Annual Meeting Proceedings,2007(1):1-6.

[88]Yves L D. The evolution of cooperation in strategic alliances:Initial conditions or learning processes? [J]. Strategic Management Journal,1996(17):55-83.

[89]曹叔亮.高职教育园区产学研协同创新的多元竞合模式[J].职教论坛,2016(13):20-24.

[90]曹叔亮.合作创新模式、机制与评价的研究进展[J].首都经济贸易大学学报,2016(6):110-117.

[91]曹叔亮.科教园区合作竞争的要素、战略与效应[J].山东高等教育,2016(12):30-34.

[92]曹叔亮.科教园区协同创新:优势分析、模式比较与发展路径[J].高校教育管理,2014(2):54-56.

[93]曹叔亮.科教园区协同创新的模式组合与机制改革——基于利益相关者的视角[J].现代教育管理,2014(6):38-43.

[94]常涛,韩牛牛.促进创新绩效的网络组织治理研究[J].科技管理研究,2012(22):17-22.

[95]常雅靓.网络组织的稳定性与治理机制研究[J].经营管理者,2013

（4）：67.

[96]常州纺织服装了职业技术学校课题组.常州大学城与常州制造业发展
[J].职教通讯,2004(4):10-13.

[97]陈宝国.福建省科技合作创新模式探析[J].科技管理研究,2007(3):
187-189.

[98]陈德智,王浣尘.企业之间合作创新模式[J].科技管理研究,2003(3):
33-34.

[99]陈劲,张学文.日本型产学官合作创新研究——历史、模式、战略与制度的
多元化视角[J].科学学研究,2008(4):880-886.

[100]陈萍.人才柔性流动机制——产学研合作创新的必然选择[J].当代经
济,2007(10):156-157.

[101]陈昭锋.国外高校官产学研合作创新的社会化模式分析[J].中国科技论
坛,2008(2):44-48.

[102]程惠英.安徽省中小企业合作创新的动力机制分析[J].经济论坛,2014
(10):30-33.

[103]程巧莲,胡珑瑛,崔双双.基于知识转移的合作创新伙伴信任评价研究
[J].运筹与管理,2014(1):143-150.

[104]丛海涛,唐元虎.知识外溢对合作创新组织模式选择的影响[J].上海交
通大学学报,2006(9):1544-1548.

[105]戴开富,幸理.企业合作创新运行机制的探讨[J].现代经济探讨,2007(4):
56-58.

[106]邓峰,张永安.跨国公司全球内部 R&D 网络组织模式与环境适配性研
究[J].科技进步与对策,2014(4):61-64.

[107]丁聪琴,李常洪.典型国家、地区产学研合作创新模式比较研究[J].科技
与管理,2007(5):92-96.

[108]董淑芳.网络组织治理结构经济分析[J].商场现代化,2006(12):
121-122.

[109]范如国,叶菁,李星.产业集群复杂网络中的信任机制研究——以浙江永
康星月集团与双健集团合作创新为例[J].学习与实践,2012(2):20-31.

[110]冯锋,王亮.产学研合作创新网络培育机制分析——基于小世界网络模
型[J].中国软科学,2008(11):82-87.

[111]傅利平,周小明,罗月丰.产学研合作创新网络知识溢出的发生机制与影

响因素研究[J].天津大学学报(社会科学版),2013(4):293-297.

[112]高智勇,高建民,卫军胡,等.陕西省产学研合作创新模式研究[J].西安交通大学学报(社会科学版),2009(3):92-97.

[113]郭孝锋,吴志功.基于多层次可拓法的大学产业政府合作创新风险评价[J].科技与经济,2011(23):51-55.

[114]郭永辉.我国航空制造企业合作创新网络模式研究[J].科技管理研究,2012(16):22-26.

[115]韩炜.企业网络组织治理机制与绩效:基于协同视角的研究[J].软科学,2011(6):97-102.

[116]郝臣.信任、契约与网络组织治理机制[J].天津社会科学,2005(5):64-67.

[117]何景涛,安立仁.知识合作模式与产品价值构成要素研究——企业合作创新研究的新视角[J].科技进步与对策,2010(7):78-82.

[118]何静,徐福缘,孙纯怡,等.网络组织模式及其发展趋势研究[J].商业研究,2003(2):53-54.

[119]何苏华.企业网络组织的特征、成因及其运行机制[J].商业研究,2005(20):11-13.

[120]胡红安,周维华.共生网络组织模式与西部国防产业组织调整[J].贵州社会科学,2010(6):89-94.

[121]胡卫东.产业集群网络组织运作模式及稳定性分析[J].东南亚纵横,2008(11):89-94.

[122]黄海鹰.网络组织治理边界的界定与效益分析[J].商业经济,2010(6):106-108.

[123]吉迎东.企业模块化网络组织的内涵与运作机制[J].中国市场,2010(48):43-45.

[124]蒋同明.企业与大学合作创新的可行性及模式研究[J].社会科学研究,2011(1):110-113.

[125]金洪波,陈婧.网络组织中合竞风险的管理机制[J].企业研究,2009(1):62-63.

[126]郎蒙,彭辉,张伟平.跨国公司网络组织模式的适应条件分析[J].北方经济,2006(10):47-49.

[127]雷静,潘杰义.企业合作创新战略模式选择的博弈分析[J].情报杂志,

2009(5):189-193.

[128]李柏洲,徐广玉.基于方法集的合作创新企业知识转移风险评价[J].科技进步与对策,2014(6):112-117.

[129]李恒.组织公平:网络组织的治理结构与组织效率[J].软科学,2008(10):37-42.

[130]李克林.高校产学研合作创新模式探索与实践[J].江苏科技信息,2014(12):63-64.

[131]李雷鸣,于跃,刘丙泉.基于 AHP-熵值法的青岛市产学研合作创新绩效评价研究[J].科技管理研究,2014(15)40-44.

[132]李廉水.论产学研合作创新的利益分配机制[J].软科学,1997(2):59-61.

[133]李素莲,李紫明,李建华.邯郸市产学研合作创新模式与运行机制研究[J].河北工程大学学报(社会科学版),2012(2):10-13.

[134]李威,叶逢春,赖作卿.科技型中小企业合作创新模式研究[J].华南农业大学学报(社会科学版),2007(3):31-34.

[135]李新安.产业集群合作创新优势的演变机制研究[J].科技进步与对策,2007(2):65-68.

[136]李新安.产业集群合作创新自增强机制的博弈分析[J].经济经纬,2005(3):53-56.

[137]李征,冯荣凯,王伟光.基于产业链的产学研合作创新模式研究[J].科技与经济,2008(1):22-25:.

[138]梁学成,万迪防.基于服务外包的企业间互惠合作创新模式研究[J].中国软科学,2007(1):151-155.

[139]林孔团.网络组织竞争优势产生机制的探析[J].云南财经大学学报,2009(6):94-97.

[140]林润辉,李维安.网络组织——更具环境适应能力的新型组织模式[J].南开管理评论,2000(3):4-7.

[141]刘贵伟,吴立贤.产学研合作创新的模式及评价[J].云南行政学院学报,2008(3):143-144.

[142]刘建民,胡心怡.产学研合作创新的财政激励机制问题研究——以湖南省长沙先导区为考察对象[J].求索,2010(12):11-13.

[143]刘旻,胡晓军,王宏达.科技型中小企业合作创新模式初探[J].现代财经,2003(12):56-57,61.

[144]刘荣,汪克夷.企业合作创新风险的多层次模糊综合评价模型及应用[J].科技与管理,2009(4):132-135.

[145]刘文菁,王明舜.企业合作创新网络的对象选择与运行机制[J].济南大学学报,2004(5):39-42.

[146]刘晓君,王萌萌.技术应用开发阶段科研机构合作创新行为激励机制研究[J].科技进步与对策,2013(24):13-16.

[147]鲁若愚,张鹏,张红琪.产学研合作创新模式研究[J].科学学研究,2012(2):186-193.

[148]罗炜,唐元虎.企业合作创新的组织模式及其选择[J].科学学研究,2001(4):103-108.

[149]吕坚,孙林岩,范松林.网络组织类型及其管理机制适应性研究[J].管理科学学报,2005(2):61-67.

[150]吕欣.模块化网络组织的价值创新机制研究[J].科技和产业,2009(2):58-62.

[151]马飞虹.官产学合作创新能力评价问题初探(上)[J].计算机仿真,2012(11):1-5.

[152]马飞虹.官产学合作创新能力评价问题初探(下)[J].计算机仿真,2012(12):1-4.

[153]马亚男.大学-企业基于知识共享的合作创新激励机制设计研究[J].管理工程学报,2008(4):36-39.

[154]毛加强,肖丽丽,杨伟娜.企业与大学合作创新的信任机制[J].统计与决策,2008(8):178-180.

[155]毛文静,朱家德.论网络组织合作的权力治理[J].云南行政学院学报,2008(3):143-144.

[156]欧阳新年.企业合作创新:模式选择与利益分配[J].北京市经济管理干部学院学报,2007(3):20-25.

[157]潘杰义,杨青青,司公奇.基于集对分析法的产学研合作创新风险综合评价研究[J].科技管理研究,2008(10):189-193.

[158]潘旭明.网络组织的演进及运行机制分析[J].电子科技大学学报(社科版),2005(3):21-24.

[159]彭伟,邹晓燕.基于组织类型与合作创新知识转移效果评价[J].科技管理研究,2009(3):222-224.

[160]彭雪红.三维治理:关系治理、网络治理与知识治理[J].图书情报工作,2010(6):121-126.

[161]任富东,何洁,周珺.湖南省产学研合作创新模式研究[J].中国商界,2010(10):182-183.

[162]任政亮,徐飞.集群企业捆绑式合作创新的动力机制——基于演化博弈视角集群企业捆绑式合作创新的动力机制[J].上海管理科学,2014(1):1-5.

[163]阮国祥,阮平南,于淑俐.基于知识观的突破性创新网络组织模式研究[J].情报杂志,2012(10):126-130.

[164]阮平南,李非凡.基于熵和协同学的网络组织节点进退机制[J].北京工业大学学报(社会科学版),2014(4):12-18.

[165]沈静,蔡建峰,曾令炜.企业合作创新过程中知识转移影响因素及机制研究[J].科技进步与对策,2009(8):137-141.

[166]沈运红,王恒山.中小企业网络组织共生模式及其特性分析[J].商业研究,2006(21):86-88.

[167]史艳.国外产学研合作创新模式对我国中小企业发展的启示[J].科技情报开发与经济,2009(29):176-178.

[168]苏世彬,黄瑞华.基于风险矩阵的合作创新隐性知识转移风险分析与评估[J].科研管理,2007(2):27-35.

[169]苏晓艳.网络组织内部治理机制的探析[J].未来与发展,2004(6):55-57,61.

[170]孙国强,范建红.网络组织治理机制与绩效的典型相关分析[J].经济管理·新管理,2005(12):50-55.

[171]孙国强,范建红.网络组织治理绩效影响因素的实证研究[J].数理统计与管理,2012(2):296-306.

[172]孙国强,郭文兵,王莉.网络组织治理结构对治理绩效的影响研究[J].软科学,2014(12):120-124.

[173]孙国强,兰丕武.企业网络组织模式比较[J].山西财经大学学报,1999(5):51-54.

[174]孙国强,宋琳.网络组织联合制裁机制的博弈思考[J].当代经济管理,2005(4):14-16.

[175]孙国强,王博钊.网络组织的决策协调机制:分散与集中的均衡[J].山西

财经大学学报,2005(2):77-81.

[176]孙国强.网络组织的治理边界[J].山西财经大学学报,2006(2):80-85.

[177]孙国强.网络组织的治理成本:波特模型的扩展[J].山西财经大学学报,2003(2):66-69.

[178]孙国强.网络组织的治理机制[J].经济管理,2003(3):39-43.

[179]孙国强.网络组织中合作结点的数目与地位[J].山西财经大学学报,2004(1):77-81.

[180]孙华.产学研合作创新的收益分配机制比较研究[J].企业研究,2012(10):17-19.

[181]孙晋众,陈世权.网络组织的形成与演化机制[J].山西高等学校社会科学学报,2004(11):32-34.

[182]唐方成,席酉民.知识转移与网络组织的动力学行为模式(I)[J].系统工程理论与实践,2006(5):122-127.

[183]陶蕴芳,员智凯.研究型大学与跨国公司的合作创新模式研究[J].西北工业大学学报(社会科学版),2012(2):94-98.

[184]万君,郑艳秋.合作创新组织知识共享机制研究[J].现代商贸工业,2013(3):43-44.

[185]万君,郑艳秋.知识网络组织之间的协同创新及其模式探讨[J].中国管理信息化,2013(14):58-59.

[186]王丰,汪勇,陶宽.网络组织的模式[J].经济管理,2000(6):19-20.

[187]王核成,俞冰.浙江纺织企业合作创新模式研究[J].工业技术经济,2008(9):46-48.

[188]王宏达,赵志强.天津市科技型中小企业合作创新模式的探讨[J].商业研究,2005(9):84-86.

[189]王京文,单婧,李发新,等.中外企业合作创新的模式研究[J].兰州学刊,2006(10):132-135.

[190]王丽敏.产学研合作创新模式研究[J].实验室研究与探索,2011(11)69-73.

[191]王培林,张治栋.产学研合作创新中的知识转移过程模式[J].情报理论与实践,2012(12):47-51.

[192]王舒祺,张炳达.知识属性与合作创新模式选择分析[J].商业经济,2014(3):42-44.

[193]王文亮,刘岩.校企合作创新网络运行机制调查分析[J].技术经济,2011
　　(8):32-38.

[194]王小绪.南京理工大学产学研合作创新模式的探索与实践[J].南京理工
　　大学学报(社会科学版),2013(5):5-10.

[195]王晓新,邹艳,叶金福.企业合作创新伙伴选择的多层次优属度评价[J].
　　科技进步与对策,2008(7):65-67.

[196]王秀丽,王利剑.产学研合作创新效率的 DEA 评价[J].统计与决策,
　　2009(3):54-56.

[197]王耀忠,黄丽华,王小卫等.网络组织的结构及协调机制研究[J].系统工
　　程理论方法应用,2002(1):20-24.

[198]韦福祥.企业间网络组织及创新机制的形成新探[J].现代财经,2001
　　(1):50-53.

[199]吴国英,雷卫中.网络组织——西方企业中的一种新的组织模式[J].华
　　东经济管理,1999(6):63-64.

[200]吴绍波.知识链组织合作创新的知识互惠机制研究[J].中国科技论坛,
　　2013(3):109-144.

[201]吴勇,陈通.产学研合作创新中的政策激励机制研究[J].科技进步与对
　　策,2011(9):109-111.

[202]夏朋月.中小企业合作创新实现模式探讨[J].中国市场,2006(1-2):20-21.

[203]谢亚利,蔡翔.广西产学研合作创新的绩效评价分析[J].科技广场,2014
　　(1):209-213.

[204]幸理.企业合作创新的动机与模式[J].企业改革与管理,2006(1):9-10.

[205]徐碧琳.知识经济条件下的网络组织运作模式研究[J].现代财经,2002
　　(2):54-57.

[206]徐年富.积极探索高职院校产学研合作创新模式[J].中国高新技术企
　　业,2007(8):27-36.

[207]徐庆.高校科技企业产学研合作创新模式[J].中国高校科技,2011(6):
　　62-64.

[208]许平.技术成果入股合作创新的价值分配机制[J].科技管理研究,2010
　　(21):238-243.

[209]闫二旺.网络组织的机制、演化与形态研究[J].管理工程学报,2006(4):
　　120-124.

[210]闫丽平,谷立霞.资源型企业参与合作创新的理论动因及效应机制[J].商业时代,2014(31):90-92.

[211]闫青,张超豪.产学研合作创新的模糊综合绩效评价研究[J].科技与经济,2013(1):75-79.

[212]杨桂菊.基于社会资本理论的网络组织演化机制新阐释[J].软科学,2007(4):5-8.

[213]杨建君,梅晓芳,陈曼.合作创新的伙伴选择:一个综合评价体系[J].科技管理研究,2009(1):6-9.

[214]杨琪帆.网络组织的契约特征与治理结构研究[J].中国商贸,2012(30):232-233.

[215]杨锐,张时乐,芮明杰.基于关键资源视角的垂直网络组织及治理机制[J].中国工业经济,2011(7):44-53.

[216]杨树果.高等农业院校产学研用合作创新模式的思考[J].牡丹江师范学院学报(哲学社会科学版),2011(4):104-107.

[217]杨永红.中小企业技术合作创新模式探讨[J].企业家天地,2007(10):151-152.

[218]余晓泓.创意产业集群模块化网络组织创新机制研究[J].经济与管理,2010(8):21-24.

[219]虞琼芳,孙锐.知识联盟企业合作创新模式的适应度分析[J].科技管理研究,2012(11):13-16.

[220]喻卫斌.试论网络组织的边界[J].广东社会科学,2007(2):45-50.

[221]张宝贵.企业间网络组织的治理机制[J].经济论坛,2005(24):84-85.

[222]张宝建,孙国强,任晓悦.网络组织治理模式研究述评[J].商业研究,2015(3):36-45.

[223]张道武,汤书昆,徐旭初.合作创新联盟成员绩效评估的综合分析机制[J].系统工程理论方法应用,2004(2):100-105.

[224]张辅松.企业合作创新模式探究[J].科技进步与对策,2003(6):55-57.

[225]张洪剑.基于集对分析法的校企合作创新风险的综合评价研究[J].河南农业大学学报,2012(2):233-236.

[226]张炯,余祖伟.产学研合作创新模式的案例探讨[J].公共论坛,2011(4):106-107.

[227]张萌物.网络组织结构——基于知识管理的组织结构模式创新[J].统计

与咨询,2007(1):54-55.

[228]张千帆,张子刚,张毅.网络组织中的协调管理模式研究[J].企业活力, 2004(6):48-49.

[229]张首魁,党兴华.耦合关系下的技术创新网络组织治理研究[J].科学学 与科学技术管理,2009(9):58-62.

[230]赵丽敏.产学研合作创新激励机制路径选择——基于法律文化视角[J]. 理论与改革,2014(1):76-79.

[231]赵民杰,刘松博.网络组织模式内涵研究[J].兰州学刊,2004(6): 144-146.

[232]赵树宽,王慧军,张晶敏.集成供应链企业间合作创新能力评价研究[J]. 中国工业经济,2010(2):68-70.

[233]赵娅.网络组织结构的动态运行机制[J].现代企业,2011(11):75-76.

[234]仲伟俊,梅姝娥,谢园园.产学研合作技术创新模式分析[J].中国软科 学,2009(8):174-180.

[235]周静珍,万玉刚,高静.产学研合作创新的权变模式[J].经济师,2005(3): 61-62.

[236]朱桂龙,彭有福.产学研合作创新网络组织模式及其运作机制研究[J]. 软科学,2003(4):49-52.

[237]朱建设.海峡两岸产学研合作的方式比较[J].中国科技成果,2003(19): 27-29.

[238]朱礼龙,周德群.网络组织模式及其演化机理研究[J].现代经济探讨, 2007(8):90-92.

[239]朱玲,许为民.网络组织:21世纪的新型组织模式[J].科技进步与对策, 2004(2):138-140.

[240]朱茜,董洁,邱光宇.产学研合作创新模式研究[J].科技进步与对策, 2010(23):9-11.

[241]朱少英,齐二石.技术联盟合作创新的信誉机制研究[J].科学管理研究, 2008(1):5-8.

[242]朱卫华.产学合作创新优势互补动力机制的构建[J].科技广场,2012(12): 132-133.

[243]祖廷勋,张云虎,陈天仁,等.产学研合作创新的动力机制——基于新制 度经济学层面的分析[J].河西学院学报,2006(1):24-27.

学位论文

[1]蔡灵莎.基于声誉机制的中小企业网络组织生命周期研究[D].沈阳:沈阳理工大学,2012.

[2]常峰.企业间网络组织治理幅度研究[D].太原:山西财经大学,2010.

[3]常西银.网络组织治理绩效评价研究[D].太原:山西财经大学,2006.

[4]陈冠华.浙江本土企业与跨国公司合作创新风险评价研究[D].杭州:杭州电子科技大学,2010.

[5]丁伟.基于演化经济学视角的产学研合作创新模式研究[D].南京:南京邮电大学,2011.

[6]范建红.企业间网络组织治理绩效研究[D].太原:山西财经大学,2006.

[7]葛萍萍.集群企业合作创新的风险及信任机制研究[D].金华:浙江师范大学,2009.

[8]郭丁.校企合作创新网络的学习机制研究[D].郑州:河南农业大学,2014.

[9]侯琳.制度邻近性对高新技术企业合作创新绩效影响的评价研究[D].杭州:杭州电子科技大学,2012.

[10]金潇明.产业集群合作创新的螺旋型知识共享模式研究[D].长沙:中南大学,2010.

[11]晋晶晶.校企合作创新网络成员间知识集成的耦合机制研究[D].郑州:河南农业大学,2013.

[12]李非凡.网络组织节点进退及管理机制研究[D].北京:北京工业大学,2014.

[13]李璇.广东省产学研合作创新机制及模式研究[D].成都:电子科技大学,2009.

[14]刘文娟.中国企业国际合作创新收益水平评价研究[D].泰安:山东科技大学,2008.

[15]刘岩.校企合作创新网络的结构模式和运行机制研究[D].郑州:河南农业大学,2011.

[16]刘永俊.基于创新视角的网络组织成长机制理论与实证研究[D].成都:西南财经大学,2010.

[17]骆建栋.产业集群合作创新网络的结构和运行机制研究[D].郑州:河南农

业大学,2009.

[18]吕波.高新技术企业网络化合作创新模式与运行机制研究[D].青岛:中国海洋大学,2008.

[19]吕芳.循环经济网络组织模式研究[D].北京:北京交通大学,2008.

[20]毛君君.基于网络视角下的大学组织治理机制研究[D].大连:东北财经大学,2013.

[21]全裕吉.中小企业网络组织及其治理研究[D].长沙:中南大学,2003.

[22]任银荣.网络组织成员间信任机制的实证研究[D].天津:天津财经大学,2010.

[23]宋琳.网络组织治理结构及其演化研究[D].太原:山西财经大学,2006.

[24]孙玉肖.低碳视角下的区域产学研合作创新绩效评价及影响机理研究[D].太原:中北大学,2014.

[25]孙玥.网络组织成员间的沟通机制与知识整合关系实证研究[D].天津:天津财经大学,2010.

[26]孙跃.中国省域产学研合作创新效率的评价研究——基于改进的四阶段DEA方法[D].长沙:中南大学,2013.

[27]陶逸.基于契约理论的网络组织协调控制机制与模型研究[D].哈尔滨:哈尔滨工程大学,2010.

[28]王博.网络组织治理关键要素及其关联机理研究[D].太原:山西财经大学,2013.

[29]王冬雪.产学研合作创新知识管理绩效评价研究[D].哈尔滨:哈尔滨工程人学,2011.

[30]王怡.高新技术企业合作创新网络的风险管理机制研究[D].青岛:中国海洋大学,2008.

[31]王莹.动态视角下的战略网络组织间知识转移机理研究[D].北京:北京交通大学,2010.

[32]王智生.复杂产品系统合作创新网络中信任机制研究[D].哈尔滨:哈尔滨工程大学,2009.

[33]吴昊.装备制造业企业合作创新伙伴选择方案评价研究[D].哈尔滨:哈尔滨工程大学,2010.

[34]吴中伦.基于网络组织理论的营销渠道信任治理机制研究[D].杭州:浙江大学,2004.

[35]徐蕾.跨国公司网络组织结构与知识流动机制研究[D].合肥:安徽大学,2006.

[36]徐晓鹭.校企合作创新中知识产权分配机制研究[D].南京:南京工业大学,2012.

[37]杨晓亚.合作创新动态联盟的知识产权风险评价和防范研究[D].金华:浙江师范大学,2011.

[38]叶乘伟.当代国际科技合作模式研究[D].南宁:广西大学,2005.

[39]尹晓娜.基于灰色模型的企业合作创新绩效评价体系研究[D].哈尔滨:哈尔滨工程大学,2010.

[40]游雪琴.科技人力资源共享的网络组织模式研究[D].西安:西安电子科技大学,2010.

[41]张伟.中小企业网络组织及其治理分析[D].南昌:江西财经大学,2006.

[42]张小叶.网络组织治理的激励模型[D].南京:南京理工大学,2007.

[43]赵娟.产学研跨国合作创新风险的评价与控制研究[D].武汉:武汉理工大学,2014.

[44]周静珍.我国产学研合作创新的模式探讨[D].南京:南京工业大学,2004.

[45]周汐.E-innovation环境下产学研合作创新信任机制构建研究[D].南京:南京理工大学,2014.

其他

[1]马德秀.新时期高等教育以协同创新为契机[N].光明日报,2012-12-10.

[2]潘怡蒙,张鸯.协同创新:相互作用中的共振和放大[N].中国教育报,2012-10-31.

[3]教育部.关于推进高等职业教育改革创新引领职业教育科学发展的若干意见(教职成〔2011〕12号)[Z].2011-09-29.

[4]教育部.世界职教院校联盟2014年世界大会在京召开[EB/OL].(2014-10-24)[2016-11-05].http://www.moe.edu.cn/publicfiles/business/htmlfiles/moe/moe_1485/201410/177280.html.

[5]中国教育国际交流协会.世界职教院校联盟2014年世界大会[EB/OL].(2014)[2016-11-05].http://www.ceaie.edu.cn/xm/zhiyejiaoyu/366.html.

后　记

本书源自我的博士学位论文。

2013 年 9 月，我有幸考入南京师范大学教育科学学院攻读教育博士学位，师从著名高等教育学者胡建华教授，研究方向为高等教育管理，我的学术人生进入又一个重要转折期。胡老师为人谦和、治学严谨，在高等教育理论、高等教育管理、高等教育比较等研究领域有深厚的学术造诣，能够在胡老师的指导下开展学术研究，是许多高等教育研究青年学人梦寐以求的机遇，这个巨大的幸运落在了我的头上。

经过一年的学位课程学习，第二年开始筹划博士学位论文选题和开题工作，那时候，我在高等教育管理、高等职业教育等研究领域已经摸爬滚打了十余年，主持过几个市厅级课题，发表了 30 余篇论文，算是有了一点研究基础，大概了解高等教育管理研究领域的基本情况。于是，我结合自己的研究基础和研究兴趣，准备选择一个合适的题目作为博士学位论文选题。

1999 年以后，我国高等教育发展速度显著加快，高等职业教育发展更是突飞猛进，而且集群化与集团化的发展趋势愈加明显，各种组织形式的高校联盟与职教集团层出不穷，成为我国高等教育与职业教育领域的重要特点之一。而我在入学前对高等职业教育园区这种组织形式持续研究过几年，同时也关注职教集团与职教联盟的发展态势，因此，我形成一个初步想法：把高职教育领域的各种联合体的组织形式提升到一个新的理论高度作为我的研究选题。

经过文献检阅，我发现在企业管理和组织管理领域，有不少研究者已经对网络组织这种组织形式开展了大量研究，并已出版和发表了许多学术著作与论文，与此同时，我又发现教育领域的各种联合体也具备网络组织的基本特点和功能。于是，我尝试提出教育网络组织的概念并进一步研究其内涵、特征、类型、功能、价值等基本理论问题,最后决定以教育网络组织的合作创新作为研究主题初步设计研究思路与研究框架。

大约在二年级下学期开学后不久,经过反复思考和文献查阅,我把初步拟定的研究框架交给胡老师征求意见,当时自己心里也没谱,不知道胡老师是否同意研究这个选题。胡老师听了我的研究汇报并看了我的研究框架之后,非常支持我的想法,认为可以确定这个选题作为博士学位论文题目,而且对我的研究框架提出了修改建议。

确定选题之后,我就准备撰写开题报告,做国内外文献综述时才发现一个大难题:关于教育网络组织的英文文献倒是找到一些,但国内关于教育网络组织的研究几乎是空白,无法做文献述评。思来想去,关于国内的文献述评只好将网络组织与合作创新分别做文献梳理。由于自己一直想做全景式文献综述,一方面可以全面掌握该领域的研究现状,另一方面为后期的论文写作奠定良好的文献基础,以至于最后写了近8万字的文献总结。

开题汇报时,几位参与开题评审的老师或多或少对我的选题论证与研究设计提出了修改建议,尤其是张新平教授认为我的研究选题非常有价值,鼓励我深入研究下去。开题之后,我没有急于开始写博士学位论文,而是一边做自己的在研课题,一边到处打零工。由于入学第二年的时候我已辞去了原来的工作,失去了经济来源,所以不得不边学习边找工作。2016年5月,我去广州一所民办本科高校工作,在熟悉工作的同时开始筹备博士学位论文写作,从那年国庆节开始,每天晚饭后闭门写作,5个小时写不少于2000字,直到2017年元旦前两天完成全部论文写作。

博士毕业之后,一直没有合适的机会出版论文,恰逢"高等职业教育高质量发展研究丛书"组织出版,将本书纳入其中。在本书即将付梓之际,借此机会,我要感谢我的父母姐妹对我长期以来的支持与理解,才让我坚持学习与研究至今,但每每想起没有守在父母身边尽孝,愧疚之心难以言表。

感谢胡老师对我的论文指导,以及对我工作和生活的持续关心!感谢南京师范大学教育科学学院众多老师和同学们对我的支持和帮助!这也是我一直坚持做研究的动力来源,本书的出版也是求学期间那段美好记忆的见证。

感谢浙江大学出版社老师们的辛勤工作,使本书得以顺利正式出版。

曹叔亮

2022年5月于鹿城